THE ROAD TO WAR

战争谎言

美国总统的承诺与背叛

〔美〕马文·卡尔布 ◎ 著
刘辰　李清俊 ◎ 译

人民日报出版社

图书在版编目（CIP）数据

战争谎言：美国总统的承诺与背叛/(美)卡尔布著；刘辰，
李清俊译. -- 北京：人民日报出版社，2014.12
ISBN 978-7-5115-2938-1

Ⅰ.①战… Ⅱ.①卡… ②刘… ③李… Ⅲ.①美国对外政策 -
研究②政治 - 研究 - 美国 Ⅳ.①D871.20②D771.2

中国版本图书馆CIP数据核字（2014）第298009号

THE ROAD TO WAR：PRESIDENTIAL COMMITMENTS
HONORED AND BETRAYED BY MARVIN KALB
著作权合同登记号 图字：01-2014-8464

Copyright:© 2013 BY THE BROOKINGS INSTITUTION
This edition arranged with BROOKINGS INSTITUTION PRESS
Through BIG APPLE AGENCY, INC., LABUAN, MALAYSIA.
Simplified Chinese edition copyright: 2015 People Daily Press
All right reserved.
本书由美国布鲁金斯学会出版社授权给人民日报出版社，通过大苹果版权代理公司，
人民日报出版社出版发行简体中文版，版权所有。

书　　　名：	战争谎言——美国总统的承诺与背叛
著　　者：	(美)卡尔布　　译　者：刘　辰　李清俊
出　版　人：	董　伟
责任编辑：	陈　丹
封面设计：	金　刚
出版发行：	人民日报出版社
社　　址：	北京金台西路2号
邮政编码：	100733
发行热线：	(010) 65369527　65369509　65369510　65369846
邮购热线：	(010) 65369530　65363527
编辑热线：	(010) 65369528
网　　址：	www.peopledailypress.com
经　　销：	新华书店
印　　刷：	北京中新伟业印刷有限公司
开　　本：	710mm×1000mm　1/16
字　　数：	220千字
印　　张：	16.5
印　　次：	2016年6月第1版　2016年6月第1次印刷
书　　号：	ISBN 978-7-5115-2938-1
定　　价：	45.00元

序

多年来，尽管总统承诺的形式和大小不同，但讲的是履行和诚信，力量和决心，总统所言是有美国军事力量作为后盾的。在外交事务中，没有小事可言。

而一些承诺，如美国对北大西洋公约组织的承诺，一直履行得成功和持久，部分原因是这些承诺是以国会正式批准的庄重的条约为基础的。另一个实例是美国对韩国的承诺，也有一个共同防御条约为基础，到1991年12月，那里驻扎着装备有核武器的2.85万美军。

南越代表的是一个非常不同的棘手实例。这是由总统承诺导致的战争，一届接着一届政府，美国就这样愚蠢地滑入了那场游击战争，正是这场战争夺去了5.8万美国人的生命。国会和媒体很少有人质疑这场战争的缘由和合法性，直到为时已晚。

最后，本书以美国对韩国、南越和以色列的承诺为重点，或许以色列的情形最令人着迷。说到以色列，我们有一种不同寻常的亲密关系，在政治、文化和宗教上几乎保持一致，这种没有任何正式条约作为基础的关系却把两国的利益连接到了一起。这种关系主要建立在美国总统写给以色列总理的私人信件上，信中充满了美国对以色列安全的保证和承诺。多年来，许多承诺已得到履行，有一些却没有，这使得以色列领导人对美国承诺的最终可靠性感到忧虑。

毫无疑问，总统承诺被视为庄重的，几乎是神圣的，是由总统代表其政府去付诸实现的诺言。而且其他国家可能会认为这些承诺是具有国家间约束力的，后继政府也要履行的诺言。但问题是他们会吗？

例如，1982年，罗纳德•里根总统保证美国"对以色列的捍卫是装甲承诺。"这种承诺当时对里根是有意义的，从那时起，一位总统接着一位总统地重复着那个承诺。但是，里根的保证现在还具有和当时一样的共鸣吗？那个承诺意味着如果以色列感到它必须轰炸伊朗以阻止其核计划，美国也必须参与打击吗？许多事情与领导和国家间的信任有关。以色列领导人对巴拉克•奥巴马的信任程度与对比尔•克林顿和乔治•W.布什一样吗？这些问题切中总统承诺的要害，即可行性。

自二战以来，总统更依赖公开和私下的承诺，而不是宣战，尽管美国宪法明确规定国会有"宣战"的责任。有趣的是，在美国历史上，总统请求国会宣战只有5次：1812年战争、1846年美墨战争、1898年美西战争、1917年第一次世界大战和1941年第二次世界大战。自冷战开始至今，没有总统请求过国会宣战，尽管他们得到了国会对发动战争的不同程度的支持，通过正式的决议和拨款程序。现在，宣战似乎那么过时、在世界事务中如同早期时代的遗物，那时是显示绅士礼仪和风度的年代，各国在发动进攻前必须通知敌方，交战双方的军队站在山顶上等待黎明的初始阳光开始战斗。没有比莎士比亚对阿金库尔特战役的描述更为经典的了。

如今，战争遵循新的方式——在新科技和新战略的环境下进行，迫使总统面对不仅是可能的突然袭击，而且是现代科技的诸多挑战，如网络战争。冷战期间，总统解释其战争的动机是把矛头指向共产党的侵略；现在，9•11之后，他们指向伊拉克、阿富汗、索马里和也门的全球恐怖主义的危害。而且，真正担心的一直是日益扩大的核威胁，如果与伊朗谈判达不成协议，这种威胁可能在短时间内成为美国对伊朗采取军事行动的理由。自二战以来，虽然总统已命令美国部队参与了世界各地的战争——从朝鲜到越南、从巴拿马到格林纳达、从黎巴嫩到波斯尼亚。近年来，美国的焦点已经转向动荡的中东，从科威特到阿富汗、接着到伊拉克，然后又回到阿富汗，之后轻而易举地涉足利比亚和叙利亚——他们没有请求宣战，也一直没有人直撞白宫提出这种要求。

只有一次，是在1973年，国会广泛地采取了行动以重申其在决定美国开战问题上发挥重要作用的权力。当时，被永无止境的越战搞得十分沮丧的国会，在尼克松总统强烈反对的情况下还是通过了《战争权力法案》。该法案限定美国在海外的军事行动为60或90天，除非国会特批才可延长。但这一立法几乎没有起到什么作用，这在很大程度上是因为国会从来没有想要，也从未有过政治意愿在国家安全问题上去挑战总统。2011年，当奥巴马总统使用军事力量推翻利比亚卡扎菲政权时，他甚至没有通知国会。尽管国会有些人在嘀咕，却也不了了之。

朝鲜战争和越南战争是冷战的极其令人厌恶的产物，为美国和苏联大多数的对抗提供了引人注目的背景。哈里·杜鲁门总统担心苏联独裁者约瑟夫·斯大林的帝国扩张是可以理解的。杜鲁门相信多米诺骨牌理论——一个国家倒向共产党会使同一地区的其他国家几乎自动倒向共产党。

1950年6月，北朝鲜在斯大林的祝福下向南朝鲜发动了进攻，杜鲁门觉得他别无选择，只有派遣美国军队阻止他们。他没有与国会磋商，后来证明这是一个严重的政治问题。他声称他得到了联合国的授权。这样，杜鲁门在外交和军事上吸引了更多的国际支持。他称这场战争是一次"警察行动"，认为会很快结束。它持续了3年，付出了5.4万多美国人生命的代价，最后导致一种尴尬的僵局（记者称之为"打成平局"），主要原因是杜鲁门担心其指挥官道格拉斯·麦克阿瑟将军当时极力主张的战争升级可能导致与俄罗斯或与中国或与两国发生核战争。最终双方于1953年谈判达成停火协议，使朝鲜像德国那样，一个国家一分为二。

在这场战争的余烬中，杜鲁门和他的继任者德怀特·艾森豪威尔，盘算半个面包或国家总比没有好，他们与韩国达成了共同防御条约，承诺如果再次遭到攻击，美国将急速捍卫南朝鲜。作为美国承诺最真诚的体现，美国在南朝鲜留下了成千上万名美军士兵，数量曾达到6万人，作为一种前哨试探性防线，抵御共产党可能发动的另一次进攻。数年后，核武器也装备到了这种前哨试探性防线上，至此，朝鲜和韩国分道扬镳。朝鲜一方，与俄罗斯和中国结成联盟，虽然具有讽刺意味地装备了核武器和远程导弹，但其经济是一个完全瘫痪的空架子。韩国一方有美国的保护，发展成为一个经济强国——是世界上第8位最有生产能力的贸易国家。

多年来，美国一直试图促成朝韩两国和平共存的协议，但收效甚微。失望几乎总是随着努力而至。现在韩朝双方都是新一届的领导，这是温和复苏的希望之光——韩国总统朴槿惠，一位讲究实际的保守派，其外交政策的政治信条一直被正式地称为"信赖"，这说明她在一定的条件下准备与朝鲜打交道；朝鲜国家主席金正恩，一位年轻，比较有活力的忠诚的共产主义者，声称他想通过谈判统一朝鲜。他在2011年掌权后不久说"结束国家分裂、实现统一的一个重要问题是消除南北之间的对抗。过去的朝韩关系的记录表明，同胞间的对抗只会导致战争[①]。"金正恩的言论间或给人以希望；他的行为则很少如此。他继续生产远程火箭、试验核弹头，近年来，又放弃了1953年的停战协定并用核攻击威胁美国。

在可预见的将来，美国对韩国的承诺仍然是强劲的。美国外交家几乎看不到变化的前景。他们令人信服地强调，如果韩国遭到攻击，美国将捍卫它。但是，一如既往，还存在问题。如果出于被迫的经济原因，美国不得不从韩国撤走军队，韩国这个盟友能幸存吗？能和以前一样强大吗？美国还要做什么以保护其在北亚的利益呢？美国能相信中国在韩朝和解谈判中发挥有帮助的作用吗？如果韩国选择走自己的路又会如何呢？

冷战另一个极其冷人厌恶的产物是在南越那场漫长而代价高昂的争斗。从杜鲁门到尼克松，一位又一位总统所承诺的美国行动却导致了一场灾难性的战争和羞辱的失败。没有对美国的突然袭击如珍珠港口，也没有恐怖袭击如9·11来证明他们参战决定的合理性。总统们担心的是共产党的扩张——对他们来说，一种不可接受的前景，尤其在冷战期间。

美国陷入越南始于20世纪90年代后期，当时法国正在试图对中南半岛再次施加其殖民统治。杜鲁门强烈反对欧洲在亚洲的殖民主义，但更强烈反对苏联极权主义在欧洲的传播。他心安理得地做出了实际的选择：为了在欧洲得到法国的帮助，他开始在中南半岛帮助法国——起初，提供有限的军事支持。不过，每批援助的同时，他和艾森豪威尔都使美国加深了对中南半岛的介入，最后直到1955年，法国在奠边府被击败后，退出越南，而美国人则被剩下收拾残局。

20世纪50年代中期，美国通过援引东南亚条约组织的反共言论，使其越南政策合理化，这也迎合了国会。60年代，当美国把作战部队投入战争时，林登·约翰逊觉得他需要国会的直接支持。他没费多大力气就说服国会于1964年8月通过了《东京海湾》决议，这给了他无限的权力去平息中南半岛共产党的叛乱。

到那时，这场战争已经变成美国的战争。艾森豪威尔或许比其他任何一位总统更明白这一点，他做出一些关键决策，将南越不确定的未来与美国的利益拴在一起。1954年，日内瓦公约后，他支持越南分成两部分：北方由共产党控制，南方由靠不住和不受欢迎的君主统治。1959年，在一次被学者们忽视的演讲中，艾森豪威尔采取了下一个关键的一步：他正式地将美国的国家安全利益与继续存在的、独立的非共产党的南越联系在了一起。其结果是，当南越说他们需要帮助时，美国就提供——军事援助、金钱、教官，最终是成千上万的美国军队。有人批评或质疑艾森豪威尔的判断——南越对美国具有普遍认为的核心重要性吗？结果是，没有。国会或媒体有辩论吗？没有。将南越的未来与美国的国家利益联系起来的那个有问题的政策得到了一致的默认。

约翰·F.肯尼迪违背自己更好的直觉，他向南越派遣数以千计的军事顾问，还在1963年被暗杀的几周前，批准了一个反对独裁总统吴庭艳的丑陋政变。肯尼迪担心吴庭艳抵挡共产党的能力。

约翰逊不想成为第一个输掉一场战争的总统，他派遣成千上万的作战部队，解释说他的决定是总统对捍卫南越抵御共产党侵略的连续"承诺"中最新的一个。他解释说，他的决定是基于艾森豪威尔的承诺。到1968年1月，约翰逊已向南越派遣了54.8万军人。到1975年战争结束，5.8万余人丧生。为了什么呢？没到20年的时间，美国和一个统一的越南相互献媚，以一种新的防御联盟来对抗中国。

甚至当尼克松改变策略开始从越南撤出美国军队时，也引用美国对南越的承诺来解释其政策，他说，1975年4月下旬随着共产党的最后胜利，这一承诺最终到期。对尼克松来说，这个承诺代表美国的神圣诺言；对南越总统阮文绍来说，这个承诺代表可耻的背叛。

作为总统承诺的一个例子，对以色列的承诺与韩国和南越这两个例子不同。以色列诞生于大屠杀的灰烬中，但它几乎奇迹般的繁荣起来成为动荡的中东地区一个经济和军事强国。以色列一次次地仅为自己的生存而战，而且在越来越多美国外交、经济和军事支持下，赢得了胜利。尽管两国关系一直非常密切，但从没有一个条约作为基础。这种关系的基础是美国的在任总统用信件传达给以色列总理的话语。

话语是有结果的。总统说的话常常可以成为美国的政策，无论有没有国会的批准。当总统要把美国"投入"到一次行动中但有争议的时，他可以把国家置于战争之路也可以置于和解之路。在国家安全问题上，他的权力已变得令人敬畏——他的话是决定性的。谁决定我们何时参战？总统。前国家安全顾问布热津斯基告诉我，这"完全取决于"总统。"就是他的一声号令。"同样，什么时候、是否以及在什么条件下支持一个友好国家都由他来决定。

总统，如巴拉克·奥巴马，保证美国对以色列具有"装甲承诺"——可以设想，这意味着如果以色列遭到攻击，美国将捍卫以色列。除了总统的口头诺言这种承诺还有其他什么内容吗？显然是有的。以色列享有国会和美国人民的广泛支持。大多数情况下，两国有共同的价值观和目标。但是总统是确定这种微妙关系的实质和顺畅展开的关键。

以色列政治领导人经常问的一个问题是奥巴马是否会履行诺言。他的承诺会得到他或他的继任履行还是背叛呢？这个问题的答案可能意味着战争或和平。两国谈判达成一个正式防御条约——而且，这样以来，尽量减少甚至消除两国关系中存在怀疑的问题不是更好吗？质疑美国—以色列防御条约的价值或关联性的那些人指出，近年来奥巴马已经尽力组织巴—以和平谈判，结果一败涂地，因为巴勒斯坦反对以色列的定居点并反对以色列以安全名义坚持建立这样的定居点。他们问，一纸条约如何解决这些问题呢？事实上，即使谈判达成一项防御条约也很可能在阿拉伯国家中引起新的动荡和焦虑，这就容易看到美国和以色列签约足以证明美国再也不能被指望充当一个公正的洽谈者。

奥巴马不止一次地警告说："毫无疑问——美国绝不会让伊朗拥有核武器。"尽管世界已经听到这个警告，而且这句话该有多明确，但还有许多国家，特别是中东国家，质疑奥巴马是否真的会使用美国的军事力量阻止伊朗"获得核武器"。据说在华盛顿和耶路撒冷，以色列和美国在阻止伊朗发展核武器上从未有过更紧密的联盟。真的，但又不完全是真的。归根到底，出于政治和军事的原因，以色列可能会自行攻击伊朗。那时以色列会期望美国的外交和军事支持吗？奥巴马已经强烈地暗示会的。但是，没有一个共同防御条约，总统承诺的持久性和可靠性可能始终存在一个疑问。

正如我们在越南和在更广阔的中东所学到的，如果基于误算、误判或失信，总统的承诺就可能导致战争。它也可能导致和解。我们生活在一个不确定性的世界里，即使是总统说的话现在在范围更大的批评性评论界也遭到质疑。在国内政策上，华盛顿通常类似于政治马戏团，脱离了理性和责任。但在外交政策上，当国际危机爆发，需要某种程度的全球领导能力时，美国总统的话语或承诺仍然代表金本位，即使这种黄金不像以前那样闪闪发光。

第一章 | Chapter I　　杜鲁门的朝鲜战争 1

　　1/一位来自密苏里州的男人　2

　　2/美国对韩国承诺的形成　5

　　3/朝鲜战争爆发　6

　　4/"老兵不死"　13

第二章 | Chapter II　　美国"承诺"的出笼 19

　　一切是如何开始的　19

第三章 | Chapter Ⅲ　艾森豪威尔 31

　　1/ 莫边府：帝国的毁灭　33

　　2/ 南越的诞生　38

　　3/ "多米诺骨牌效应"　42

第四章 | Chapter Ⅳ　肯尼迪失败的政变 47

第五章 | Chapter Ⅴ　约翰逊："让我们继续" 67

　　1/ 东京湾决议　71

　　2/ 约翰逊的重大决定：从顾问到战斗的角色　78

　　3/ 德朗河谷战役的教训　81

　　4/ 一年的试验和错觉　84

　　5/ 新年攻势的冲击　87

第六章 | Chapter Ⅵ　尼克松："没有办法赢得这场战争" 95

第七章 | Chapter Ⅶ　无论如何要摆脱 123

　　1/ 在巴黎的最后一推　132

　　2/ "最后一搏"　135

　　3/ 莫斯科峰会，河内轰炸　142

第八章 | Chapter Ⅷ "体面退出"或"体面间歇" 159

第九章 | Chapter Ⅸ 以色列模式——史无前例与不可预知 181

    1/一个总统承诺的具体例子   182

    2/拉宾、贝京、福特的信   182

    3/1967年以后的背叛   197

    4/一个美—以共同防御条约吗?   199

    5/总统承诺的瞬态性质   202

第十章 | Chapter Ⅹ 他们现在何处? 207

    1/韩国:条约承诺   208

    2/越南:一个迅速成长、死亡,现在又重生的承诺   213

    3/以色列:承诺通过通信就够了吗?   216

注释 224

后记 246

第一章 | chapter |
杜鲁门的朝鲜战争

"铁幕已经降临在欧洲大陆上。"

——温斯顿·丘吉尔

这是一场很不寻常的战争，它始于欧洲但很快笼罩了整个世界。

二战后，正当美国遣散军队，从战时经济急剧转向和平经济之际，苏联却加强了对东欧的军事和意识形态控制，首先吞噬了阿尔巴尼亚、然后南斯拉夫，接着从1945年到1947年，又迅速波及波兰、罗马尼亚、保加利亚、匈牙利和东德。1948年2月，共产党在捷克斯洛伐克掌权，把华盛顿剩下的那几个乐观主义者一下子抛到了一种战略沮丧的境地。莫斯科还积极推动共产党在中国、越南、法国和意大利接管政权。然而，越南的那场权力争夺在东南亚引发了一场大规模战争，使超过5.8万的美国士兵命丧黄泉。

当时杰出的华盛顿专栏作家沃尔特·李普曼，曾在一本书中给1947年出现的危机下了一个定义，正是这本书，命名了那一个时代。这本书的名字就是《冷战》。他写道，美国和苏联已经开始了艰难危险的竞争：使用代理人、谋求优势、增强军事力量，与实际战争仅差一步之遥。李普曼认为，这是一种冷战，而不是热战。老资格的莫斯科通和外交家乔治·凯南，也谈及了类似主题，并发表了一篇名为《苏联行为的根源》的外交事务文章，并建议"遏制"苏联扩张，接着又强调了他指的不是使用军事力量。

实际上，李普曼和凯南是在回应温斯顿·丘吉尔的忧郁判断。丘吉尔预言：站立在世界面前的不是和平，而是另一场战争的情景。所以在二战结束后不久，丘吉尔就已经谈到了另一场战争。1946年3月5日，在密苏里州富尔顿德的威斯敏斯特大学，英国的传奇战时首相扫视着欧洲地图，不情愿地得出结论：一个"铁幕已经降临欧洲大陆,"一个扩大影响力和势力的"苏联范围"正在形成①。与英国领导人同台的美国总统哈里·杜鲁门,也赞同这种对世界事务的悲观判断。他看到世界被一分为二:一半自由,另一半"倾向于他人的征服。"这便是冷战的开始。

杜鲁门在 1953 年 1 月离任时,回想起自己总统任期内的情形,他说,"在任期中,我几乎没有一天不被这种包括一切的争斗所主导。"

1/ 一位来自密苏里州的男人

哈里·杜鲁门,密苏里州人,是一位卑微、刻板的政治家,他恰逢天时地利。1944 年,杜鲁门是民主党参议员,因反对战时腐败而闻名,他的总统富兰克林·罗斯福正面临缓慢死亡和前所未有的第 4 任期连任竞选。民主党的领导人确信罗斯福会获胜——世界还处在战争状态。但是,他们想从候选人的名单中拿掉副总统亨利·华莱士,认为他太自由不适合当总统,因为他们预计罗斯福总统会在几个月内去世。

谁会代替华莱士呢?杜鲁门不是民主党的最爱,但他确实因廉洁和正直享誉政坛。加之几位更具竞争力的候选人在竞选中惨遭淘汰,杜鲁门便顺理成章地得到该党的首肯。1945 年 1 月 20 日,这位来自密苏里州的男人宣誓就任副总统,匆忙就任几个月后,于 1945 年 4 月 12 日,也就是罗斯福去世后,就任总统。他于是成为美国自 1896 年以来,唯一一位没有大学学位而就任总统一职的人。

杜鲁门宣誓就职时,他并不知道他很快将不得不做出许多会改变战后世界的总统承诺与决定。最快有结果且影响力巨大的便是他批准在广岛和长崎投下了原子弹,有效结束了二战。但因为这次核能源的使用,也同时开启了原子能和原子威胁的新时代。杜鲁门认为,他的决定将拯救成千上万美国士兵的生命,若非如此,果真打到日本本土肯定会导致无数人丧命。一两年的时间内,挑战摆满了他的办公桌。

早在 1947 年,苏联领导人约瑟夫·斯大林向阿塞拜疆移动(或假装移动),杜鲁门把此举解读为苏联想控制中东石油的供应。在丘吉尔的影响下,杜鲁门

第一章 | chapter |
杜鲁门的朝鲜战争

决定采取行动。3月，他宣布了对希腊和土耳其的价值4亿美元的军事和经济援助等一系列计划。这是新诞生的"反共政策"，很快被称为"杜鲁门主义"。总统说这是"支持自由民族抵制武装的少数派别（共产党起义者）或外部压力（苏联的侵略计谋）的征服企图②。"6月，美国国务卿乔治·马歇尔在哈佛宣布了一项非凡的4年时间130亿美元重建西欧经济的援助计划。这就是著名的"马歇尔计划"。这位国务卿说："我们的政策不针对任何一个国家"。甚至假装给苏联一个接受援助的机会，但是大家都清楚那是有条件的，而莫斯科将会觉得是不可接受的③。

在总统的宣布和承诺下，随着《杜鲁门主义》和《马歇尔计划》的出笼，美国开始了新的冷战政策，导致了美苏之间一系列重大对抗。决策模式早已确定：总统做重大决策，国会通过提供资金实际默许。在国家安全问题上，即使国会和总统之间偶尔出现分歧，总统的观点会获胜。杜鲁门的这些早期决定是战后总统言论权力演变的例子，利用白宫这块绝佳的讲坛，不仅制定政策还把国家领到有争议的目标上，甚至是战争——而且这样做无需国会认真的磋商，无需宣战，有时甚至无需国会的决议。不是每个人都赞成这种迅速崛起的行政权力，但是，在一触即发的焦虑时期，美国政府中没有一个人的权力堪比总统的权力。他是全国选举的唯一领导人。谈到战争与和平的问题，特别是冷战时期，总统是至高无上的——至少在那个时期是这样。

世界在变化，但并不是向着好的方面。1948年6月24日苏联封锁了通往西柏林3个区域的铁路、水路和高速公路，这3个区域位于苏联控制的东德。西方有一种选择：它可以粉碎对柏林的封锁恢复通道，这可能引发一场新的战争；它可以接受共产党统治；或者它可以开始前所未有的空运行动，将重要物资空投到柏林的西区。杜鲁门决心不受人摆布，他告诉马歇尔："我们坚守柏林。"随即，美国发起了"柏林空运"，一项真正具有历史意义的任务，一直持续到1949年5月11日。在这11个月期间，杜鲁门下令飞行了278228架次飞机到柏林，在运载的货物中，有2326406吨的食品和物资以及冬季的150万吨煤炭。空运行动高度危险，要通过空中走廊，苏联人完全可以在任何时间予以封锁，但他们没有选择那样做。"柏林空运"是美国的力量、慷慨和杜鲁门式领导的一次令人瞠目的展示，它拯救了柏林。

但是，东西方之间的关系明显在惊人地下滑，各方都试图战胜对方。1949年4月4日，北大西洋公约组织率先组建，包括美国在内共有12个创始国，他们担心苏联势力的明显蔓延，保证自己在军事上恪守这一原则：对一个成员的攻击将被视为对所有成员国的攻击。（这于1919年在本质相同的问题上美国拒绝国际联盟有多么的不同！）接着，在1949年8月29日，苏联宣布他们已经试验成功了它的第一颗原子弹，绰号"乔—1"，几乎完全模仿美国投在广岛的"胖子"原子弹（这证明，苏联间谍可能已经窃取了美国的原子弹的秘密）。最后，在1949年10月1日，中国共产党在毛泽东领导下打败了蒋介石领导的国民党，夺取了整个大陆的政权，建立了中华人民共和国，共产党的威胁不仅遍及亚洲，还波及世界的其他国家。

在华盛顿，在参众两院，一个拥有核武器的扩张主义者苏联与一个拥有世界最多人口的革命中国在意识形态方面走到了一起，这一惊人的情景着实令美国政府集体感到不寒而栗。杜鲁门害怕新的战争，而"中国问题游说团体"（由国会共和党人和新闻媒体的保守成员组成）与总统一样也觉得恐惧，但同时感到这是政治的黄金机会。他们对杜鲁门开始了凶猛的攻击，理由是："中国的失去"，好像是他给"失去"的；放弃蒋介石这样一个朋友和盟友；对共产党"温和"；国务院受到"赤色分子和左翼分子"的影响。中国问题游说团认为是杜鲁门在前进的中国共产党意识形态的巨人面前崩溃了，因此他们的猛烈批评几乎一天都没有停止过。一夜之间，几个共和党国会议员，追求普通职业的普通政客，成了标题人物——缅因州的罗伯特·黑尔和明尼苏达州的沃尔特·贾德哀叹蒋介石撤退到台湾地区的羞辱，爱荷华州的参议员布瑞克·B.希肯卢珀和威斯康辛州的约瑟夫·R.麦卡锡指责总统"领我们走的路是在塑造有利于共产党的政策"。他们寻找富有同情心的记者传播对"多米诺骨牌理论"的担心——如果中国能够落入共产党人的手中，那么，日本、韩国、越南以及所有东南亚国家也会落入共产党人的手中。当1950年6月24日朝鲜入侵韩国时，中国问题游说团认为他们因失去中国，使美国陷入失去亚洲的深渊而把愤怒之火烧向杜鲁门是完全正确的。

第一章 | chapter |
杜鲁门的朝鲜战争

2/ 美国对韩国承诺的形成

专家称,如果韩国受到攻击,美国会立刻救援,这一点毫无疑问。美国捍卫韩国的承诺坚定不移,对此承诺美国已经履行了几十年。这一承诺的起源是什么呢?举个例子,这会如同美国对北大西洋公约组织的承诺坚如磐石吗?这会使美国在任何条件下都有为韩国而战的义务吗?这些问题值得探索,因为它们切中总统承诺的真正核心价值和实质。

在1945年8月第二次世界大战结束时,朝鲜半岛分裂为两部分:北部在苏联的庇护下,由金日成统治,南部由李承晚统治,由于他放弃权利,成了美国的附庸。1948年5月,李承晚成立了大韩民国,同年12月金日成创建了朝鲜民主主义人民共和国,这个国家正式形成分裂。数周内,仿佛预先安排一样,苏联军队撤出,几个月内美国军队也撤了出来,华盛顿天真地认为,一段时间的和平调整期可能就在眼前。然而情况并非如此。沿分界线的小规模冲突成了令人不安的常态,朝鲜南北双方间的敌意和猜疑日益加深。

由于杜鲁门总统全神贯注于斯大林在欧洲的侵略举动,因此当成功接替马歇尔出任国务卿的迪安·艾奇逊,在1950年1月12日的全国新闻俱乐部上的讲话里将朝鲜半岛排除在美国亚洲的"防御圈"外时,没有人提出异议。这是故意的吗?无人确信,但金日成马上对这种排除引起了注意而且对其意义感到惊讶。他一直在考虑统一朝鲜的不同方式,认为一种方式是北朝鲜入侵韩国。他几次飞往莫斯科征求斯大林的同意。最终,在艾奇逊演讲后,苏联领导人斯大林亮了绿灯,他意识到共产党可以通过这种方式获得另一个战利品,而不必冒太大危险。根据尼基塔·赫鲁晓夫回忆录,毛泽东也同意金日成的计划,这意味着苏联和中国支持北朝鲜进攻美国盟友南朝鲜的计划。金日成曾向他的同事保证:一切将在3周内结束。所有3个共产党领导人——斯大林、毛泽东、金日成——很快得知他们已经严重低估了哈里·杜鲁门。

3/ 朝鲜战争爆发

杜鲁门总统正在密苏里州的独立城放松几天，这时他接到迪安·艾奇逊深夜打来的电话。国务卿说："总统先生，我有非常严重的消息要告诉你，北朝鲜已经入侵南朝鲜。"据杜鲁门的传记作家罗伯特·J.多诺万记载，杜鲁门被这个消息"惊呆"了，他认为这是"穿过国际公认的边界对美国支持的政府发动的公开军事攻击"。红线已经被越过，自由世界正受到咄咄逼人的共产党领导人的挑战，杜鲁门认为阻止他们是他的工作。

这位总统学的是历史。当他在朝鲜采取行动时，他想到了1938年9月的慕尼黑会议，当时英国没有采取任何行动阻止纳粹德国占领捷克斯洛伐克的苏台德区。后来，外交家称慕尼黑是导致第二次世界大战爆发的一个痛苦的绥靖政策的例子。杜鲁门向国会解释道，"20世纪30年代的那个重大事件我们记忆犹新，没有遭到反对的侵略孕育了更多的侵略，最终导致战争。"杜鲁门迅速派遣一个陆军师到韩国。几天后他又派了4个师，认为北朝鲜人就是一群抢劫的"强盗"，不堪一击，这一假想错误至极。

"我们不是在战争"，6月29日杜鲁门向国家保证，因此不需宣战。那是在日军偷袭珍珠港后的第二天，富兰克林·罗斯福总统向国会提出的。实际上，从杜鲁门到巴拉克·奥巴马，没有总统认为有必要请求国会宣战。例如，朝鲜交战并不是1812年的战争，那时，宣战一直会被认为是派遣美军参战所必需的。杜鲁门说，美国是在联合国旗帜下战斗，参与的是镇压强盗袭击的"警察行动"。这样，杜鲁门成为第一个没有任何形式的国会授权而把国家拖入战争的总统。实际上杜鲁门把在国会明确得到的权利赋予了联合国。当国会第一次讨论《联合国宪章》的优点时，杜鲁门正在波茨坦进行关于第二次世界大战结束的谈判。他向参议院领袖发了一份电报，许诺：如果他派遣美军参战，他会先向国会请求权限。在朝鲜，杜鲁门不顾自己的承诺，而国会并没有提出任何实质性的反对。

政府权力的历史性转变就这样在冷战的背景下开始了：总统按照自己的意

第一章 | chapter |
杜鲁门的朝鲜战争

愿可以发动战争或者对他认为有害国家利益的行为采取军事行动,不需宣战,甚至不用与国会正式磋商。美国宪法需要宣战,但总统现在可以不顾这一方面而明显不受任何惩罚。

在一周内,没有准备、没有重点的美国部队根本不是北朝鲜人的对手,无论怎样,他们在数量上的对比是 10∶1。伤亡人数很高,特别是军官。战场报告提到的是"撤退"、"溃败"、"死亡"和"混乱"。一个记者问:"这是昨天那个以诺曼底、阿登、莱茵河、瓜达尔卡纳尔岛战役的胜利而令人震撼的军队吗?……美国士兵被北朝鲜人追逐穿过稻田!"

驻日同盟国最高指挥官道格拉斯·麦克阿瑟将军从其东京总部观察着这个灾难战况,他不喜欢他所看到的一切,但觉得没有理由恐慌。在任何时候,他都自信地认为他可以摧毁朝鲜人、中国人和俄罗斯人。麦克阿瑟很有特点地握着玉米芯烟斗,非常自信,他佩戴着华丽的卡其色徽章,像一个古代的君主眺望他巨大的亚洲领域。他是美国的贵族,是被占领的日本国中最有权势的人。

麦克阿瑟 1880 年出生在阿肯色州的小岩城,在他看来没有什么工作比当一名士兵更光荣、高尚、爱国。他的父亲,小亚瑟曾任美国陆军中将。他因作战勇敢而被授予荣誉勋章。他说,年轻时的他听到的第一种声音就是军号声。他后来回忆道:"他甚至在读书写字之前就能骑马、射击——甚至在走路和说话之前"。毫无疑问,他将军人作为自己的毕生职业。麦克阿瑟于 1898 年进入西点军校,在那里他是一名出色的学员。1903 年毕业,在 930 名毕业生中名列第一。因为训练和学识非常出色,他被任命为"学员队第一任队长。"

他第一次履职是在菲律宾,第二次是在日本(在其父亲的司令部服役),第三次在墨西哥的韦拉克鲁斯。到第一次世界大战开始时,麦克阿瑟已经成为一名准将,是美国军事星座中最耀眼的明星之一。在欧洲,他服役的英勇表现使他赢得 2 枚优异服务十字勋章、7 枚银星奖章、2 枚紫心勋章和 1 枚战时优异服务勋章。

1930 年,麦克阿瑟调职华盛顿特区任陆军参谋长。1932 年他执行了一项最有争议的任务——粉碎补助金大军。这支由数千名一战退伍老兵组成的大军携妻带子来到首都,搭起棚子,举行抗议活动,要求立即支付他们服务于国家而应得的欠薪。人们本以为麦克阿瑟会有同情心——毕竟这些人是他战时的同胞，但麦克阿瑟不仅没有显示同情，甚至根本就不听他们的抱怨。他把很多抗议退伍军人视为共产党和和平主义者（尽管他没有证据支持他的观点），粉碎了他们的抗议。

1941年，日本袭击珍珠港后，麦克阿瑟被派往太平洋担任"美远东陆军司令"。到年底他已是一位4星将军，但他指挥的一支部队在珍珠港遭致严重损失几乎覆灭。很快他不得不放弃菲律宾，对于他来说，这是战争的低点。1944年10月20日，当麦克阿瑟大张旗鼓地回到菲律宾，成群结队的记者记录着他的胜利时，他预计美国将乘胜前进，最终迫使日本帝国无条件投降。他的预测是准确的。在两颗原子弹落在日本本土后，日本终于在1945年8月投降。麦克阿瑟代表美国接受日本投降，二战结束后，他作为日本向民主过渡的最高领导者的统治开始了。

直到1950年6月朝鲜战争爆发，麦克阿瑟成就辉煌。就连他的日本批评家也不得不承认他行为敏感令人尊重，尤其是保留天皇作为大日本帝国骄傲的象征。朝鲜战争的爆发打破了这段平静的时期，也在麦克阿瑟的脑海里提出了质疑：美国是否奉行对抗共产党挑战的正确战略。麦克阿瑟与他的同样辉煌多彩的同事乔治·S.巴顿一样深信，美国有能力粉碎苏联和中国——也应该这样做，拖延只会给共产党更多时间来重建他们的军事和重振他们的革命精神。当朝鲜发动攻击时，麦克阿瑟感觉到这个机会来了。但总还有杜鲁门，他的总司令这回事吧：这位总统，他的总统，在他的脑海里一位来自密苏里州的小男人，有一段机遇历史，一位死板的政治家——这位总统会像麦克阿瑟那样具有看这个世界的眼光和智慧吗？他会吗？他的确能吗？如果他没有这种眼光，那么会怎样呢？

7月27日，麦克阿瑟承担起盟军在韩国行动的全部责任。他飞到战场上，与他的战地指挥官协商，然后发出命令，这种情形后来被描述为著名的一句话"破釜沉舟"。另一位将军释义麦克阿瑟的话说："不会有敦刻尔克，不会有巴丹半岛；如果撤退到釜山，那里将会是历史上最大的屠场之一。我们必须战斗到底。"麦克阿瑟原以为4个师就会赢得胜利，现在向杜鲁门要8个师。

第一章 | chapter |
杜鲁门的朝鲜战争

美国人勇敢地战斗,许多人阵亡。尽管有受过更好训练的部队,他们还是一仗接一仗地遭到重创,被迫撤退,直到他们羞辱疲惫地收缩在南部飞地——釜山,准备最终耻辱的到来:美国人投降,将整个朝鲜半岛放弃,给了共产党。

麦克阿瑟给人的印象是一位从容不迫的军事筹划家,他提出了一个夹击的想法,想给北朝鲜人一个出其不意的打击。1950年9月15日,他派遣了一支大型两栖部队接近韩国西海岸,38线以南的一个港口仁川。虽然一阵阵具有威胁的波澜使抵近变得十分危险,但他的部队到达了仁川并占领了这个港口,将其迅速转换成为一个增援和重新部署的基地。接着,麦克阿瑟毫不迟疑地将他的部队投入宽阔的侧翼行动中,旨在把准备粉碎釜山环形防御圈的朝鲜人民军的大部分置于包围的陷阱。朝鲜突然意识到他们深陷困境,改变了计划,向北逃窜以摆脱合围。麦克阿瑟在仁川赌博的战略成功了。

杜鲁门随后面临一个关键的决定,这也许是他给这场战争带来最重要结果的决定:是把朝鲜赶出韩国,重建38线作为朝韩公认的边界——一个适度的目标,还是允许麦克阿瑟入侵朝鲜,毁灭共产党政权并统一这个国家,一个更加雄心勃勃的目标。杜鲁门受到巨大的国内压力去"完成这项工作"。距离中期选举只有几周时间。当时哥伦比亚大学的校长德怀特·艾森豪威尔建议杜鲁门摧毁朝鲜的共产党政权。宾夕法尼亚州共和党众议员休·斯科特指责国务院,尤其是国务卿艾奇逊,说他们要以"畏缩在38线后面"的方式"颠覆我们的军事胜利"。在这点上,与其说战场的现实倒不如说国内的政治给杜鲁门造成了问题。杜鲁门最亲密的顾问之一哈里曼·W.埃夫里尔说:"这需要一种超人的努力说不。从心理上讲,不去完成这项工作几乎是不可能。"杜鲁门决定给麦克阿瑟开绿灯。

9月27日,参谋长联席会议按照总统的命令向麦克阿瑟发了"指令"。指令说:"你的军事目标是摧毁朝鲜的武装力量"。指令没有说摧毁朝鲜政权,但隐含了那种意思。时任国防部长的乔治·C.马歇尔对麦克阿瑟说:"我们想让你感到在战术和战略上不受阻碍地向38线以北继续前进"。麦克阿瑟回答说:"除非敌人认输,否则我会一直把整个朝鲜视为我们军事行动的区域。"

由于总统这个越过38线的决定,美国也跨越了另一个地标。到此时为止,

战争谎言
——美国总统的承诺与背叛

外交政策一般地停在水的边缘。都那么说，而且普遍都那么认为。发动战争的决定被视为政府的行政和立法机构间、总统和国会间的一个联合决定。现在，随着冷战的开始，总统可以在不宣战，甚至不与国会广泛协商的情况下派兵到海外参战。他们可以做一个承诺，并按此办事。如果事情进展顺利，他们认为国会那边没有任何问题。但是如果事情不顺利，他们认为国会将小题大作，甚至撤回资金，但这种情况很少发生。

麦克阿瑟认为中国不会干涉他毁灭一个相邻的共产党盟友——朝鲜。他错了，杜鲁门的顾问也错了。一封强烈暗示如果美国威胁朝鲜，中国可能干预冲突的密电似乎很少有人注意到。中国外交部长周恩来已经通知印度驻北京大使K.M.潘尼卡，如果美国军队越过 38 线，中国将捍卫朝鲜。实际上，已有报告表明中国"志愿军"正在跨越将中国和朝鲜隔开的鸭绿江。杜鲁门问及这些报告时，中央情报局向他保证中国的干预"在 1950 年是不可能的。"1950 年 10 月 15 日，杜鲁门在威克岛与麦克阿瑟见面问到中国是否会干预时，这位将军一如既往的极为自信地答道："我们不再惧怕他们的干预。"他说，中国在自己的鸭绿江一侧有 10 万至 12.5 万人的部队，但没有空军，如果他们跨越边界，将会发生"最大的屠杀"。在这次会议上，就举止来说，总统好像是宪法强加的一件令人遗憾的麻烦事。麦克阿瑟倒像一个贵族在与讲民主的下层民众打交道。杜鲁门离开了威克岛，认为麦克阿瑟具有善变傲慢的性格，但毕竟不是会挑战总统命令的人。

美军大举越过 38 线，最初没有阻力。麦克阿瑟说，他的部队在实施"扫荡行动"。军事历史学家 S.L.A.马歇尔诗意地描述中国军队是"一个没有影子的幽灵"。几个共和党人开始猜测，麦克阿瑟将在 1952 年成为出色的总统候选人，一些政客认为，他正处在巨大军事胜利的开端，这完全有可能将他（和他们）推到总统的岗位上。麦克阿瑟通知杜鲁门，"到感恩节时，朝鲜全境有组织的抵抗将不复存在。"可他将会学到这一点：战时的预言可能会非常棘手和令人尴尬。

当时执政才一年多的中国共产党有一个不同的时间表。11 月初，当北京保持一种严谨蓄意的沉默时，中国"志愿军"已跨过鸭绿江与美军和韩军的小部

第一章 | chapter |
杜鲁门的朝鲜战争

队进行过交战。谁也不能确定那里有多少"志愿军",但令麦克阿瑟印象深刻的是他们打了就跑的作战方法。他大胆地做出了回应,对横跨鸭绿江的许多大桥进行轰炸,下令第8集团军向朝鲜开始一个新的攻势。

此时此刻,中国人从战场上神秘地消失了。他们去哪了?侦察没有提供有用的线索。麦克阿瑟的情报负责人查尔斯·A.威洛比——一位像普鲁士人那样粗暴的军官,向华盛顿保证中国军队不超过7.1万人。并强调,他们驻扎在鸭绿江的另一边。第8集团军进一步向北推进,没有遇到阻力。麦克阿瑟发表了一份战争公报说:"实际上"美国这个攻势应该"结束战争。"记者无意中听到他对助手说的话,"我希望我们能在圣诞节前把这些孩子带回家。"

11月25日,30多万人的被称为"没有影子的幽灵"的中国军队,从朝鲜的山脉、森林和峡谷中迸发出来,发起了一场激烈的战役。这场战役对于美军和美国人的命运来说是极其灾难性的,以致于艾奇逊后来将其描述为自美国内战中的布尔伦河战役以来美国军队遭受的最严重的失败。中国人以一场震耳欲聋的军号声、喇叭声和口哨声的交响乐的形式宣告了他们的突然出现,他们在整个朝鲜横冲直撞,首先歼灭了主要的韩国部队,然后将第8集团军打得顶着咆哮的暴风雪踉跄后退到38线。麦克阿瑟不情愿地总结说:"我们面临一场全新的战争。"失望透顶的杜鲁门告诉他的内阁说:"中国是带着两只脚来的。"这位总统在他的日记里写道,"势如破竹、无可阻挡的中国人"重新占领了朝鲜的大部分地区。《纽约时报》横幅——标题写道:"20万敌人在朝鲜向前推进了23英里。"生活杂志评论说:"第三次世界大战更近了。"

几天后的11月30日,好像事情不能变得更糟了。在白宫的印度条约房间里召开的例行新闻发布会上杜鲁门提出了美国有可能使用核武器来阻止中国人的推进。正如《圣经》所说:片刻,太阳停止了。

这次新闻发布会开始的时候还是例行性的与媒体交换意见。然后一位记者问杜鲁门:麦克阿瑟是否是在寻求到许可的情况下打过鸭绿江的,这意味着将战争扩大到了中国。杜鲁门回答说:"我们将采取一切必要措施来满足军事形势,就像我们一直做的那样。"他的回答没有什么不同寻常之处,但记者们还是感觉到了一丝机会。另一个记者问:可能包括使用原子武器吗?杜鲁门本可以用他躲避的拿手方式阻止这方面的提问，但他没有。他继续说："包括我们有的每种武器。"但是，另一个记者问是否正在对使用原子武器进行"积极的考虑"。杜鲁门又可以很容易地避免直接回答，但他选择了确认这个问题的要点。杜鲁门厉声说："一直在积极的考虑使用它"，还补充说："一直都在……它是我们的一种武器。"他给人留下的是这种奇怪的印象：使用原子武器的决定是由他和他的最高战地指挥官——麦克阿瑟做出的[④]。

在他的新闻发布会结束后几秒内，合众国际社发出了下列公告："杜鲁门总统今天说美国正在考虑在朝鲜战争中使用原子弹。"美联社补充说，这一决定可能会由麦克阿瑟来做。《印度时报》登出一个标题："不，不，不。"

杜鲁门大错特错了吗？还是他打算把提高核威胁作为恐吓中国赶紧撤回鸭绿江的一种方式呢？尽管历史学家对这些问题争论了几十年，但看起来杜鲁门至少为使用原子武器的可能性做了准备。我们现在知道他曾命令战略空军司令部"增强其功能"，包括可能使用原子武器。

当时，杜鲁门的"原子的"评论向世界发出了一丝令人极度不安的寒意，或许只有中国除外，后来人们认为是中国传播出这样一种十分倔强的想法：核战争要是还给中国留下4亿人，足以与地球上任何国家打仗并战胜他们。每个人都知道，杜鲁门是世界上唯一的已经下令对平民目标投下原子弹的领导人，他这样做了两次以打击日本。在他的日记里，杜鲁门辛辣地写道："我为和平工作了5年6个月，似乎第三次世界大战爆发了。"

在危机中的此时，杜鲁门一定问过自己，第二次世界大战结束不久朝鲜是否值得发动另一场战争，而且是可能很快升级为一场核战争的另一场战争。他一定还想知道他是不是被一位追求对抗性政治议程的野心勃勃的将军推进另一场战争的。在对自己的选择——政治的、军事的和外交的——进行冷静的复议后，杜鲁门决定他不得不改变并阐明他的政策。他以逻辑方式表达，朝鲜战争不是世界大战，他也不会像罗斯福那样寻求他的敌人"无条件投降"。他不会被束缚在一种僵化的政策中——他可以重新调整政策，甚至他的人员。他可以让步并把战争的目标限制在停战协议上并以此结束战争。杜鲁门知道这样一个政策转变肯定会激怒麦克阿瑟并点燃国内对他和他的政党的激烈攻击，然而，经过与自己和前总统的幽灵多次深夜争论后,他转换了自己并做好了迎接新一轮政治斗争的准备。

杜鲁门会见了焦虑的英国首相克莱门特·艾德礼,并向他保证美国的朝鲜政策没有改变,美国不会对中国使用核武器,也不开辟对抗苏联的新战线。简单地说,他的信息就是:美国不会扩大战争。他向其欧亚盟友和国会的政治盟友发出了同样令人宽慰的信息,他们一度对美国使用原子武器的强烈担忧慢慢变换到了更低档的状态。

4/ "老兵不死"

然而,尽管杜鲁门唱了一首令人安慰的歌,但麦克阿瑟将军仍然吼出一种不同的、比较凶悍的调子,好像他是君主,有权决定自己的政策,而杜鲁门是他的臣民。一场举世瞩目的将军和其总司令间的拔河比赛在这场战争的微妙时刻突然展现在舞台中央——引人瞩目的部分原因是没有人真正知道这时谁会获胜。

麦克阿瑟对朝鲜战争的一套问答很清楚:朝鲜发动的战争,所以朝鲜应该被击败并受到惩罚;中国选择成为战争中的一个交战国,派遣大军跨过鸭绿江,现在也应该被击败;苏联应该被警告远离战争,但如果它进入战争,那么它也应该被打败。毫无疑问,如果麦克阿瑟不受杜鲁门、艾奇逊和"其他人"的束缚,如果他能够使用美国的全部力量(即原子武器)打击其敌人——共产党,他肯定他能够并将会赢得决定性和历史性的胜利。

具体地说,麦克阿瑟建议:立即封锁和轰炸中国、中国国民党由美国支持反攻大陆、部署3.3万国民党军队入朝作战。这位将军在极力扩大其总统抵制的那场战争,而且这位将军准备动用其在华盛顿的所有保守派盟友以赢得胜利。这种情况与历史的发展不一致,在美国战争中几乎从未有过军方异议者。乔治·B.麦克莱伦少将,在内战期间指挥联邦军队,也曾与他的总统较量——最终失败了。在关键战役中,麦克莱伦在其他方面是令人钦佩的领导,他使用一种奇怪的犹豫战略,使其总统亚伯拉罕·林肯感到困惑和愤怒,后者两次解除了他的指挥权。引用林肯的话说，"如果麦克莱伦将军不想使用这支军队，我想借用它一段时间。"

在朝鲜战争中的这个微妙时刻，美国在向世界发出两个截然相反的信号——总统的谨慎语言，将军的大胆异议。它本有可能是一个聪明的好人——坏人战略——但事实上却不是。

随着战争逐渐打成平局，双方都不能取得决定性的胜利时，麦克阿瑟失去了耐心。1951年3月23日，在没有总统许可的条件下，他毅然向中国发出了公开的最后通牒：要么与我（麦克阿瑟）在"战场上"谈停战协议，要么被打得粉碎。传记作家威廉·曼彻斯特谈到这位将军："他绝不能忍受以失败结束自己的职业生涯。"杜鲁门目瞪口呆——"处于一种怀疑和克制愤怒的混合心态，"艾奇逊回忆道。麦克阿瑟的最后通牒已经违背了他在威克岛的会面时对杜鲁门的许诺：没有许可他决不从战场上发布政策声明。他还打破了联合国的一个敏感尝试——以中间人的身份促成一个停战协定，该协议可以使38线成为双方之间的正式分界线。

在美国，一个被激怒的麦克阿瑟有许多盟友，他故意地发动他们反对总统。马萨诸塞州的共和党代表约瑟夫·马丁捡起一个麦克阿瑟最喜欢的建议，拥护中国国民党反攻大陆。"我们到朝鲜是为了什么——赢还是输？"他问道。"如果我们在朝鲜输了，那么这个政府应该为谋杀成千上万的美国军人而受到指控。"麦克阿瑟寄给马丁一封鼓励信，这位国会议员将这封信读给了众议院并发布给了媒体，使这位将军的立场和总统的立场之间的分歧进一步加深。《时代》杂志的出版商亨利·卢斯在一篇社论中对马丁开辟反对中国的第二战线的提议遥相呼应。卢斯说，美国应该"充分利用国民党现在所能做的一切来帮助我们为亚洲而战，"也许以"有限的滩头阵地进攻的形式，地点想必是华南。"

杜鲁门失去了冷静。"我的忍耐是有限的，"他爆发了，指责麦克阿瑟的"叛卖行为"。他与其两个高级外交官——艾奇逊和哈里曼，两个高级军事顾问——马歇尔和参谋长联席会议主席奥马尔·布拉德利将军，交换了意见并决定"我们远东的大将军必须被召回。"

不过，在实际解除麦克阿瑟职务之前，杜鲁门查阅了国会图书馆以重温林

第一章 | chapter |
杜鲁门的朝鲜战争

肯和麦克莱伦吵闹的细节。他发现的情况是他与麦克阿瑟的问题正好相反。正如历史学家大卫·麦卡洛解释的那样:"林肯想让麦克莱伦进攻而麦克莱伦一次次拒绝。但是,当林肯颁布命令时,麦克莱伦如同麦克阿瑟一样置之不理。麦克莱伦如麦克阿瑟一样,偶尔也发布有关军事领域之外事情的政治声明。当林肯被问及对此有何想法时,他说,这让他想起那个对马说话的人,当他的马扬起蹄子,把一只蹄子插进马镫子时,那个人说,"如果你要上,我就下。"这是杜鲁门喜爱的一个故事。

1951年4月11日凌晨1点,这个不寻常的时间,白宫发布了一则公告——"杜鲁门解除麦克阿瑟的职务"——充满了争议,点燃了冷战中史无前例的总统与将军间的冲突。

在美国历史上,曾有过多名将军被解职,但麦克阿瑟似乎非同凡人,当然在他心中他比下令解除他职务的总统更超群。这个公告引发了全国的政治抗议狂潮和政治激情:谁将赢得这场巨大的对抗——杜鲁门还是麦克阿瑟,前者具有宪法赋予的权力将异议的将军解职,后者除了肩上扛的军衔和制服上佩戴的奖章,还有国会保守派的力量,许多人在媒体和华尔街任职,还有总统竞选的可能性。

对许多批评杜鲁门的人来说,麦克阿瑟是一位杰出的爱国者,一生致力于服务祖国。他们觉得他应该受到尊敬而杜鲁门应被弹劾。约瑟夫·麦卡锡在参议院全体会议上喊道:"婊子养的应该被弹劾。"通常更高雅的参议员罗伯特·塔夫特也随声附和。从不支持杜鲁门的《芝加哥论坛报》刊登了头版社论,称"杜鲁门总统必须被弹劾并被判有罪。他在道德和精神上不适合总统一职。"赫斯特、麦考密克和斯克里普斯——霍华德报业集团把麦克阿瑟的解职视为国家的一场灾难。在加州的圣盖博市,杜鲁门的雕像被烧毁。当杜鲁门投掷华盛顿棒球比赛赛季开始的第一球时,遭到一片嘘声。在东京,麦克阿瑟告诉一位副官,杜鲁门已经和医生们交换了意见,他们告诉他,他"得了恶性高血压,这一苦难的表现特征是困惑和混淆……以及……他活不过6个月。"这一所谓的医学诊断出现在许多报纸上。批评的暴风火极其猛烈以致历史学家将杜鲁门的磨难与詹姆斯·K.波尔卡总统的经历进行了比较,后者在美—墨战争中与扎卡里·泰勒将军之间有难题。

杜鲁门的支持者似乎很悲伤，捍卫总统的行动不力。似乎每个人都明白，麦克阿瑟公开反对杜鲁门，公然宣扬不同意见，并且还接受英雄般的欢迎和共和党支持者的邀请，在国会联席会议上发表讲话，继续对现任总统进行攻击。"你不可能，"他吟诵，"在向亚洲的共产党绥靖或投降的同时不损害我们阻止共产党在欧洲挺进的努力。"谁向共产党投降了呢？当然是杜鲁门。"老兵永远不死，"麦克阿瑟最后说，"他们只是渐渐褪去——一位老兵尽力在履行自己的职责，因为上帝赐予了他的光芒使他看到了责任。"

麦克阿瑟非凡的结论只会提升他受欢迎的吸引力。要不是艾森豪威尔——一位非常完美的战争英雄，已经是1952年共和党的总统人选，麦克阿瑟很有可能已经担任了那个角色，所有的人都看到了他的反共产党的言行。相反，他从政治诱惑中抽身而退，在纽约华尔道夫酒店的一个宽敞套房里接待仰慕者，只是偶尔对政界施加适度的影响，直到1964年谢世。杜鲁门在与麦克阿瑟的对抗中获胜，完成了他的任期。"我很抱歉不得不与亚洲的大男人达到分裂的地步，"他在写给艾森豪威尔的一封信中说，"但他要这样，我不得不成全他。"

国内一些保守派从这段令人遗憾的事件中得出了另一个结论。如果杜鲁门政府决定不在朝鲜与中国作战，他们认为，那么美国应该离开亚洲。过时的孤立主义再次出现在报纸的社论中。《底特律时报》建议："我们应该把我们的军队尽快撤出……"《托皮卡州报》发表社论称："我们应该将我们的军队撤出亚洲，然后再撤出欧洲。"这一主题从一个编辑部跳到另一个。

白宫化解了冲击。总统尽管卑躬屈膝但没有失败，他在与一位叛逆将军的斗争中获得了胜利，后者躲进了轰鸣的锣鼓和喇叭声中，但其历史性的异议将不会再得到回应了。现行政府幸存了下来。没有人质疑麦克阿瑟的爱国主义，也没有人认真地质疑杜鲁门的爱国主义。冷战似乎对爱国主义、忠诚和服务等词施加了新定义，似乎对美国在世界上的地位也施加了新的限制，尽管它仍然是一个超级大国。

美国不会扩大朝鲜战争，并将其最终目标调整到达成38线停战协议，使侵略者金日成和其朝鲜政权存在。正如记者大卫·哈伯斯坦所说，朝鲜战争"已经达到没有胜利只有死亡的地步。"在美国历史上,这是它首次决定战到平局,而不是战到取胜。朝鲜战争以"双方都不满意的妥协而结束"。许多战地记者直率得多,他们称这场战争为"为平局而死"。值得注意的是,有美国对捍卫韩国的承诺,这种"平局"历经了几十年,甚至进入到了 21 世纪。

第二章 | chapter Ⅱ

美国"承诺"的出笼

"我们迷惘于如果不动用武力我们是否会失去东南亚。我们必须尽我们所能来拯救东南亚。"

——迪安·艾奇逊，1952 年。

富兰克林·罗斯福死于 1945 年 4 月，在杜鲁门继任总统后，越南就成为美国担忧的外围问题之一。随着时间的推移，它将变为中心问题并导致了美国有史以来唯一一场失败的战争。

一切是如何开始的

在二战大部分岁月中，罗斯福一直奉行威尔逊的民族自决原则，尽管他怀疑许多密切的欧洲盟国想在战后保持他们的殖民地——英国在中东和南亚，法国和荷兰在东南亚，一些欧洲盟国在非洲。作为其民族自决政策和其盟友殖民意图之间的桥梁，罗斯福提出了一个临时托管制度，按照这个制度，像中南半岛、印度尼西亚和印度这样的殖民地将被保证战后的独立，但必须在他们的领导人首先接受殖民地的主人对其进行的负责任治理的培训以后——这一概念如此傲慢。

罗斯福本人对殖民统治感到惊骇，在私下谈话中，他毫不掩饰地表示反对。他尤其不满法国在中南半岛的统治。"中南半岛不应该回到法国，"他告诉他的国务卿科德尔·赫尔，"应该由国际托管。"他的同情是显而易见的。他说："法国统治这个国家 3 千万居民近 100 年，人民的生活比开始时更糟糕了[①]。"

但在战争和其生命的最后几个月里，罗斯福改变了他的政策。他放弃了他的托管方案。他向其欧洲盟国保证，如果他们的确决定要战后重新实行殖民统治，美国不会提出公开反对。罗斯福为什么改变了主意？第一个原因是国家利益。他的高级军事顾问说服他，一旦日本军国主义被击败，美国必须控制从日本南部到澳大利亚的太平洋海上航线。他们认为，如果在中南半岛和印尼建立了可能忠于莫斯科的自命不凡的共产党人统治的不稳定政权，美国的控制将受到危及，国际贸易将遭到破坏。第二个原因与其欧洲中部重要性的战略考量相关。罗斯福担心战时联盟在欧洲殖民主义这类问题上被削弱，他认为目前核心价值不是殖民统治问题，而是纳粹的"无条件投降"。此外，当罗斯福扫视战后欧洲的未来时，很明显，如果苏联大举进入东欧和中欧（实际发生的事情正是如此），他将需要英国、法国和荷兰的合作。

杜鲁门总统很快接受了罗斯福政策的主要纲目。他自己没有固定的议程，除了明显的任务：在欧洲结束战争；最后结束亚洲的战争，即使他不得不使用原子弹；创建联合国，在经历了旷日持久的第二次世界大战恐怖后给世界一个深呼吸的机会。同时，如果他的欧洲盟友希望在中南半岛等遥远的地方恢复殖民统治，那么就请便吧。美国至少不会公开反对——但是，在与英国、法国、荷兰的私下谈话中，杜鲁门强调，华盛顿更希望他们的殖民地逐步实行民族自决的政策。

战争结束时，东南亚出现了一个本应列入杜鲁门日程上的问题。1945年9月2日，胡志明宣布越南独立，他还采用了民族的自豪感和外交的狡猾。他声明道："人人生而平等……造物主赋予他们某些不可剥夺的权利，其中包括生命、自由和追求幸福的权利。"这一论调并不使人感到陌生，他随心所欲地盗用了1776年美国《独立宣言》和1791年的法国《人权宣言》的内容，他开启了一个精明的游戏让美国（和法国）支持越南的独立。在首都河内的庆祝联欢晚会上，他引用联合国呼吁国家自决的说法——其中许多最近才在旧金山起草[②]。他安排一个民族乐队演奏一首非常原始的国歌《星条旗》。他特别安排与两位战略情报局——中情局的前身——官员就餐，为战争期间美国对越盟游击队的援助向他们表示了感谢，并呼吁既然战争业已结束，美—越之间就应建立"兄弟般的合作"[③]。显然，胡志明认为如果他得到美国的支持，他将获得国际认可并阻止回归法国殖民统治。但是，在这难忘的一天，胡志明还警告说，越南人民"决心对法国殖民者征服他们国家的任何企图战斗到底④。"

在接下来的几个月里，胡志明写了许多封和解的信给杜鲁门和其他美国官员。在一封信中，他提出了与美国"全面合作"的计划，在另一封信中，提出两国间开始文化和教育交流⑤。胡志明常常谈及《联合国宪章》，希望宪章中的反殖民主义语言可能在欧洲和美国产生反殖民主义的情绪。胡志明写道："大西洋宪章和旧金山宪章的执行意味着根除帝国主义和各种形式的殖民压迫⑥。"胡志明不是一位天真的革命者，不会相信欧洲殖民主义会在联合国的一阵言辞中枯萎和死去；但他使用他能驾驭的每种手段去说服杜鲁门坚持传统的威尔逊原则。

虽然杜鲁门有这样非凡的机会去打开与越南领导人的对话——这本可能会改变战后中南半岛的历史以及美国的历史，但他断然拒绝了每一次的主动表示。他从不回复胡志明的信件，他的任何官员也没有。杜鲁门不相信胡志明（也不相信任何其他共产党领导人），而且他已经向法国发话：美国不会阻碍法国重返中南半岛。自伍德罗·威尔逊总统以来，民族自决在美国战略原则的万神殿中（至少在言辞上）傲然屹立，但它离杜鲁门万神殿中的顶部相差甚远。他最担忧的是共产党。约瑟夫·斯大林正在把他的帝国扩张到东欧。意大利和法国共产党正在获得政治权力。红色销售名副其实，正在整个中东传播。马克思主义的游击运动遍布整个亚洲，毛泽东的军队即将把蒋介石的军队赶出中国大陆。情报报告称接下来毛泽东会向中南半岛南下。

杜鲁门是个非常实际的人。法国需要美国的帮助，而且会得到。杜鲁门承认法国在欧洲的重要作用。在胡志明宣布越南独立的几天前，杜鲁门亲自向访问白宫的时任法国临时总统戴高乐保证美国不会支持胡志明，也不承认他的政权。这是戴高乐想听到的信息。

同时，杜鲁门在国内面临日益强大的威斯康辛州共和党参议员约瑟夫·麦卡锡的挑战。这位资浅的参议员，像他的许多共和党同僚一样，从不错过任何一次机会批评总统的外交政策。在一段时间里，犹如一股可怕的大自然力量，一个没有约束的政治骗子发出了20世纪中期反共的歇斯底里，这一绝叫被称为"麦卡锡主义"。这位口无遮拦的参议员在每个隐蔽处都看到有共产党人。他说

战争谎言
——美国总统的承诺与背叛

话含糊不清,不只是对白酒知识略知一二,他向美国外交家、作者和学者发出没有事实根据的夸大的对于共产党颠覆和不忠的指控。结果,麦卡锡主义在举国上下传播恐惧和猜疑。在这段时间里,政客甚至总统都不能忽视那位参议员刺耳的吼声所传达的信息。正是在国内这种不确定的环境下,杜鲁门对法国在中南半岛重建殖民统治表示了美国的支持。即使没有麦卡锡,杜鲁门也很可能采取相同的立场,只是麦卡锡在此背景下的隐现使得这种立场更加确定,并与当时的反共声音保持了一致。

胡志明曾许诺越南将对法国回归殖民统治"战斗到底",但他没有许诺立即战斗。1946年3月6日,胡志明开始与华盛顿支持的法国进行断断续续的谈判。在春天的一段时间里,他们好像取得了某些进展。但是到了夏季,人们发现其实这只是一个错觉,因为战争爆发了。胡志明不会接受法国殖民主义,法国人不会放弃他们的殖民地。12月份,法国轰炸了海防港口,造成6000多越南人丧生,也许是为了报复共产党在国家北部和南部对"很多外国人"的"大屠杀"⑦。胡志明逃离首都河内,躲进山里再次动员他的游击队。他击败了日本,因而他确信也能击败法国。在非常短暂的时间里,他控制了三分之二以上的农村,而且他的军队开始向城市进攻。集中在那里的法军力量并不是很强大,但战斗依然很激烈。

法国请求美国帮助,美国迅速采取了行动。华盛顿安排了信用额度为1.6亿美元的军事援助,直接发送到法国,但每个人都知道这些援助然后将汇集到中南半岛。在当时看来,美国踏入一场中南半岛战争的第一步似乎不会持续30年。这是不情愿的第一步,是一个盟友向另一个盟友提供的援助,每个盟友都按照不同的鼓点行进:美国议程上有欧洲和共产党传播的危险。法国议程上有中南半岛和日渐衰落的殖民主义。

多数观察家认为,形势是严峻的。负责美国国务院远东事务办公室的约翰·卡特·文森特写了一份年终报告。他透露,"法国承认他们缺乏军事实力来再次征服这个国家。"副国务卿迪安·艾奇逊告诉法国大使亨利·邦内特,中南半岛"不如意的形势"令人感到"高度激愤",他补充说(言辞上,是这么回事)"我们已经准备好了,愿意做任何事情去帮助⑧。"但实际上美国没有"准备好,也不愿意做任何事情。"美国在支持法国留在中南半岛和支持外交论坛的反殖民主义政策之间仍然坚持越来越站不住脚的"中立"立场。

"不如意的形势"在中南半岛持续到1947年。2月3日,国务卿乔治·马歇尔发电报给美国驻巴黎大使馆,表达对中南半岛战争的"日益关切"。他很沮丧地写道:法国显示了一种"危险、过时的殖民展望",然而美国却"对法国具有最友好的感情⑨。"到了5月份,马歇尔似乎对中南半岛的斗争更加灰心丧气。这位国务卿写道:除非法国能找到越南人民的"真正的"民族主义"代表",能与胡志明进行体面和解的谈判,否则这场斗争将给"极端民族主义或共产党"领导人留下"永久仇恨"的遗产,使他们最终将整个地区开放给莫斯科利用。不幸的是,法国找不到这样的"代表"。共产党扩张的危险日益上升,明显遍布世界各地,专注于此的马歇尔总结道:"清楚的事实是,西方的民主制度在东南亚几乎所有新兴国家里处于守势⑩。"

到1948年9月,杜鲁门的国务院被迫承认"我们无力提出任何解决中南半岛问题的可行方案。"在一份政策声明中,国务院外交官们总结道:"法国正在中南半岛进行一场绝望的明显失利的战斗。"他们还意识到,胡是"中南半岛最强的、也许最能干的人物,"没有他,解决问题是不可能的⑪。然而,他们怀疑与他解决问题可能会打开共产党在中南半岛胜利的大门,这不仅会损害美国在亚洲的利益,同时也会损害其在欧洲的利益。而欧洲是进行冷战的关键战场。在看不到其他"可行的解决方案"的情况下,美国缓慢和不情愿地增加了对法国的支持,即使它意识到法国正在"输掉"这场战争。这是华盛顿无法逃脱的窘境。

法国在寻找一个可以接受的民族主义领袖,最后选定了保大,战争期间他曾是越南的皇帝,尽管他几乎没有公众的支持。当胡于1945年9月掌权时,他毫不客气地要求保大辞职,保大同意了。正如他后来所说的,谁会忘记国王路易十六是因抵制法国革命而掉了脑袋呢?他把"主权"交给了胡,反过来又成了胡的"最高顾问,"——一个没有权力的头衔⑫。一年以后,保大开始流亡,很快就因"香港的花花公子"称谓而出名。如同作者斯坦利·卡诺所描述的情景,"孤独和无力,他沉溺于狩猎和嫖妓⑬。"他是一个历史人物,因此非常受重视，被当作一个听从摆布的法国旧殖民家具，但他不是傻瓜。他曾经徒劳地警告戴高乐："如果你在这里重建法国政府，国家将不会听命。每个村庄将是一股阻力，每个前任的合作者都是敌人，你的官员和殖民者自己将寻求离开这种令他们窒息的氛围[㉞]。"

这个来自越南过去帝国的悲哀人物被法国选中来领导越南的反共力量，他们期望保大与胡志明较量。这是一个荒谬的选择，产生的结果是一场不公平的战斗，风流天子对阵胜利的革命者。保大没有忠于其新政权的军队。他无权指挥11.5万人的法国部队。他除了代表当时的君主制没有任何政治理念，而其共产党的对手，从一个胜利走向另一个胜利，正在大肆宣传革命。

保大是一个失败者，然而，就在法国人支持他的同时，美国人也在支持他，尽管他们不是很情愿。他们心里更明白，在最可能的情况下，他们也不会把他纳入新的政权里，使胡在东南亚成为中南欧的铁托——一个共产党国家的民族主义领袖，勇敢地宣布从莫斯科帝国中独立出来。当然，没有任何保证胡将成为另一个铁托；但许多高级官员还心怀希望，他们有一种直觉，胡志明可能会抓住这个机会。

胡志明从未得到可以抓住的机会，因为杜鲁门担心，胡志明一旦掌权将是一个无法控制的力量，必然冒犯法国，组成并领导一个反殖民主义的政府，加强而不是断绝他与莫斯科的关系，最后助燃麦卡锡主义者的谷仓大火席卷美国。杜鲁门——这位密苏里州传统的政治家，用冷静理智的眼光审视着这些可能性——最后认为法国（有或没有保大）没有现实的机会击败胡的力量，但是在欧洲他仍然需要法国。的确，他无法想象，如果没有他们，那么谁将阻止斯大林在欧洲前进的步伐？因此，即使陷入困境，杜鲁门也要把美国在亚洲的命运与一个摇摇欲坠的盟友和一位暴躁的前国王联系在一起。

慢慢地，在全球对抗共产党的形势中，中南半岛开始从美国前边缘利益的地位转换为重要但还不是中心的新地位。这并不意味着当法国人提到他们在中南半岛不受欢迎的冲突时，美国会直接向中南半岛提供军事援助，也不意味会派遣部队到中南半岛，也不会放弃美国对这场"肮脏战争"所持有的极其脆弱的中立立场。不管怎样，它确实意味着美国支持中南半岛的反共力量的承诺正

第二章 | chapter II
美国"承诺"的出笼

在孵化之中。

同时,一个奇怪的战斗正在政府中进行。在一个层面上,每个人似乎都同意:苏联共产主义对美国的利益是一种致命的蔓延的威胁,必须被遏制。但在另一个层面上,官员们又承认美国正在滑入中南半岛的摇摇欲坠的局势中。一些人认为华盛顿应该对胡志明打开外交渠道,即使这种努力将削弱欧洲盟友的关系。其他人觉得美国应该提供更多军事援助和外交支持来增强法国在中南半岛反共的勇气。为什么不承认保大的越南呢?他们问道。美国的中南半岛政策,按艾奇逊的话说,就是"混乱的大杂烩⑮。"

到1949年,俄国原子弹爆炸和共产党征服中国已改变了战略格局,给华盛顿的中南半岛"大杂烩"政策施加了新的紧迫性。艾奇逊仍然不想承认保大政权,认为美国支持"法国作为中南半岛的殖民大国"是"不明智的"。他仍然不想直接向中南半岛提供军事援助,认为法国人是在"勒索"总统,他们警告说:如果他们不得不放弃战斗,让共产主义获胜,那是杜鲁门的错。艾奇逊在国会听证会上说,"我们不想到法国人说的那种地步,'你们接管……接管这个该死的国家。我们不想要它。'……法国必须承受其在中南半岛的负担,我们愿意帮助,而不是代替他们⑯。"

然而,到1950年初,艾奇逊的防线崩溃了。他同情总统,共和党人因已经"失去"中国,现在又对与胡挺近的军队进行殊死战斗的法国提供不足的帮助而向总统发起恶毒的攻击。艾奇逊鼓励杜鲁门放弃美国在中南半岛的中立政策,表明反对共产党在亚洲进一步扩张的更坚强的立场,包括直接向中南半岛的法国殖民力量派遣美国军事援助,然后正式承认保大政府。无论怎样,还在朝着这个方向前进的杜鲁门接纳了国务卿的建议,美国再次调整了其政策。虽然没有欢乐,但感到没有其他的现实选择,美国又向中南半岛战争正式地迈了一步。

杜鲁门不必走这一步。历史上没有什么事情事先促使他做出这样的决定。他本可以选择在国内与共和党人斗,本可以在欧洲而不是在中南半岛支持法国。他本可以用其它方式挑战正在扩张的共产党帝国。那时美国在经济和军事力量上享有的巨大优势和苏联腐朽衰退的程度是不可想象的。而杜鲁门却决定支持法国,播下了一颗"承诺"的种子,迅速成长为卷入美军的另一场战争。

战争谎言
——美国总统的承诺与背叛

再一次,总统提出政策,国会提供资金。虽然保守的共和党人,在麦卡锡主义的鼓动下,一直批评杜鲁门"对待共产主义"可能是一种"软弱",但他们从未反对总统在没有国会授权的情况下把国家引入战争的想法。

在一个对美国中南半岛政策非常坦诚的审议中,美国国务院解释了美国当时的想法:

中南半岛"遭到红色中国的入侵"。越南"政府稳定性差,"它控制"不到三分之一的国家。"法国人"必须履行"对保大的"承诺"——要么支持保大要么接受胡的"共产党政府,"后一种选项,美国认为是"不可接受的。"为什么呢?因为那样会"使东南亚完全被共产党统治。"法国人将他们近一半的年度军事预算投了中南半岛——仅1949年就有4.75亿美元。"不得已,"国务院继续说,"美国将和法国一起,履行在中南半岛的承诺。"(这是第一次"履行承诺"或"承诺"这个词被用来正式描述美国卷入中南半岛战争。)美国要么支持法国要么就会看到"共产党扩展"到整个东南亚。"没有其他的选择。"必须支持法国。"拒绝支持法国在中南半岛"将是一个"'小事聪明,大事糊涂'的实例。"现在支持是必要的。只要中国不"大规模"侵入中南半岛,法国"能够取胜"——不过得有美国的帮助。然后,按其论证,国务院将中南半岛与欧洲联系到了一起:"支持法国在中南半岛政策的失败将导致我们欧洲目标的失败。"因此,我们必须重新审视"军事援助的问题。"国务院总结说:"美国应该提供军事援助,但这并不意味着美军以此支持中南半岛的反共民族主义政府[17]。"

国务院的解释带来的结果是:首先,承认了保大政府。其次,对在中南半岛的法国部队直接提供军事援助。1950年1月18日,毛泽东的共产党在中国夺取政权几个月后,他们承认胡志明的河内政府是"越南唯一合法政府"。十二天后,俄罗斯宣布他们承认胡志明的政府。很快,美国和英国做出了回应。1950年2月7日,他们在外交上承认了保大政府,至此中南半岛的路线形成——共产党支持胡志明,西方支持保大。这个国家还没有被正式分为两部分——北越和南越。这种状况是1954年形成的。

一旦外交上承认了保大,美国只用了几个月的时间就向他打开了军事供应的直通线。1950年4月,一份名为"1950年国家安全委员会第64号文件:美国对中南半岛的立场"的白宫文件阐明，中南半岛处在"直接威胁之下，"因此，"国务院和国防部的优先事项是应该起草一份旨在保护美国在中南半岛安全利益的可行措施计划[18]。"由此，美国对中南半岛军事援助的水龙头打开了，美国保护其在中南半岛"安全利益"的"承诺"也由此开启。以前美国从来没有说过这样的"安全利益"，也没有定义，现在突然提起而且认为必须得到保护。为什么有这种紧迫性？为什么美国在中南半岛利益的定义扩大并富有新意？因为根据国家安全委员会64号文件，中国共产党军队已经推进到了中南半岛边境，使"武器、物资和军队可以从共产党的中国自由运到由胡志明控制的越南北部东京地区"。国安会文件称"运送武器"已经开始。文件的结论是："如果胡的部队得到跨过边界的中国共产党军队增援或者共产党从中南半岛外面提供大量的武器和物质增援胡的部队，本地中南半岛人和法国的联合部队能成功牵制住胡的部队是值得怀疑的[19]。"美国认为法国和本地中南半岛人联军当时有14万人，"只能维持现状"。

1950年5月8日，艾奇逊在华盛顿会见了法国外长罗伯特·舒曼，他们一致认为中南半岛的形势是可怕的和紧急的，需要"补救行动"。"经济援助和军事装备"将被送到中南半岛和法国。他们没有说有多少，但到1950年底，华盛顿已经向中南半岛提供了超过1.33亿美元的军事援助。一年后，美国军事援助的成本已升至3.165亿美元[20]。

杜鲁门总统的所有顾问都支持总统承认保大和武装其军队的决定，即使他们对这两者都没有任何信心。他们都在全力应对全球的共产党威胁，他们认为这是由莫斯科主导的，而且胡志明的叛乱被看作是这种威胁在东南亚的致命先锋。到1950年秋天，胡志明已经在越南全境取得了一系列军事胜利。如果中国共产党如同他们最近对朝鲜的干涉那样干涉中南半岛（即使他们出动少量部队），华盛顿确信法国人的抵抗将瓦解，中南半岛将成为一个共产党卫星国。时任国务院顾问的约翰·福斯特·杜勒斯称，中南半岛是一种"绝望的军事形势。"

杜鲁门政府迫在眉睫的问题是那种令人沮丧的想法：美国很快就会取代法国成为中南半岛的反共靠山，否则就只能旁观整个地区落入共产党的手中。

杜鲁门一直坚持在任何情况下都要向东南亚部署美国军队。他知道参谋长联席会议强烈反对这个选项，头脑冷静的国防部长罗伯特·莱维特也反对。但是一个悬而未决的大问题需要政府审议：如果防止东南亚落入共产党的手里对美国的国家安全利益至关重要的话（如杜鲁门和其顾问所坚持的），那么总统怎么才能接受对美国行动的任何限制呢？

这个问题直到1952年3月杜鲁门政府也没有解决。在一次国安会上，莱维特强调东南亚要是落入共产党的手中，对"美国的安全利益"无疑是一个"严重威胁"，但他很快补充说，他将反对派遣美国部队到东南亚来保护这些利益。如同他的同事，莱维特还在关注着朝鲜战争，而且第二次世界大战还是最近的记忆。然而，艾奇逊告诉英国外交大臣安东尼·艾登说："我们拿不准，如果不打仗我们是否会失去东南亚，"他补充说："我们必须尽我们所能来拯救东南亚。"看起来美国好像采用两种方式：不介入军事，但又找不到避免这种介入的办法。艾奇逊在其私下和公共场合谈话中都强调政府这种进退维谷的困境："我们必须尽我们所能"，"但是我们一定不能派遣美国军队到东南亚㉒。"

几个月来，局势在进一步恶化，总统的高级顾问不断审视他们在中南半岛的选择，心情日益紧迫和沮丧。中南半岛必须保留作为对抗共产党进一步蔓延的反共堡垒这一点已经成为当时无可争辩的智慧——没有人站起来对这一观点表示异议。但是考虑到战场的残酷现实——胡志明比法国占有军事优势，中国共产党向越南输送武器，（谁能排除？）甚至军队——美国怎样在不大规模扩大对中南半岛的军事介入（包括不派遣军队）的情况下，阻止法国的崩溃和保护其在东南亚新发现的"利益"呢？一个在任职期间中国已落入共产党之手的民主派总统，能允许另一个亚洲国家落入共产党之手吗？似乎没什么可做的吗？如果只是显而易见的国内政治原因的话，杜鲁门知道他不得不采取非常有说服力的行动以阻止共产党继续在中南半岛推进。那么是什么呢？再一次，没有答案的问题浮出水面：如果中南半岛真的如每个人都认为的那样对美国的国家安全利益"至关重要"，那么华盛顿最终将不得不派军队来保卫它。如果美国真的派遣军队，中国也像他们一直威胁的那样介入，那么美国将不仅与越盟的部队还与中国的部队进行战斗——两年中的第二次。如果中国确实在军事上介入，能确定苏联不会进入这场扩大的战争吗？

莱维特提出一个新颖的用钱摆脱困境的办法，他不是在开玩笑。如果美国确实认为东南亚对其安全利益"至关重要"，但仍拒绝派遣军队来保护这些利益，那么华盛顿应该准备以提供资金的方式走出困境——"也许以每年 10 亿或 10.5 亿美元的比率"支持法国和他们的傀儡保大，这笔钱甚至大大地超过了他们考虑派兵的费用。"这比与共产党中国进行全面战争的成本低多了，肯定会花费 5 百亿美元[②]。"这个金融方法没有成功。

杜鲁门陷入困境，他的选择非常有限。只有一件事是明确的：1953 年 1 月 20 日，他将离开白宫回到密苏里州。越南将成为艾森豪威尔的头痛事。杜鲁门当选总统时，越南是一个外围问题。到他离任时，它已经成为一个没有明显解决方案的严重问题，离华盛顿担忧的中心越来越近。

第三章 | chapter Ⅲ

艾森豪威尔

"我的上帝,我们不能失去亚洲!"

"韩国很重要,但真正重要的是中南半岛。"

——约翰·福斯特·杜勒斯

在 1952 年总统竞选期间,以一位受欢迎的战争英雄为首的共和党人,想在其候选人的世界观和杜鲁门的"遏制政策"之间战略性地拉开点距离。他们宣布一项新政策:一旦艾森豪威尔担任总统,美国将不再仅仅是遏制共产主义的侵略,而是要把民主推向世界各地。美国要卷起铁幕、要解放被马克思主义教条和独裁奴役的人们、要启动一个自由的新时代。艾森豪威尔和其竞选顾问携手努力,但是一旦就任总统,首次能够看到关于中南半岛的绝密情报时,他就开始意识到了这个问题的复杂性和严重性。在接下来的两年里,他基本是延续其前任的对越南的政策和重复其安慰的言辞,同时增加美国对法国和他们在越南选择的领袖——保大提供经济和军事援助。

起初,艾森豪威尔勉强提供了援助。他不太喜欢法国人和他们的领袖戴高乐,"戴高乐"如同他后来编的瞎话,"认为自己,通过神奇的生物和转世过程,成了克列孟梭和圣女贞德的后代①。"艾森豪威尔认为保大也不是中南半岛打败共产党所需要的那种勇敢的民族主义领导人。但仅仅在就任相当短的一段时间后,他开始体会到了杜鲁门的困境。约翰·福斯特·杜勒斯是他的指导者。这位新国务卿说服艾森豪威尔,"韩固然重要,但真正重要的是中南半岛,因为我们可以在失去朝鲜的情况下不受影响;但如果中南半岛没有了,南亚就没了,这就很难使自己不受到影响②。20 世纪 30 年代中,艾森豪威尔的大本营就设在亚洲,那时他在为麦克阿瑟将军效力,他详细阐述了亚洲民族主义和欧洲殖民主义之间日益紧张的关系。他认为这两者之间的冲突是不可避免的。

在其执政的初期，艾森豪威尔还试图解释他的中南半岛政策，他经常翻阅卸任的国务卿迪安·艾奇逊在两届政府过渡期间写的备忘录，备忘录警告新总统：美国已经肩负着法国在中南半岛"殖民战争"的"三分之一到二分之一的财政负担"；"中国公然介入中南半岛"的可能性是不可否认的（就像已经得到证明的朝鲜情况）；美国的介入也是不可避免的。他还记得艾奇逊做的忧郁结论："这是一个新政府必须着手解决的紧迫问题③。"

艾森豪威尔对总统政治而不是战争没有经验，并不渴望美国担负起法国在中南半岛的责任。事实上他非常反感西贡、顺化和河内错综复杂的政治，为美军在亚洲大陆上进行的殖民战争的前景深感不安。

数年后，他在写回忆录时说明了自己的想法："中南半岛的丛林……将吞掉一个师接一个师的美军部队，他们不适应这种战争，将承受重大的人员伤亡……此外，越来越多着军装的男性白人的存在将加剧而不是减弱亚洲人的怨恨④。"（他对"伤亡"是多么有先见之明！他想象的只有"着军装的男性白人"是多么有启迪作用！使用"亚洲人"这个词是多么有趣！）

在他的1953年2月第一次国情咨文讲话中，艾森豪威尔把他的私人保留意见放到了银行金库里，赞许地说：欧洲盟友"为了坚守自由的防线，"包括中南半岛和马来半岛的丛林，做出了"昂贵和痛苦的牺牲。"实际上，他是典型的强硬派，随时准备谴责共产党为"敌对的意识形态——在范围上是全球、在性格上是无神、在目的上是无情、在方法上是阴险"，但不热衷于在战场上与共产党交锋。像大多数将军那样，他知道战争的代价。他头脑中有《孙子兵法》的经典训诫：战争是"一个生死攸关的问题，是一条通往安全或毁灭的路。"在东南亚，艾克看到了毁灭的可能性，他一想到美军要在丛林和稻田里作战的前景就畏畏缩缩。然而，尽管有自己的直觉，但随着做出的每个决定，他一步步更深入地陷入了亚洲殖民战争中。

对于许多国会（无论共和党和民主党）保守派来说，艾森豪威尔是理想的冷战领袖。有艾克作为总统，共和党人重新控制了白宫，美国直言不讳地决心拯救中南半岛，以避免其落入中国的悲惨命运。当新任总统向法国和保大承诺，

第三章 | chapter III
艾森豪威尔

美国将大大增加对他们事业的军事援助时,他们满意地笑了。显然,艾森豪威尔是一个说话算数的人,在几个月的时间里他批准了 7.85 亿美元专款用于中南半岛反共事业的军事援助,这是一个巨大的增长。在一段时间里,似乎战争的命运终于转向有利于法国,而不利于共产党⑤。

1/ 奠边府:帝国的毁灭

法国关于最后进攻并取胜的一席话只是它的一厢情愿,艾克心里对此应该更清楚。美国现在支付着大约 75%的中南半岛战争费用,然而美国更深的介入并没有确保战场上更好的结果。一个痛苦的例子是发生在"边境县辖区所在地"或越语中称为"奠边府"(越南东北角的一个偏远的山村)附近的那场战役。后来这场战役被证明是战争的转折点。到 1953 年底,白宫还在收到有关 1.5 万名法国精锐部队的相互矛盾的报道,该报告称,这些部队要么勇敢地要么绝望地在与越盟游击队的一支包围部队战斗着。这些报告是真的吗?在奠边府法国军队能挺得住吗?一直密切关注这一事态的总统还认为法国实际占了上风,击退了越盟一次次的进攻,胜利几乎是可以肯定的。

但艾克希望实地调查。他派约翰·奥丹尼尔将军到中南半岛进行实况调查。奠边府那里是什么情况?是谁在取胜?将军带回了一个非常乐观的报告:奠边府要塞可以"承受越盟能够发起的任何攻击。"艾森豪威尔松了一口气。他正要作出一个重大决定,他需要可靠的信息。但是随着事态发展,他没有得到这个信息。

艾森豪威尔不得不决定是否在美国进一步介入中南半岛的问题上采取下一个重大步骤。恰好法国人也在此刻第一次敦促这位总统在中南半岛担负起直接作战的任务。至此,美国一直在向法国人提供军事援助。杜鲁门之前已承认保大政府,之后不久,甚至开始向保大不成体统的军队直接提供军事援助。但是现在美国正被要求去面对——并渡过——卢比孔河。法国人想要 25 架 B-26 轰炸机,更重要的是,他们想要 400 名空军人员执行飞行和地勤的战斗任务。如果奥丹尼尔将军说奠边府没有危险的话是对的,那么艾森豪威尔可能就会拒绝法国人这一前所未有的请求，保持美国不直接担负作战任务的状况。但是，他不只一次地违背了自己更好的判断——他决定采取折衷的办法。他派了 10 架 B-26 轰炸机和 200 名空军人员。总统从经验中明白"赌 1 便士"可能很快就发展成"赌 1 英镑"的道理。刚刚做出一次具有历史意义的决定，对此他感到很别扭。他已经开启了美国在越南作战的进程，而且他这样做没有得到国会的授权。他既没有请求也没有得到支持的决议。他曾批评过杜鲁门在没有国会特别授权的情况下发动了朝鲜战争。如今，他开始在越南做同样的事。

1954 年 2 月，在会见共和党参议员时，艾森豪威尔被来自波士顿身材苗条的贵族莱弗里特·索顿斯托尔搞的很尴尬。为什么美国军人被送到中南半岛战场上去了？为什么美国刚刚结束最后的朝鲜战争就又卷入另一场战争？没有，艾森豪威尔坚称。然后，总统不情愿地越过了另一条线，他对这位参议员撒了谎。他说，飞行员没有被送到战区，尽管他知道他们可能参加奠边府战役。轰炸机不是被派到战区轰炸那还为什么呢？"不要以为我愿意派他们去那，"艾克试图解释，"但我们不能不去亚洲的任何地方，而只坐在华盛顿这里无所事事吧——我的上帝，我们不能失去亚洲——我们得正视眼前的事情⑥。他向参议员承诺 1954 年 6 月 15 日前将飞行员和飞机撤出中南半岛。艾森豪威尔总统不会是唯一的以误导或欺骗国会来掩盖他在中南半岛采取行动的人。

一个月后，中情局局长艾伦杜勒斯给总统带来了两个令人沮丧的公告。奠边府的情况突然恶化：越盟已向法国驻军发起了一场毁灭性的攻击。令事态更加复杂的是，法国已决定接受苏联的建议于 4 月份举行关于中南半岛的日内瓦会议，即使他们知道美国对此表示反对。法国总理雷内·普列文尽力解释其政府的决定，他说："不再有令人满意的军事解决的前景了。"既然如此，艾森豪威尔倒想知道，为什么法国一再要求更多的军事援助，现在甚至要求出兵？为什么他们那么极度努力要把越南反共军队转换成一支正规的战斗部队可还是失败了呢？原因之一是，法国不尊重越南的历史和能力，经常贬低越南是一个"1500 年都没有主权的国家"，这种措辞源于外交部长乔治斯·皮杜尔。

1954 年 3 月 23 日，法国陆军参谋长保罗·伊利飞往华盛顿开始一次紧急的购物之旅，假设他会听到表示同情的声音。他见到了艾森豪威尔和约翰·福

第三章 | chapter Ⅲ
艾森豪威尔

斯特·杜勒斯,而且不出所料,他要求更多的军事援助。他离开了,带着对总统答复的不满意。在对法国的奢侈需求清单核对以后——实际上相当于法国要求美国加入中南半岛的战争,艾森豪威尔只对一个项目肯定地点点头:他同意派数目不详的 C–119 运输机前往中南半岛,目的是为了投放凝固汽油弹,"这将烧毁相当大的区域,帮助暴露敌人的炮兵阵地,"但他对美国进一步介入规定了一套严格的条件。

这些条件是:

——法国必须同意中南半岛完全的独立性,结束对它的殖民统治;

——英国必须是在中南半岛的任何军事行动的组成部分;

——东南亚国家也必须是军事行动的组成部分;

——国会必须给予"全面和清晰的事先批准";

——法国必须完全授权美国负责所有未来在中南半岛的军事行动,包括法国作战部队的指挥权;

——法国必须"证明"其对这项新安排的诚意,无论意味着什么。

艾森豪威尔知道这些条件中的大多数不能得到满足,因为法国人不会承认在中南半岛的失败,也不会把他们作战部队的指挥权全部交给美国。英国人反对将其疲惫的武装部队派到另一个战场上去。国会(如果问,它不会)对此不感兴趣,如果有的话,授权在亚洲进行另一场战争——朝鲜足够了。既然如此,为什么提出这些条件呢?艾森豪威尔需要政治掩护。他怀疑当奠边府陷落时,他的保守派共和党同事可能会大张旗鼓地要求美国介入中南半岛,这不仅会使法国这个北约盟友免遭进一步的耻辱,同时也拯救了东南亚落入共产党的手里。但他不希望走到这一步。艾森豪威尔认为最合适的就是有限介入。就像刚怀孕那样,他将得知有限介入可能会导致全面战争的承诺。此外,他不想损害"美国是最强大的反殖民主义国家的这一身份,"而且他拒绝"把美国的威望卷入其中,"除非——正如国务卿杜勒斯经常说的那样——美国"有望获胜。"但在当时获胜不是一个现实的结果。

当奠边府将被胡志明的部队攻陷时,艾森豪威尔的国家安全委员会起草了一份使用核武器打击共产党的作战计划。国安会顾问罗伯特·鲍比·卡特勒尝

战争谎言
——美国总统的承诺与背叛

试着使这个计划得到总统的通过。艾森豪威尔急了："你们这帮小子一定是疯了，"他说："我们不能在不到十年时间内第二次对亚洲人使用这些可怕的东西。我的上帝[7]！"几乎每天，总统的高级顾问——包括副总统、国家安全委员会顾问、参谋长联席会议主席、相互安全顾问，有时还有国务卿——都敦促艾森豪威尔用原子或常规武器对奠边府的共产党军队进行轰炸，但他拒绝了。也许只有一个经历过战争的英雄，曾在第二次世界大战中指挥盟军的人，才能经受住这样的压力。

艾森豪威尔非常清楚他的政府里充满了愤怒不耐烦的鹰派，随时准备加入最近的战争中。他的国务卿，约翰·福斯特·杜勒斯，一直怀疑中国的最终意图，极力推动美国介入,中南半岛——但只在特定条件下。他解释说："如果你害怕走向边缘，那么你就输了[8]。"参谋长联席会议主席阿瑟·雷德福也享受边缘生活的乐趣，提议不仅介入还要使用原子武器。在他的行为计划中，这位参联会主席走得更远。他与法国将军伊利私下达成了后来被称为"秃鹰行动"的谅解，即：对奠边府的共产党军队实施大规模空中打击，包括使用两三枚原子弹[9]。雷德福和伊利都认为，总统尽管不情愿，但当共产党的胜利就要成为定局时，最终还会同意这种打击的。雷德福想错了。艾森豪威尔否决了"秃鹰行动"，说这样的空中打击如果没有明确的国会批准，将是"完全违反宪法和站不住脚的。"总统听其顾问的意见，但走自己的路。这位总司令告诉他的属下："没有盟友和同事，这位领导者只是一个冒险家，就像成吉思汗[10]。"很长一段时间，许多美国学者都把艾森豪威尔的形象描绘成一位更注重高尔夫球得分而不是政策审议的超然领导者。根据最近得到的证据，并非如此。在他的第一个任期内，在他遭受严重医疗问题之前，他全力地从事政治和外交。

围攻奠边府是一个大新闻，它占据了头版五十六天，足以引发宾夕法尼亚大道两端的争议和吸引两个政客的兴趣，他们已经审视了总统竞选的政治前景。（围攻奠边府的新闻报道一点也不逊色于1967年由J.B.利平科特公司出版，作者是伯纳德·B.福尔的《一个非常小地方的地狱》一书。）马萨诸塞州的民主党参议员约翰·肯尼迪（通常为鹰派），在谈到向法国人提供更多的美国军事援助时听起来非常鸽派。他警告说："把资金、物资和男人倾斜到林中南半岛的丛林

第三章 | chapter Ⅲ
艾森豪威尔

中,却看不到一点胜利的前景,将是完全徒劳和自我毁灭性的。"两年前肯尼迪曾访问了中南半岛,谈到了"将美国男人和机器引入那种不可救药的两败俱伤争斗中的徒劳性……在中南半岛,即使再多的军事援助也不能征服无处不在又毫无踪影的敌人,'一种人民的敌人'得到人民的同情和隐蔽的支持⑪。"

副总统理查德·尼克松,在首先支持采取有力行动反对共产党在中南半岛的扩张后,立场软了下来,他显然是找到了支持双方论点的更安全的政治领域。这位副总统说:越南人民想要自己的"自由和独立"⑫,"除非人民站在你这边,否则军事力量、共同防御条约、军事援助都用上也完不成这一项单独的工作。"他不相信"人民"会站在法国人一边。实际上,他补充说,胡志明毫无特征的直率,似乎是比保大"更有吸引力……受欢迎的领袖"⑬。但是,随着中南半岛局势的恶化,大多数参议员缺乏勇气走独立的路径,最终还是跟随在总统的后面。

4月23日,日内瓦会议开幕的前三天,国务卿杜勒斯打电报给艾森豪威尔。他说:"法国的崩溃几乎就在我们眼前,奠边府已经成为一种没有一点军事重要性的象征,"但杜勒斯补充说这是显而易见的事——是奠边府导致"法国人的意志崩溃。"杜勒斯从巴黎积极寻求恢复"秃鹰行动"。他敦促立即采取决定性的行动,无论是"B-29大规模轰炸"还是投下"三颗原子弹",但艾森豪威尔仍然拒绝了。总统说:"由行政措施决定武装干预是得不到批准的。"然后他补充了围绕奠边府争夺问题在人们感到苦恼和政治争论中通常被忽视的一个至关重要的因素:"美国的安全没有受到直接威胁。"艾森豪威尔眼看着这支麻雀落下。奠边府的失去固然重要,但对美国的安全不是至关紧要的。

在奠边府,被包围的法国驻军在亨利·尤金·纳瓦拉将军领导下勇敢奋战,但失败已成定局,可能就在一周之内——除非,他恳求到美国立即派遣军事援助。他还幻想"秃鹰行动"。纳瓦拉说,他确信如果有美国的援助他就可以击退共产党的挑战。如果没有,他将输掉这场战斗,而且法国在中南半岛的殖民控制将被解除,最终湮没在人们的记忆中。然后呢?作为将军,艾森豪威尔同情纳瓦拉的请求。但作为总统,艾森豪威尔认为美国进入中南半岛战争没有直接的利益。他曾把脚趾伸进中南半岛战争中,他派了10架轰炸机和200名飞行员援助在奠边府的法国人,但他不会把整个脚伸进去。大选日子已经不远,他觉得美国人民,在朝鲜血腥冲突后不久,想要和平带来的好处。

2/ 南越的诞生

1954 年 4 月 26 日,日内瓦会议开幕。艾森豪威尔决定美国将扮演一个非常必要的被动角色,对于一个强国来说,这是一种古怪的姿势。美国只是出席会议,仅此而已,因为英国、苏联、还有中国负责调解法国和越盟之间的停火事宜——"临时"将越南在 17 度线分开形成两个残余实体,都没有建国的身份。胡志明反对这种划分,但苏联和中国说服其顽固的伴侣接受它。越盟将控制北方,保大控制南方。两年后举行全国大选。只有天真的外国人才认为大选将会举行。艾森豪威尔早已想到,而且是正确的,法国将利用这次会议作为他们在中南半岛失败的外交掩护,有效地结束他们在那里的殖民统治,所以他拒绝签署这个协议。他的国务卿甚至不与中国外交部长周恩来握手,一种中国人不会忘记的轻蔑。艾森豪威尔已经有了其他的战略规划,是围绕尼克松在 1953 年底提出的一种"集体安全"理念综合而成的。

因为总统如同约翰·福斯特·杜勒斯一样不相信奠边府是在中南半岛反共努力的关键,所以他寻找另一种方式继续这场战斗。他发现了一种模式,就像《北大西洋公约组织》那样,一群志同道合的国家在美国的领导下和共产党进行全球的斗争。1954 年 9 月 8 日,华盛顿及其盟友创建了《东南亚条约组织》,一个亚洲的"国家同盟"。有趣的是,其目的本应该与共和党的政策相一致击退共产党,但不是,而是阻止它进一步推进。换句话说就是"遏制"共产主义的扩张,这是杜鲁门冷战期间一直使用的方法。《东南亚条约组织》与北约不同,没有联合军事司令部,因为它没有专门配置部队,创建文件的语言也被刻意写得含糊其辞。一个原因是,在创办时它由八个国家组成——美国、法国、英国、澳大利亚、新西兰、菲律宾、泰国和巴基斯坦——每个国家都有自己的需要和能力。他们是作为反共联盟走到一起的,当美国加深其越南战争的军事卷入时,这是对北越采取行动的一个很好的理由。

创建《东南亚条约组织》符合美国热衷于条约的模式:似乎美国在世界各

第三章 | chapter Ⅲ
艾森豪威尔

地建立反共联盟以及相互或集体防御条约，也与杜鲁门的遏制政策一致。北约成立后的 1951 年，日本被带进这个全球反共运动之中；1951 年，还有菲律宾；1952 年成立了《太平洋共同防卫组织》，由澳大利亚、新西兰和美国组成；1953 年韩国加入反共运动；1955 年，《中部公约组织》或称《巴格达条约组织》成立；《东南亚条约组织》和《中部条约组织》没有经得住时间、挑战和变化的考验而幸存下来，但其他组织幸存了下来。

在 1954 年 4 月 29 日的新闻发布会上，美国全国广播公司记者约瑟夫·哈施请艾森豪威尔解释他为什么使用"权宜之计"这个术语来形容越南的新现实。这位总统说，他试图"在两个极端之间开辟出一条航道，这两个极端，一个高不可攀，另一个不可接受"。所谓"高不可攀"就是保大战胜胡志明，"不可接受"就是共产党在整个越南获胜。想到分裂的德国、柏林以及朝鲜，他建议："人们所能做的就是和睦相处的实际方式，一个与另一个，没有其他的办法⑭。"由此推理，艾森豪威尔精明地回避了政治上对他默许亚洲另一个国家输给了共产党的强烈指控。他用许多不同的方式宣称，还有一半不是共产党的，这一半对于他任职的剩余时间来说将承担越来越重要的作用。然而这"一半"并不是一个国家，它只是一个有一面旗帜的地理实体。它的一个特性就是：美国逐渐成为其施主、代言人、抵御北越的盾牌。

美国政策的微妙而重要的变化源于《日内瓦会议》的结果和《东南亚条约组织》的成立，后者由参议院批准，1955 年 2 月最终由艾森豪威尔签署。第一，美国开始把《日内瓦会议》上所说的"越南国家管辖下的这块自由领域"视为一个单独的国家，以前它从来没有做过。因此，按照美国官方的说法，"南越"诞生了。"自由领域"是一种表述，在华盛顿的官场上承载着沉重的内容。它意味着"自由世界"的成员身份——这个讨论中的国家应得到这种会员身份赋予的荣誉和支持。第二，美国的经济和军事援助从今以后会直接发送到"南越"，而不是通过法国这个中间人，好像用这种新的交付方法意味着一个新的国家成为神圣的了。

然后，因为每一个新的"国家"需要一个新的领导人，保大选定了吴庭艳出任南越的新总理，这是一位古怪、排他的天主教政治家，保大厌恶他。作为他相信南越生存能力的一个明显表示,保大流亡到法国里维埃拉。吴庭艳被证明很难管理,美国驻巴黎大使馆的传闻称吴庭艳真是一个"瑜伽似的神秘人物,他似乎太不谙世故、太不成熟以至于不能应对他在西贡遇到的严重的问题和肆无忌惮的人[15]。"然而,对于许多美国政治家来说(包括受人尊重的蒙大拿州民主党参议员迈克·曼斯菲尔德),吴庭艳就是其国家的"乔治·华盛顿"。知晓吴的法国人反对他的武断统治,但他们不再有能力与美国在越南的新主导作用相抗衡。吴现在是美国的委托人。纽约的红衣主教弗朗西斯·斯佩尔曼也接受和祝福他,给他披上合法的特殊光环,主教的这一举动使这位被宠坏的西贡贵族后裔迅速走红。天主教会是支持吴和南越的一股强大力量。如果美国在日内瓦选择发挥更积极的作用,它可能会给越南的治理安排得更好。不幸的是,华盛顿对越南政治的腐败世界知之甚少,似乎也从未想得知点什么。当时的法国人形容西贡是一"篮子螃蟹",每一只都在争权夺利,每一只都与不同的权力中心息息相关,如新总理吴庭艳、老皇帝保大、高台教与和好教的宗教派别、平川派黑手党教派以及支离破碎的越军各部。一片混乱,而且艾森豪威尔对这种新的安排并不舒心,但毕竟美国现在拥有了它。实际上,他尽力限制美国的所有权,但他失败了。

　　1954年10月23日,艾森豪威尔寄给吴庭艳一封私人的支持信件,后来被林登·约翰逊总统引用为美国对捍卫南越"承诺"的"开始"。实际上,在艾森豪威尔看来,这个承诺更是一种希望,即如果美国的援助计划得到恰当的执行,可能成为一种新型双边关系的基础。开始,他表达了自己满意的心情,美国能够迁移和重新安置"几十万忠诚的越南公民"逃离他们厌恶的北越人的"政治意识形态"。然后,他精心制作了自己展望的一种"智能"美国援助计划,以目前阶段试行的方式帮助越南,"直到你们的政府准备就绪做出行为标准的保证,这种援助的供应才能够保持供下去[16]。"

　　很明显,艾森豪威尔已经听到了许多关于吴庭艳缺点的汇报,包括各级管理的腐败。信中说,"这个提议的目的是协助越南政府发展和保持一个强大可行的国家,能够通过军事手段抵制颠覆和侵略。美国政府期望这种援助靠越南政府自己实施必要的改革来实现。"艾森豪威尔已得知有关吴庭艳家族普遍的贪赃

第三章 | chapter Ⅲ
艾森豪威尔

枉法，可他又没有办法来整治这个类似黑手党的家族。吴庭艳是现在控制着西贡的权力杠杆，他向艾森豪威尔保证他会开始实施广泛的改革计划，艾森豪威尔别无选择只得相信他说的是真话。艾森豪威尔的请求和吴庭艳的诺言将成为美国捍卫"越南政府""承诺"的早期标志，但当时艾森豪威尔仍在试图抑制扩大承诺的范围。

1955年1月1日，美国军事援助顾问团从法国人手里接管了对南越军队的训练和装备工作，后者很高兴摆脱这个责任。到1955年底，法国撤出所有军队。一个接一个的美国高级官员开始前往西贡，每次访问都充满了对吴庭艳和其政府的大肆夸张地赞美，即使有些人，私下里表达了强烈的异议。尼克松与西贡的吴庭艳交换意见后宣布，"共产党好战的前进步伐已经被阻止。"通常，尼克松是一位精明的外交难题鉴赏家，他一定知道他的乐观态度只会成为随行记者团的公式化新闻报道，把他的乐观反共旋律报告给国内的共和党基地。美国的又一个胜利!共和党处理全球事务的又一个胜利! 万岁!

但是这些话转达的不只是误导性夸大的政治言辞，还产生了完全不可预见的外交后果。世界各地的外交官们常常把这些话解读为美国庄严的政策和承诺。一种结果是，继法国在中南半岛失败之后，美国继承了西方利益在这一地区的保护者角色。艾森豪威尔政府稳扎稳打，带着一种奇怪的热情接受了其在越南的新责任，这种热情更天真地适应了美国政治的需求而不是后殖民时代越南的复杂现实。例如，吴庭艳没有兴趣举行他在日内瓦承诺的全国大选。事实上，美国希望大选。吴庭艳和艾森豪威尔都料到如果举行全国大选，共产党会赢。因为艾森豪威尔不情愿把美国在南越的命运绑在吴庭艳一个人的统治上，可他找不到吴庭艳的接替人。

美国官员以不同程度的热情和诚意接受吴庭艳，但效果是一样的。华盛顿每年将数亿美元的军事援助送到吴庭艳的15万军队中。他们的工资、设备和培训费的85%也来自美国财政部。此外，700名美国军事顾问被派往南越训练吴的士兵，但是他们的努力收效甚微。西贡军界的腐败与其社会和政界一样比比皆是。尽管美国对整个南越的村庄提供了帮助，但共产党的叛乱在1957至1958年间增加了力度——切断公路、炸毁桥梁、暗杀当地官员——吴庭艳找不到任何办法延缓共产党的前进。他的政权处在尴尬的无效地步。然而，美国加强了对它的接受。

例如，1957年5月8日艾森豪威尔顶着炎热的太阳亲自站在华盛顿国家机场迎接应邀进行国事访问的吴庭艳。而在一般情况下，迎接应该安排在白宫。这位来访的南越领导人开始出席为期四天的节日般的盛大招待会和其他会议，没有人比他更隆重地应邀在国会的联席会议上发表讲话。吴庭艳所到之处都被赞誉为"坚韧的创造奇迹者"和其国家的"救世主"。毕竟，自1954年以来，他活了下来。很少有国会议员质疑他的统治，但惊人的事实是除了一次针对美国对西贡援助管理方面涉嫌腐败的听证会外，国会从未正式或非正式地召开会议讨论并帮助制定美国在越南的政策。无论是共和党人还是民主党人，参议员或众议员都没有站起来反对艾森豪威尔在南越的政策。没有人被问及国会是否具有批准在中南半岛使用美国部队的权力事宜。既然已经批准了《东南亚条约组织》在东南亚的广义任务，国会显然觉得它已经完成了自己的使命，现在可以躲到总统裙子的后面了。

在1956至1957年中的几个紧张月份，艾森豪威尔也不得不关注中东地区一场战争的后果，北约两个亲密的盟国法国和英国以及一位担忧的朋友以色列都卷入了其中。苏伊士危机只是在——艾森豪威尔经过与以色列首相大卫·本-古里安在1957年初的一系列外交信件往来后，采取了史无前例的步骤，承诺一旦未来发生类似的危机，美国将帮助以色列——这种情况下结束的。这次，如同艾森豪威尔在越南的许多次行动，也没有与国会磋商。

3/ "多米诺骨牌效应"

艾森豪威尔审视了东南亚战略态势，并于1959年4月4日在宾夕法尼亚州葛底斯堡的葛底斯堡学院发表了一个重要讲话，非常明确地将美国的"国家利益"与南越作为一个自由和独立国家的存在联系在了一起。这种承诺已经隐含在将近十年的双边关系中，但现在首次被美国总统公开宣布为国家的政策。这一政策既清晰又谨慎地把美国的安全与南越的生存绑在了一起，真真切切地相

第三章 | chapter Ⅲ
艾森豪威尔

互联系。在艾森豪威尔的信息中有慕尼黑的遥远回声，但还有更近的记忆：中国走到了共产党一边然后干预了朝鲜；苏联成为了一个核大国然后把其势力范围扩展到了东欧；世界被分为两个领域：一个自由世界，一个共产主义；冷战在世界的每一个角落制造新的危险。艾森豪威尔像其同时代的其他总统一样，总是听到多米诺骨牌倾倒的声音，一个接一个，他不想在其执政期间听到这种倾倒的声音。早在1954年，他就谈到过"多米诺骨牌"效应："你竖起一排多米诺骨牌，你敲倒了第一个，最后一个肯定会很快倒掉[17]。"现在按照这个讲话的语境和节奏来听听这段话：

"因为北方共产党在附近集结了大规模的军事力量，所以自由的越南必须保持相当数量的武装部队……。

"此时此刻，越南在没有帮助的情况下不能产出并支撑对其至关重要的军事力量，以及同样重要的应付来自外部侵略和内部颠覆双重威胁所必须的士气、希望、信心和骄傲。

"还有一个事实！从战略上讲，一旦共产党占领南越，他们就会把其势力范围扩大数百英里至目前的自由地区。东南亚的其余国家将受到来自侧翼的一个伟大运动的威胁。1.2千万人将马上失去自由，邻近的1.5亿其他人的自由也将受到严重威胁。失去南越将开始一个摇摇欲坠的过程，任其发展，将对我们和自由世界具有严重的后果。

"现在，越南必须保证其人民和财产得到合理的安全。鉴于这些事实，越南目前需要军事和经济援助。

"我们得出不可避免的结论是：我们自己的国家利益需要我们帮助在越南维持士气、经济发展和军事力量，这是自由继续存在所必须的"[18]。

这篇演讲的份量远远超出了他在1954年邮给吴庭艳的那封信，有效地将美国的"国家利益"与一个"自由的"东南亚的反共堡垒越南的生存系在了一起。这是艾森豪威尔得出的"不可避免的结论"。当一位受欢迎的战争英雄，连任两届的总统得出这样一个结论时，其继任者有哪一位有勇气说他错了并要求改变政策呢？结果表明，没有。这些继任者都在艾克的掌控之中。

1954年，美国和南越之间的关系如同说的那样简单。到了1959年，这种

战争谎言
——美国总统的承诺与背叛

关系正在成为美国政策的内容,其伤亡人数已经证实:108人死亡,486人受伤。当时,公认的智慧是越南不能作为一颗多米诺骨牌倒下。美国逐渐介入东南亚导致了一种当时难以想象的后来四届政府倒台的后果。如果只是把在越南的斗争简化为军事斗争,那么结果是注定的。鉴于当时那种典型的傲慢态度,艾森豪威尔和他的继任者都没有想到,美国怎么可能会在越南失手。他们认为,有美国人的军用物资和培训,南越军队将获胜。而且,如果南越在具有坚定意志和武装的情况下仍然不能获胜,那么美国只有走出阴影,施展拳脚,咆哮一两次,如果敌人还没有退缩或跑掉并隐藏了起来,那么美国将动手摧毁它。在美国人的脑海里,从未抱有这种可能:一旦介入美国真的会输掉这场战争。

尼克松已经在展望1960年的总统大选,拣起艾森豪威尔的演讲主题并解释了南越作为一个脆弱的多米诺骨牌的重要性:如果让其倒下,会危及所有亚洲国家,包括日本。多米诺梦幻无处不在。他在1959年告诉广播听众,"如果中南半岛倒下,泰国就处于岌岌可危的地步。马来半岛也是如此……如果中南半岛在共产党的统治下,整个东南亚将受到威胁,这意味着日本的经济和军事安全也将不可避免地受到威胁[19]。"

那时,肯尼迪和约翰逊也承诺他们忠实于多米诺效应的历史,如同这个问题毋庸置疑。作为总统,肯尼迪在电视采访中表示:"我相信这一点。我相信它。我认为争斗不相上下。中国如此之大,隐现超越边界的高大身躯,如果南越垮台,它不仅会给他们创造一种攻击马来半岛游击战的更有利的地理位置,而且还会给人们形成这样的印象——东南亚未来的潮流由中国和共产党主导。因此,我相信这一点[20]。"

约翰逊走得更远。他明确指出:"在东南亚,对抗共产党的战斗必须具备夺取胜利的力量和决心。否则美国不可避免地必须交出太平洋,担负起防御自己海岸的任务。维护南亚次大陆上的自由国家才能抑制亚洲的共产党并使他们妥协。如果没有这种抑制性影响力,岛屿前哨——菲律宾、日本等地台湾地区——就没有安全,广阔的太平洋会变成红色的海洋[21]。"然后约翰逊又进行了荒谬的炒作,把吴庭艳描述为"东南亚的温斯顿·丘吉尔",这是他后来希望人们忘记的一种描述。慢慢地,通过言论的不断扩大和没有新闻调查,甚至没有国会

第三章 | chapter Ⅲ
艾森豪威尔

的辩论以及没有公众的骚动，美国就已经将自己与越南以及其政治领导绑到了一起。

艾森豪威尔是一位二战英雄，一位指挥欧洲盟军的将军；肯尼迪是美国新潮前瞻性政治家和公务员中"最好的和最聪明的"代表；约翰逊是一位优秀的国会政治操纵者，一个精明的权力判断家。然而，所有这三位总统，当面对南越的困境时，却一筹莫展，只是向自己和国家提出了这两种过分简单且只言片语的选择：要么击败南越的共产主义，要么在加利福尼亚海岸为美国的自由进行最后的战斗。他们用多米诺骨牌理论代替认真的审议。尽管他们认命于一套令人沮丧的战略噩梦，但是更令他们担忧的是，如果中国倒向共产党，那么亚洲其他地区也会如此。幽灵般的多米诺效应已经令他们着迷。事实上，当南越确实在1975年4月倒向了共产党，邻近的多米诺骨牌：泰国、马来西亚和印度尼西亚，不仅没有倒下，而且——更具有讽刺意义！——取胜的北越却急切寻求与被他们打败的敌人建立外交关系和进行贸易交易。

第四章 | chapter Ⅳ

肯尼迪失败的政变

> "在没有一点胜利前景的情况下,把资金、物资和人员投入到中南半岛的丛林中将是危险的徒劳和自我毁灭。"
>
> ——参议员约翰·F.肯尼迪,1954 年。

1961 年 1 月 19 日,当艾森豪威尔——最后一位出生在 19 世纪的总统,准备将权力交给约翰·F.肯尼迪——20 世纪第一位总统时,他说了一种被用过和理解的语言:冷战。在一个多小时的时间里,艾森豪威尔和肯尼迪共享总统权力的秘密。后者 43 岁,他将在一天之内成为美国历史上第二位最年轻的总统。当他们完成交接以后,交换的秘密被披露,很可能被关注。两人从白宫椭圆形办公室走进内阁房间,在那里,来去交替政府的高级顾问等着他们领导在一个民主国家里进行精心设计的政治过渡。无论是保守派还是革新派,所有的顾问从根本上对世界和美国在世界中的地位都持有同样的看法。冷战主导他们的运筹。苏联领导一个由共产党国家组成的帝国,致力于一种旨在征服全球的意识形态学说。美国有一个庄严的义务——的确,一种承诺——应对这种生存挑战并战胜它,即使在像东南亚那样遥远的地方。自由本身取决于美国的决心和美国的诺言。

如果新旧政府有什么区别的话,那就是即将卸任的官员感到疲惫——有的已经就任八年,迫切需要休息——即将上任的官员充满活力和热情。"行动的知识分子"——如他们所称,时刻准备迎接任何挑战。其中之一的历史学家阿瑟·M.施莱辛格后来回忆:"高涨的情绪笼罩身心,我们一下子想到世界是可塑的,未来是无限的[①]。"戴维·哈伯斯塔姆在一本书中描述他们是"最好的和最聪明的人。"他写道:"一种了不起的傲慢弥漫了整个时间。"

在由代表两派的两名工作人员写出的外交政策问题列表上，首要问题不是苏联领导人尼基塔·赫鲁晓夫称之为"我喉咙里的一根骨头"的柏林，不是离佛罗里达海岸90英里的古巴，不是1960年总统竞选辩论的主要话题的著名的"导弹差距"，不是在刚果的权力争夺——列表最顶端的问题是"东南亚局势的恶化。"有趣的是，焦点不是越南，而是老挝。根据一直担任杜鲁门总统的助手（后任肯尼迪的顾问），克拉克·克利福德做的注释："艾森豪威尔总统带着凝重的情感说，老挝是整个地区的关键。他说，如果我们允许老挝倒下，那么我们将不得不勾掉所有的区域。他指出，我们绝不允许共产党的接管……老挝必须得到保护。他说，如果我们能说服他们，美国应该与其盟友共同承担这个任务，如果我们不能说服他们，我们就单独承担起这个任务②。"

当艾森豪威尔和肯尼迪更早在12月6日见面讨论过渡事宜时，他们"概述了要点"，如艾森豪威尔在其官方论述中所说："柏林，远东和古巴，"但他并没有特别提到老挝③。为什么在一次会面中，他没有提到老挝，为什么在六周后的后续会面他把老挝说成是肯尼迪最紧迫的任务呢，对于这一点从来没有过解释。从12月6日到1月19日，老挝并没有发生任何重大事情。

"如果我们不能说服他们，我们就独自承担起这个任务。"1954年，艾森豪威尔曾承诺对越南领导人吴庭艳提供经济和军事援助，认为援助会得到妥善管理，共产党的挑战会得到应对并被击败。1959年，艾森豪威尔已经做得非常明显，他在公共演讲中称，美国的"国家利益"与自由和独立的南越生存是连在一起的。现在，言论的承诺在惊人的升级，虽然是秘密转达的。他告诉新总统，美国应该"捍卫"老挝，它曾经是法属中南半岛越南的一个邻居，而且如果有必要，美国"独自一人"去做。

肯尼迪问将一个师的美军运到老挝需要多长时间。他被告知，如果部队从美国投送，需要两周。如果他们已在太平洋地区，所需时间显然更少。肯尼迪没有问及其他问题，但"艾克的建议"令他"深感震撼"，国家安全顾问沃尔特·W. 罗斯托在后来报道称。即将离任的国务卿迪安·艾奇逊关于共产党在东南亚的危险曾在八年前警告过艾森豪威尔，现在艾森豪威尔又在告诫肯尼迪，如果需要，有必要"单独"行动以捍卫老挝。

第四章 | chapter IV
肯尼迪失败的政变

肯尼迪强烈反应的一个原因是他回忆起了在几周前的1月6日尼基塔·赫鲁晓夫做的一个令人恐惧的讲话。这位热情洋溢的苏联领导人提到了古巴和柏林，两个突出的动荡地区，但他着重于他称为的"民族解放战争。"因为这两个超级大国拥有核武器，华盛顿和莫斯科的可行假设是，"世界大战"和"局部战争"对于任何国家都太危险。赫鲁晓夫曾说过核战争的后果，"活人嫉妒死者"。但是他继续说，"殖民地的民族反对其压迫者的起义"常常发展成"游击战争，"这将得到苏联"全心全意，毫无保留的支持。"然后，苏联领导人认为，这种"游击战争"不仅为苏联接受，而且还会得到苏联的支持。赫鲁晓夫还以在共产党的宣传中经常听到的那种华丽的措辞补充说，"他们是为解放而战的民族先锋。"这些"民族解放战争"可能发生在什么地方呢？他提到三个地方：古巴、阿尔及利亚和——越南。

赫鲁晓夫引起了肯尼迪的注意。这位新总统一遍又一遍地阅读这篇讲话——在其办公室里、在内阁会议上、在与朋友晚餐时、自己单独。有时他还大声朗读，然后让其助手评论。沃尔特·罗斯托认为，这种新型的战争是一种"国际疾病……是由一个独立国家的外部势力设计、发起、供应和领导的。"到目前为止，战争一直是在两国或多国间进行。现在赫鲁晓夫在引入一个新的概念：在一个国家里组成游击队，在另一个国家里作战，在一个超出其主人政治的模糊地带行使权力，公然无视国界或义务。

新任国务卿迪安·腊斯克基本上同意罗斯托的意见。自从他于20世纪30年代在牛津大学担任罗兹学者的日子起，腊斯克就曾告诉朋友，如果墨索里尼在埃塞俄比亚或者希特勒在苏台德区被阻止的话，第二次世界大战是可以避免的。按照这个推理，如果胡志明现在在老挝或在越南被阻止，第三次世界大战也是可以避免的。腊斯克在一次会议上突然说："我不是白痴"。他知道苏台德区和南越之间有重大差异，但他深信，侵略无论怎么称呼仍然是侵略，而且必须被阻止。腊斯克很久以前就已经接受了艾森豪威尔建议的权力和逻辑：美国可能不得不使用武力制止东南亚共产党的传播④。

尽管作为参议员，肯尼迪曾怀疑过美国捍卫南越的承诺，认为所有的中南半岛应该摆脱法国殖民统治获得自由和独立。但作为总统，很显然他不敢怀疑。

关于此事，命运也不会惠及他就任总统的头几个月。人们对这位年轻的参议员能否履行其总统的新职责明显表示质疑。柏林是令人感到偏头痛那种程度的危险。刚果，这个非洲心脏的黑暗巨人，是超级大国竞争的一个新竞技场。古巴入侵猪猡湾，肯尼迪已经实施了制裁，被证明是一种耻辱和灾难。现存的令人困惑的问题是内陆老挝：总统应该像艾森豪威尔建议的那样派遣美国军队到老挝，还是应该推动这个国家的中立化（这可能导致共产党的接管）。哪条路都没有魅力。

他的两个最亲密的顾问——罗斯托和麦克斯韦·泰勒——支持艾森豪威尔将军建议的要点：如果巴特寮共产党继续攻击，他们敦促肯尼迪对老挝进行军事干预。在肯尼迪看来，这是错误、糊涂和非常危险的。他不想公开挑战艾森豪威尔在老挝问题上的建议，但他本能地反对派遣美国军队到中南半岛。他对那些没有明显答案的事情有质疑。赫鲁晓夫会怎么做？老挝会成为其"民族解放战争"的一员吗？在一次白宫会议上，肯尼迪援引法国总统戴高乐凭"感觉"的警告：美国不应该把作战部队派到亚洲大陆，他强调"美国人民和许多杰出的军事领导人不愿意看到美国军队在世界的那个部分有任何直接的介入[⑤]。"那么他应该做什么呢？肯尼迪显示出了政治勇气，他没有接受艾森豪威尔的建议，而是决定谈判：美国不会为老挝而战，但会竭力为老挝中立而谈判。他让英国首相哈罗德·麦克米伦说服艾森豪威尔静观其变，等待谈判的结果，然后再表达他的不满。他还安排退役将军道格拉斯·麦克阿瑟向国会领导人讲解美国军队部署到中南半岛的失策。

1961年4月，美国加入到了苏联、中国以及其他主要参与者的日内瓦会议行列中；这次，不同于1954年的谈判，他们的主题不是越南而是老挝的未来。这次谈判历时一年多，但是在1962年6月，他们达成的只是各方能够接受的那个协议：在老挝建立联合政府。这将是中立的，将不允许设立外国军事基地和驻扎外国军队。华盛顿的每个人都知道"联盟"是一个肮脏的字眼，被广泛解读为滑向共产党政府的一步之遥。肯尼迪辩称，要么组成联合政府，掌握争取时间的优势，要么进行一场可能卷入美军的战争。在肯尼迪王朝，没有人想把美军派到东南亚去打仗。组成联合政府是肯尼迪对现实的让步，是他躲避指责的方法。

第四章 | chapter Ⅳ
肯尼迪失败的政变

——又把一个亚洲国家输给了共产党——

在六个月之内,北越人和美国人都违反了协议,既令人感到痛苦又是可预测的惯例,双方都向老挝发送武器和派遣顾问以帮助他们的盟友。共产党还通过老挝将人员和武器转运到南越。双方都不想无事自扰,因为美国人不希望更深地介入老挝,共产党人则相信他们会适时控制老挝,紧接着就是越南。这样,就出现了一种不安稳和差强人意的现状,而且人们普遍认为,即使在日内瓦的私下谈话中,腊斯克一直警告苏联外交部长安德烈·葛罗米柯说美国是"深深致力于捍卫南越,不能也不会接受它的毁灭⑥。"他的想法是,如果老挝在作为中立国一段时间后倒向共产党,那么北越人很可能对南越采取行动,他想要葛罗米柯知道这是一件不可能的事。

肯尼迪在老挝联合政府一事上让步和在猪猡湾不幸事件之后,感到他面临看上去和行动起来懦弱的严重风险。他觉得他必须在某个地方表明一下立场,他选择了南越。他对其下属强调,失败不是选择,尽管他拒绝派遣部队到越南以确保胜利。如同杜鲁门和艾森豪威尔那时的情形再现,在不能肯定下一步的情况下,再次投下了全部赌注。1961年春,肯尼迪发起了一项引人注目的南越援助计划。这个计划显示了肯尼迪是一位积极分子,一位乐观主义者,一位能行的总统,同时也立刻引起了莫斯科的注意,因为它很快遭到了批评。它向吴庭艳再次保证华盛顿对他的支持。很快,西贡的港口挤满了货船、运输车和战舰,载着更多的军事顾问,有一批400名绿色贝雷帽队员以及新增的4200万美元的军事和经济援助。一个引起更大反响的举措是,肯尼迪下令中央情报局组织突击队袭击北越以点燃南越军队的热情,迫使共产党转入守势。肯尼迪曾经问其国家安全委员会的工作人员:"我们如何改变士气?我们如何让南越人在北越开展行动?我们如何开始⑦?"肯尼迪甚至说服《东南亚条约组织》公开宣布,它将拒绝"默许一个来自外部支持的……武装的少数民族……接管南越……"

5月,吴庭艳向来访的副总统林登·约翰逊保证,他的军队现在可以继续进攻。西贡其他官员的言辞里也带着同样的乐观情绪。但是,吴庭艳的保证被证明是脆弱的东西。不到数月,一目了然,进攻的不是他的部队而是共产党的部队,他们几乎随意在全国实施打击。根据五角大楼的说法,南越的58%已经在共产党控制下。肯尼迪认为如果他能与赫鲁晓夫坐下来，探索一下美——苏动辄争吵的紧张关系的话，他们双方可能想出合乎逻辑的化解全球紧张局势的方式。6月，在他们第一次峰会的所在地奥地利巴洛克式建筑的首都维也纳，他将学到的是，华盛顿和莫斯科之间没有逻辑可言。例如，肯尼迪提出了赫鲁晓夫关于"民族解放战争"的演讲。他没有对这种战争可能存在表示异议——他心里知道在南越有一个这样的战争——但他希望不允许民族解放战争妨碍寻求两个超级大国之间更好的关系。总统提出了共产党游击队在南越的这个主题。他说，"我们不认为他们代表了民意®。"

但是，如果肯尼迪希望这样的坦率会去掉意识形态的外衣，打开一个可行的解决实际问题的机会，那他悲哀地错了。在赫鲁晓夫抑扬顿挫的讲话中表现出了对意识形态的信念和信心，他大胆表示，苏联必须支持这种"民族解放战争"，因为这是"受压迫民族"砸碎"殖民主义枷锁"的唯一方式。然后他警告总统说，如果美国继续干涉这种战争，它可能无意中引发"相互毁灭的可怕的前景。"赫鲁晓夫似乎在警告肯尼迪，如果处理不好，"民族解放战争"可能导致核对峙。维也纳峰会动摇了肯尼迪。他与俄罗斯人改善关系的梦想突然显得特别幼稚。考虑柏林，展望未来，他告诉《纽约时报》专栏作家詹姆斯·莱斯顿，这将是一个"寒冬"。赫鲁晓夫也对助手说，他已经掂出了这位总统的份量，并发现他"易受影响"和"软弱。"（这位助手是翻译维克多·苏哈德列夫，他向作者和可能报道这一事件的其他记者，转达了赫鲁晓夫对维也纳峰会的直接印象。）

回到白宫，肯尼迪开始对其全球政策做主要的重新评估。他得出结论，如果赫鲁晓夫在峰会上确实低估了他的勇气，他不得不采取有力"可见的"行动，让俄罗斯领导人为错估他捍卫不仅在南越而是在世界各地的西方利益的决心而气馁。他迅速提高了美国在西柏林的军事地位，这是一个严重的举措，而且他下令，让在老挝的数百名一直假扮平民的美国军事顾问穿上军装以显示美国的决心。最后这一个步骤，如传记作家理查德·里夫斯所说，是"一场喜歌剧战争中的一个换装片段®"，没有什么重要意义。

当肯尼迪计划其在南越的下一步时，才意识到他得到的可靠信息寥寥无几。

第四章 | chapter Ⅳ
肯尼迪失败的政变

赫鲁晓夫对吗？他的游击队战士代表坚定的大多数人还是少数？军事形势有多糟糕？在南越，真正的敌人是谁？是北越支持的新成立的民族解放阵线？吴庭艳有能力保卫其政权吗？美国能（而且应该）做什么？约翰逊近期已从西贡回华盛顿，带来了可怜的过分简单的判断——华盛顿要么"向那个地区投入美国的重兵"，要么"减少损失和撤出"。要么正如他后来所说，"尽我们最大的能力帮助这些国家，要么在这一地区认输，撤回到旧金山，实施"美国堡垒"的概念。这种非此即彼的谈话激怒了肯尼迪。他既不打算"认输"也不认为"投入美国重兵"是明智的。但是，现实情况是他知道前任总统们做出的承诺，他能——应该——做什么呢？

1961年夏，肯尼迪走出"家庭"去寻求道格拉斯·麦克阿瑟将军的建议。他邀请这位前将军来到华盛顿。根据罗伯特·肯尼迪说，麦克阿瑟对高级员工说："我们在亚洲大陆作战将是愚蠢的，东南亚的未来应该在外交谈判桌上决定。"助手肯尼斯·奥唐纳还记得肯尼迪和麦克阿瑟之间的一次会面。将军告诉总统，"亚洲没有尽头，即使我们把100万美国步兵投入到这块大陆上，我们还会感到自己寡不敌众。"副国务卿亚历克西斯·约翰逊对麦克阿瑟的判断持怀疑态度。他说，"不过，这个建议给总统留下了深刻印象。我认为，在肯尼迪任职的剩余时间里，麦克阿瑟将军的这一观点……在东南亚问题上，一直主导着肯尼迪总统的思维[⑩]。"

几个月后的1961年秋，吴庭艳打断了这位总统的从容。他承认了他的军队处于守势，这是共产党从北到南的三倍攻击所致。出于绝望而不是欲望，他请求与美国签订共同防御条约，这一点他不太可能得到。他还请求美国派遣作战部队到南越，这一点正在考虑之中。在做出任何决定之前，总统派时任参谋长联席会议主席泰勒将军和国家安全委员会的罗斯托以及他的两个最亲密的顾问前往东南亚对日益增长的危机进行详细调查。两周行程后他们得出结论，南越是重要的多米诺骨牌，目前深陷困境——"如果越南倒下，保持住东南亚将是极其困难，甚至是不可能的[⑪]。"他们特别建议不仅要增加美国军事顾问的人数，而且第一次，要派遣8000名美国作战部队加上3个由美国飞行员驾驶的直升机中队。尽管他们的建议可能被认为是激进的（在南越从未有过美国战斗部队），但国防部长罗伯特·麦克纳马拉则认为派遣 8000 人部队的建议太微不足道,这使得所有的人感到震惊。为了显示"我们是玩真的,"麦克纳马拉提议派遣六个美军师或约 20 万美军。

肯尼迪被麦克纳马拉的提议惊呆了。他拒绝了这个提议,总统决定开始制定国家安全顾问麦克乔治·邦迪后来所称的"没有作战部队的政策"[12]。快速增加驻越美军的想法,对肯尼迪来说,是令人反感和不明智的。自从他在 20 世纪 50 年代早期访问越南以来,他就认为外国军队不能赢得殖民地的战争,无论是法国军队或是美国军队。他告诉施莱辛格,"军队将进入,乐队将奏起,人群将欢呼,然后我们被告知我们不得不派遣更多的部队。这就像喝了一杯酒,效果逐渐消失,你不得不再喝一杯[13]。"记者斯坦利·卡诺,写了一部有关越南的经典著作,他认为总统的克制实际上是"错觉"。至此,他写道:美国已经承诺,至少总统说过捍卫南越。肯尼迪向罗斯托透露:"现在我不能接受一个 1954 年的失败,"他指的是法国在奠边府的失败,暗示在第二个任期里他可能有不同的观点[14]。他甚至可能考虑撤出。

总统的顾问基本上分为两派。一派认为如果美国为了拯救南越不被共产党接管——这是肯尼迪阐明的目的,它就不得不派遣大量作战力量做这项工作,而且越快越好。另一派在逻辑上辩称,如果美国能够接受很可能在老挝建立的联合政府,那么它就可以接受南越的相同谈判结果——那么部署美国军队也就没有必要了。

泰勒和罗斯托,加上国务卿腊斯克和国防部长麦克纳马拉,围绕多米诺效应阐述自己的论点。他们都建议"美国应该致力于明确的目标,防止南越倒向共产党。"如果南越倒向共产党,东南亚其他国家"即便没有正式并入共产党集团,也会转向完全与他们通融。"他们写道:"我们应该准备引进美国的作战部队",而且如有必要,"对北越的侵略源头实施打击[15]。"腊斯克和麦克纳马拉对建议派遣美国军队到越南均未感到欣慰,但他们绝对相信共产党在亚洲的前进步伐必须被阻止,而南越就是阻止的地方。

与总统顾问中的四大强手唱反调的是老牌的民主党中坚分子,如副国务卿切斯特·鲍尔斯,前美国驻莫斯科大使、曾任日内瓦老挝会议上的首席谈判代

第四章 | chapter IV
肯尼迪失败的政变

表的 W.埃夫里尔·哈里曼，哈佛大学经济学家、曾担任美国驻印度大使的约翰·肯尼思·加尔布雷斯。鲍尔斯在检查了来自西贡的情报后，认为美国是被人"全速引到了一个死胡同里。"哈里曼对吴庭艳毫无信心，试图把其日内瓦的使命扩展到更大范围的谈判，旨在使东南亚的所有国家中立。加尔布雷斯在写给肯尼迪的一系列私人信件中，严厉批评了吴庭艳的"徒劳无益"和"不受欢迎"。加尔布雷斯写道："他把太多的权力握在自己手中；不善指挥他的军队；没有名副其实的情报组织；省属官员武断专制或者不称其职；尽管取得了一些成绩，但经济政策仍然乏力[16]。"他们的批评得到了国务院越南工作小组负责人斯特林·科特雷尔的支持。他写道："因为即使有美国的援助，南越能否成功还是个悬而未决的问题，所以美国不可撤销地承诺打败在南越的共产党将是一件错事。"时任负责经济事务的副国务卿乔治·鲍尔告诉总统：如果美国向吴庭艳承诺的话，就得向南越派遣作战部队，肯尼迪把这种观点斥之为"发疯[17]"。这些顾问表达的根本信息是：在东南亚谈判比打仗更明智。

肯尼迪走投无路，他既不选择放弃斗争又不愿把军队投入战场，他选择了中间位置，这对任何面临艰难选择的领袖来说不足为奇。如果共产党如赫鲁晓夫曾警告的那样依靠"民族解放战争"，那么美国就不仅需要投入作战部队，而且还要采取一个新的和富有想象力的被称为"反叛乱"的战略。实际上，这并不新鲜，它是美国对英国在马来半岛附近战略的复制品。在那里，经济和社会改革比军事斗争更重要，赢得农民"人心"的任务比赢得一场战役更重要。

"反叛乱"战略在马来半岛很奏效，尽管花了很长时间。但在南越，此战略从一开始就存在问题。首先，由五角大楼负责南越的事情本身就是一个错误，因为反叛乱显然是国务院的工作。(小贴士：麦克纳马拉曾多次访问南越，而腊斯克从未有过一次。)马来人的工作是由英国军官管理，而不像在南越，由美国将军、中情局特工、法国人训练出来的越南独裁者混合管理。其次，英国的政治制度给这种战略足够的时间结出果实来，而美国的制度要求快速解决问题——它缺乏长时间交涉的耐心——而且在短时间内又无法解决。最后，在南越的敌人比马来半岛的敌人更足智多谋和坚定不移，胡志明是一位经验丰富、富有献身精神的革命者，他对'反叛乱'战略精髓的理解可能好于肯尼迪。一天后，肯尼迪的"反叛乱"行动在南越突然出现了,他却兴致勃勃地运用它。他认为"反叛乱"行动绝对值得。邦迪后来解释说:"调查发现如果你使用在马来半岛使用的方法,真的上心并卖力气去做,你就有一个极好的机会。至少你不能说你不能这样做,你承担的承诺程度,经过仔细地限定低于泰勒和罗斯托所建议的,具有足够的成功希望,所以放弃是没有意义的[18]。"

肯尼迪的计划雄心勃勃,花费昂贵。它涉及四十个独立的社会、经济和军事改革项目。这一计划是空军准将爱德华·兰斯代尔(曾长期支持吴庭艳)提出的。虽然他有某些缺点,但他是一位近乎传奇的人物。兰斯代尔的计划包括建立人们称之为"战略村"的小村庄,旨在保护居民不受流动的共产党叛乱分子的影响。这是美国在不投入作战部队进行战争的情况下实施进攻的方式。说到普通农民,兰斯代尔强调:"我们必须用行动而不只是语言向他表明我们是他的朋友[19]。"肯尼迪早就相中了这个计划。他扩大了中情局的行动范围。他把军事顾问的数量翻了四番,从七百人增加到大约三千人,到他被暗杀时,增加到了约一千八百人。

那些早期军事顾问当中有一位25岁的陆军上尉,名叫科林·鲍威尔,后来他成为了参谋长联席会议主席和国务卿。他在1962年圣诞节那天来到西贡。像他的伙伴一样,他为自己是美国领导的反共运动中的一员感到欣慰。多年后他回忆道:"我们都很兴奋,我们相信我们被派到那里是为了帮助越南人民反对那些糟糕的共产党越共。"他说,当时体现的是一个每个人都抱有的对世界独有的纯真看法,"这是要做的高尚事情,帮助一个国家与共产党打仗。"当然,那些顾问对他们要帮助的国家几乎是一无所知。"南越的政治局势一片混乱,而且我们也不知道这些人是谁[20]。"

肯尼迪还向南越派出更多的直升机、飞机和装甲车辆。他大幅增加对吴庭艳政府的经济援助,他在政府中安插很多顾问以致记者们开始撰写有关这场战争"美国化"的报道。最重要的是,尽管总统继续拒绝向越南派遣地面部队的想法(这只是"最后的手段",他告诉麦克纳马拉),但他也赞成美国飞行员从西贡北部的一个空军基地边和布起飞执行战斗任务。因此,肯尼迪忽略了一个小的承诺可以扩展到更大承诺的危险。(加尔布雷斯在他的一封信中建议:"保

第四章 | chapter IV
肯尼迪失败的政变

持不投入美国作战部队这个界限,这是最为重要的——有一点就将意味有更多、越来越多。南越的士兵将回去种地,而我们将在战斗㉑。") 显然,肯尼迪正在采取一系列重要的步骤,每一步都在深化美国在南越的介入,但他拒绝批准美国在越南担负全面作战的任务。他不断地告诉其工作人员,没有越南人民和政府的全面支持,美国自己不可能赢得这场战争。

截至1962年3月,战略村计划显然没有成功,就连通常持乐观态度的肯尼迪那伙人也这么认为。总统本人谨慎地把这项计划说成"真是跌宕起伏……(不可能)得出任何长远的结论。"这是在礼貌地说该计划没有达到预期目的。原因之一是吴庭艳在信佛教的农民中没有追随者。他是生活在城市里的、生活腐败、信奉天主教的政治家,他进行过大规模的镇压。另一个原因是越共的进攻,打乱了吴庭艳的许多计划。第三个原因是美国新闻对整个战争状况复杂性所做的连篇累牍的报道。《纽约时报》的大卫·哈伯斯塔姆,《合众国际社》的尼尔·希恩,《美联社》的马尔科姆·布朗找到了官方消息人士,这些人向他们提供了政府腐败和镇压佛教僧侣的新闻素材。他们的报道刊登在美国报纸的头版,使白宫发布的在越南取得"进步"的倾向性报道受到严重挑战。总统非常愤怒,抱怨编辑和出版商,但无济于事。使他的问题复杂化的是美国三大广播电视网的报道,图片显示了腐败和镇压的实况。一时间,在国会和全国各地的州议会里充满了质疑声:我们在那里做什么呢?

对战略村计划从来就没有信心的参谋长联席会议迫使总统向南越派遣作战部队——参联会坚称,这是能够阻止共产党的唯一方法。在杜鲁门政府期间他们反对出兵,但在艾森豪威尔政府期间他们开始改变主意。说其态度傲慢也好,称其情报工作糟糕也罢,他们现在真的认为如果美国向南越派遣作战部队,他们将很快击败共产党,建立一个坚实的反对共产党政权,然后他们就可以回家了。腊斯克和麦克纳马拉都同意参谋长联席会议的意见,但古巴导弹危机打断了他们对越南的运筹帷幄。在1962年初秋的几个月时间里,肯尼迪面临来自卡斯特罗执政的古巴境内发现的苏联导弹对美国形成的生死攸关的威胁。与苏联发生核战争的可能性是真实的,相比之下,越南问题缩小到了适当的程度——严重但几乎没有生死存亡的威胁。到那年底,当总统再次专注于越南时,他得知那里的军事形势大幅恶化,吴庭艳再次请求美国提供援助,包括作战部队。他的政治助手很想知道,总统以前没有经历过这种情景吗?南越混乱的政治危机会损害总统连任前景的可能性存在吗?

肯尼迪再次决定他需要新鲜的情报。他派参议员迈克·曼斯菲尔德到西贡。肯尼迪尊重蒙大拿州的这位民主党人,也重视他的意见。曼斯菲尔德带回了直言不讳的信息,与之前的那些不同:他告诉总统,美国可能被吸进一场漫长而徒劳的战争。政治学家称之为"偷天陷阱。"曼斯菲尔德几乎没有看到进步的证据,他认为美国应该考虑在南越组建一个联合政府[22]。总统信任国家安全委员会的分析师迈克尔·福里斯特尔和国务院官员罗杰·希尔斯曼,并派他们再次回西贡,这两人都非常了解越南。1963 年 1 月,他们返回时,给出了一个不冷不热的评估:美国"有获胜的可能",但战争将历时"更长……而且失去的生命和花费的金钱比我们原来预想的要多[23]。"到 1963 年初,肯尼迪意识到美国已经对风雨飘摇的吴庭艳政权投入了数亿美元的经济和军事援助,但是像曼斯菲尔德那样,他也几乎没有看到什么进步。他告诉他最亲密的几个朋友,如果他在 1964 年选举后能够连任,他可能开始从南越撤出美国顾问。这种可能性的大小在很大程度上取决于撤出是否会导致共产党的接管。

1963 年 5 月 8 日这一天当许多越南人庆祝佛陀的诞生时,很明显具有人为因素的问题发生了。吴庭艳的警察愚蠢地决定强制执行此前被忽略的在全国范围内禁止公开展示宗教旗帜的禁令。佛教僧侣在旧帝国首都顺化抗议禁令。成千上万的人加入了他们的行列。警察要求他们解散,在遭到僧侣的拒绝后,警察向人群疯狂发射,九人被打死。那些对吴庭艳政权不满的佛教徒激昂到了顶点。全国各地,一个城市接着一个城市,佛教僧侣身着藏红色长袍示威抗议他们的天主教国家元首。记者注意到,他们组织的井井有条。他警告美国官员说:"美国要么必须让吴庭艳改革,要么让他下台。不然,形势会更加恶化[24]。"一场全国性的危机似乎仅数日时间之遥。

美国大使馆官员恳求吴庭艳寻求某种形式与佛教徒和解。他们担心对战争做出的努力会受到负面影响。吴庭艳拒绝了。他的弟弟也是他最亲密的合作者,负责安全事务的吴庭儒认为,顺化是佛学中心,抗议活动是受共产党的挑唆。

第四章 | chapter Ⅳ
肯尼迪失败的政变

1963年7月初，无论有意还是无意，肯尼迪走上了一条背信弃义道路。他与几个高级顾问讨论了对吴庭艳实施政变的可能性，这一步不一定是美国将组织的，但华盛顿也不会"阻挠。"（"阻挠"成了重要的动词。）同一天，也许是巧合，一位名叫卢希安·考内的资深中情局操作员在西贡会见了一位有影响力的南越将军阮万堂。他们也讨论了可能的政变。代表少数反叛将军的阮万堂有一个非常具体的问题："如果我们那样做了，美国会有什么反应呢？"考内没有回答，但他和阮都同意多次见面，建立起美国和政变计划者之间唯一真正的联系。按照指令，考内随时都可以挫败这一阴谋，但他没有，而且反吴庭艳的策划继续在秘密进行。

8月21日，吴庭儒的以忠于他和吴庭艳著称的军队袭击了西贡的舍利寺，这是首都最著名的地方。就连担负跟踪吴庭儒狡猾和诡秘行动任务的中央情报局人员也感到完全意外。满载全副武装军人的卡车在夜深人静之时冲向华丽的宝塔，洗劫了那个地方，逮捕了四百名僧侣和尼姑，其中包括八十岁的主教。在顺化，吴庭儒的军队也突然动手，但那里的僧侣和尼姑对攻击进行了抵抗，在他们的宝塔内设置障碍，同时成千上万的市民聚集在外面抗议吴庭艳政权。数小时内，1000名僧侣、尼姑、学生和公民领袖在全国性的镇压中遭到逮捕，许多遭毒打受伤，另一些人被瞬间带走，从此再也没有出现过。

在华盛顿，肯尼迪既愤怒又困惑。为什么是反佛教这样的镇压呢？为什么是现在呢？他想知道是否应该继续信任吴庭艳。他的弟弟吴庭儒不得不消失——这是每个人给总统的建议。时任国务院远东地区局负责人的希尔斯曼，建议给吴庭艳最后一次机会，只要有可能，就除掉他的弟弟。8月24日，希尔斯曼在得到肯尼迪的审批后，致电新上任的马萨诸塞州的共和党人亨利特·洛奇大使：吴庭艳可以继续得到美国的支持，但前提是把其麻烦的弟弟解职。如果他拒绝，那么"我们必须面对吴庭艳自身难保的可能性㉖。"希尔斯曼还对洛奇说，如果吴庭儒仍然掌权，那些持不同政见的将军们准备实施的政变计划保证能得到美国的"直接支持"。后来这一事件被视为一封具有历史意义的电报——美国打开了对其支持了十年之久的领导人进行政变的大门㉗。

肯尼迪政府的高层领导对8月24日电报的看法分为两派。希尔斯曼得到了国务院的同事哈里曼、福里斯特尔和鲍尔的支持，但腊斯克的支持是有条件的。国防部副部长罗斯威尔·基尔帕特里克只有在确信总统已经同意后才表示赞同。副总统约翰逊和中央情报局局长约翰·麦科恩强烈反对这封电文，泰勒将军也是如此。周一上午，当肯尼迪打开一份对其越南政策的四天审查报告时，显然被其高级顾问们的意见分歧惊呆了。"我的上帝，"他向朋友吐露，"我的政府瓦解了。"

在西贡，将军们拒绝与考内分享他们阴谋的细节。他们担心每个角落的背叛——没有参与策划的其他南越将军、不赞成这一阴谋的美国将军、他们自己中的某个人。他们想要美国支持的证据，想要证实他们所想的放缓或停止对吴庭艳政权的美国援助。然而，肯尼迪还没有准备采取这一步骤，但其驻西贡的大使想加快密谋驱逐吴庭艳，认为他执政时间越长，共产党接管的可能就越大。洛奇起初一直不愿加入希尔斯曼一边，但很快他就成为了最热心的支持者之一。

8月29日，洛奇尽力说服总统做出最终决定。他在电文中写道："开弓没有回头箭：推翻吴庭艳政府……没有回头路了，因为我认为这场战争在吴庭艳政府领导下不可能获胜。"他敦促"竭尽全力"去鼓励持不同政见的将军们"立即采取行动。"否则西贡可能爆发反吴庭艳的暴力活动，这样的活动可能会导致"亲共产党的人或充其量是一些中立的政治家"掌权。洛奇感觉到政府不愿干涉一个附庸国的内政，所以充满激情地争辩：美国已经为干涉的权力付出了代价。"在过去的几年里，我们对这个政权的帮助必然使我们担负起我们避免不了的责任。"[28]

如果肯尼迪一直收到真正进步的可靠报告，如同麦克纳马拉想让他相信的情况，那么他绝不会给反吴庭艳政变送去祝福的，无论措辞多么含糊。但是他一直没有收到这样的报告。而且恰恰相反。一位多年驻西贡美国大使馆的资深工作人员保罗·凯腾伯格曾报告称，南越反对吴庭艳情绪非常强大，如果美国继续支持他，美国将不得不在六个月内被迫离开这个国家。他强调，一个更好的计划是"我们自己决定体面地离开"，留下一个联合政府。腊斯克表示反对，他说："我们不会退出……直到赢得战争。"另一个令人不安的报告（关于这个主题的许多报告之一）表明，吴庭儒在吴庭艳默许下，正在试图制定一个与北越政治和解的方案，如果这个方案实现可能会削弱美国在南越的全部努力。这样一笔交易可能也会在政治上伤害肯尼迪。1964年总统大选在即，曾一直支持总统的越南政策的共和党人已经开始批评它了。肯尼迪意识到优柔寡断犹如失败一样有害。在处理硬性政治问题上不存在新手，肯尼迪决定支持其共和党大使的建议。他赋予洛奇全权减少美国对吴庭艳的援助，无论他怎么选择和何时选择[29]。

9月2日，肯尼迪利用哥伦比亚广播公司沃尔特·克朗凯特的电视采访节目向美国人民和西贡总统府解释了他的政策。"除非（吴庭艳）政府做出更大努力赢得大众的支持，"他不相信战争能够有效地进行。他谨慎地补充说，"吴庭艳已经脱离了人民，""政策和人事"不得不变更[30]。虽然肯尼迪没有具体指出什么变更，但吴庭艳怀疑总统想的是他和他的兄弟。反对吴庭艳的将军们把肯尼迪的解释看作是对他们推进计划的一种鼓励。

肯尼迪又派遣了一个实况调查团到南越，好像他不相信美国大使馆或美国军事指挥部的报告。有疑问时，再派一个实况调查团——这似乎是肯尼迪的风格。曾为泰勒工作的维克多·克鲁拉克将军和与希尔斯曼共事的约瑟夫·门登霍尔在那里花费了四天时间。他们与许多官员交谈，有美国人和南越人，回来后感受不同：克鲁拉克滔滔不绝地讲了军事进展的乐观话，门登霍尔悲观地总结出吴庭艳政权接近崩溃。肯尼迪边听边打趣地说："你们两个人访问的是同一个国家，不是吗[31]？"

9月下旬，肯尼迪仍然不能下定决心，就派了麦克纳马拉和泰勒到西贡。十天后，他们归来，带回了一份充满妥协和矛盾的报告。一方面，为了奉承在南越的美军，他们极力夸奖战场上的"长足进步"，甚至达到这样一种程度：暗示到本年底一千名顾问可以退出南越并预测到1965年底"大部分"部队可以撤离。这种预测显然是为了帮助肯尼迪准备在1964年竞选连任。另一方面，他们猛烈抨击吴庭艳的不妥协态度并提出了这种可能性，作为一种惩罚，美国或许开始削减对他的援助程度——但不会很大[32]。

10月2日，美国要做的正是这件事。肯尼迪下令对吴庭艳实施一系列"选择性压力"，总统实施的每一步都被反叛将军解读为是给他们政变开绿灯。许多未来的经济援助物资被取消。人们听到了对吴庭儒特种部队消减军援的威胁，除非他们被调出重新部署的首都以外。美国中央情报局工作站站长，因被认为与吴庭儒关系太紧被召回。最后，五角大楼宣布到1963年底一千名顾问将撤出南越，到1965年底所有顾问也将撤回（倘若战争继续进展顺利，其实，根本就不是那么回事）。肯尼迪与国会领导人协商，但他从不让他们做出决议为其制定南越政策授权。实际上，在这方面，他与国会磋商就是一种表面的例行公事。

由此而论，这并不是巧合。仅仅几天后的10月5日，杨文明将军和考内恢复了他们的秘密会谈。他们在一个牙医办公室会面，而不是一个策划政变的可能地点。这位南越将军说，他的同事们不指望美国公开的支持，但希望美国将"不阻挠"政变。他们还想要一个承诺：在他们夺权后，美国继续提供经济和军事支持，数额每年大约5亿美元。

洛奇寻求并得到了肯尼迪对那个复杂公式——华盛顿"不会试图阻止"政变——的批准，但是肯尼迪补充说，从自我保护角度讲，美国不会直接参与政变。他强调："虽然我们不希望激励搞政变，但也不希望留下美国将阻止改变政府这样的印象。……但是我们应该避免卷入审查行动计划或对其提供建议，也不要做出任何其他容易确定美国与此有密切关系的行为[8]。"

然而，在与其顾问召开的高层会议上，肯尼迪无法掩饰他对政变加剧的矛盾心理。他有许多的问题：政变策划者有足够的军队吗？他们可靠吗？是负责任的吗？他们都就位了吗？考内真的是美国与策划者唯一的联系人吗？吴庭艳在首都或许还控制足够的军队以阻止政变吗？美国驻西贡大使馆组织起来应对政变的后果了吗？美国公民处于危险状态吗？肯尼迪想要答案。

10月25日，国家安全顾问邦迪在发给洛奇的一份长电文中转达了总统的焦虑并提出了很多问题，但他的主要信息是肯尼迪不想"阻止政变"——他只是不想显得是在支持政变。他担心"发生实质性问题的可能性，如激烈和拖延的战斗，甚至失败"，"西贡的重要单位仍然明显忠于吴庭艳"，"来自行动角度的深切关注"，"迫切需要一些佐证"，"保护美国公民的问题一旦出现"，"政变后的突发事件"。邦迪也有肯尼迪的担心：西贡政变最终可能会成为另一个猪狲湾灾难。他强调："我们重申政变集团必须举证表明具有快速成功的实质可能性，否则我们应该阻止他们继续下去，因为误判可能导致危及美国在东南亚的地位[34]。"回想起来，肯尼迪和邦迪明显是在一个虚幻的世界里运作，犹如他们所想的他们能够像开关水龙头那样开关一次政变，好像一旦政变开始，他们仍然可以控制事态的发展。

洛奇立即回复，他承认风险相当大，但他明确指出如果推迟或停止政变，我们将承担"让现任者继续执政的过分责任。"

10月28日，考内在牙医的办公室又一次拜访了杨文明。这次杨给了考内政变的实际计划——哪些部队将在什么时间被派到哪里。他说他只能给考内四小时的通知时间。考内通知了洛奇，并通知白宫政变"迫在眉睫"。

10月29日，肯尼迪表现出又有了想法的明显迹象。他召开了国家安全委员会会议。泰勒对政变计划很愤怒。他不信任考内，认为阮"要么在说谎，要么在使对立双方相争以从中得利。"他认为洛奇对战争的看法从根本上就是错的，他断言："我们将要在比赛中获胜"，"大使的思维和我的思维之间显然有一个基本的区别。"美国军方在西贡的首领哈金斯致电表达了其强烈的疑虑。他警告说："没有哪个将军有资格接管政权。"罗伯特·肯尼迪想知道政变是否会"冒很大风险"，值得支持吗[35]？

在另一封发给洛奇的急电中，邦迪表达了在国家安全委员会会议上明显的深层焦虑。他提出了每个人心头的关键问题：政变可能被阻止吗？他写道，总统"深表关切。"他给人留下了迷惑的印象：政府赞成延迟还是取消政变。

但是，肯尼迪再一次把决定的责任推给了洛奇。"如果你断定成功的可能性不是明显地很高，你就应该把这种疑惑传达给将军们，想办法说服他们停下来，至少等有更好的机会。但是，在负责任的领导指挥下的政变一旦已经开始……它的成功是符合美国政府的利益的[36]。"11月1日，正当洛奇坐下来与吴庭艳会面时，政变开始了。上午10点，吴庭艳对洛奇说他听说过有关政变的报告，然后问洛奇有没有听到过风声。洛奇撒谎说他没有听说过政变的事。双方说了外交客套话后，洛奇回到使馆午餐并午睡了。

下午4点半，吴庭艳情绪激动地打电话告诉洛奇政变正在进行，而且似乎马上会成功。他要求知道美国的立场。在外交中，有时一个谎言可以是一个大使的最佳答案。洛奇又一次撒了谎。他告诉吴庭艳，他没有"感觉到有足够的信息能够告诉你是这么回事。"这时华盛顿时间是凌晨4点半，他还在虚幻中，政府还没有人上班。

吴庭艳回答说："我是国家元首。我已经在尽力履行我的责任。"

洛奇尽力让人听起来富有同情心："我佩服你的勇气和对国家的伟大贡献。"然后他补充道："我有一个报告称，如果你辞职，那些负责当前活动的人会给你和你弟弟离开这个国家的安全通行权"，"当前活动"就是大使对这次政变的表达方式。

吴庭艳不选择提出辞职。他说，"我要尽力重建秩序，"然后挂掉电话[87]。

战斗持续到深夜。

11月2日凌晨3点，吴庭艳和他的兄弟吴庭儒逃离总统府，逃至西贡华埠郊区处一个名叫圣方济的法国教堂。当黎明接近，他们意识到处于绝境。早上6点，吴庭艳致电叛军将领之一，杨文"大"明，他告诉明，他准备谈判。他说他将辞职，但前提是他指定的继任者副总统负责政府。这位将军简短地与其他人商量一下后，拒绝了吴庭艳的条件。不过，他们同意吴庭艳和吴庭儒离开这个国家。上午6点30分，当被通知他可以离开时，吴庭艳要求"得到离任总统应有的荣誉。"将军们回答："不"。

但是现在叛军将领们有一个个别的问题，一个具体问题。一旦他们扣留了吴庭艳和吴庭儒，他们会把他们送到哪里？怎么把他们送去？他们与考内商量，考内与洛奇商量，洛奇与白宫商量。考内被告知，美国没有现成的飞机，美国也不给予两兄弟庇护。实际上，美国想说，它不再想和这两兄弟有任何关系。他们现在成了政变领导人的问题。但是如果他们不能被送往美国，还能去哪呢？安排需要时间，一旦确定了目的地，将军们将不得不担负起安全保护的责任。

不过，他们首先得把兄弟俩从华埠的教堂转移到西贡的参谋总部。这项棘手的任务交给了一位将军、一位少校和一位上尉。在教堂，吴庭艳和吴庭儒与这位将军握了手，然后不情愿地爬进了一辆装甲车。他们开车前往西贡。他们在一处铁路公路交叉口停了下来。当时发生的事情是：少校用自动武器将兄弟俩击毙。当刺客回到参谋总部时，他们敬礼并大声宣布："任务完成[88]。"

第四章 | chapter Ⅳ
肯尼迪失败的政变

吴庭艳被谋杀的消息传到了肯尼迪那里，当时他正在白宫会见泰勒和其他几个助手。泰勒后来说，总统马上站了起来"冲出房间，一脸的震惊和沮丧。"施莱辛格也记得那一刻。施莱辛格这样记述总统的状态，"他表情忧郁，身体战栗，自从猪猡湾事件以来，我从未见过他如此沮丧㊴。"肯尼迪认为他与将军们达成了协议，推翻吴庭艳和吴庭儒但不打死他们。他天真地想象，政变会干净利落恰到好处，最后没有露出一点美国染指的迹象。

11月4日，肯尼迪口述了一个关于这次暗杀的私人备忘录，他承认"我们必须为这次政变承担很大的责任。"他说，"吴庭艳和吴庭儒的死令我震惊。"总统的心似乎被对吴庭艳的钦佩所撕裂，他称吴庭艳是"非凡的人物"，他被谋杀的方式"特别恶劣"。总统继续说，"在最后的几个月里，尽管他变得越来越困难，可他还是在非常不利的条件下，维护了国家统一和保持了独立。"肯尼迪想知道"现在""将军们能否团结一致"或者这个国家是否会四分五裂的问题㊵。

白宫要求洛奇做出一个完整的解释。大使委托考内去和杨文明谈。这位将军解释说，吴庭艳和吴庭儒是自杀。考内说他不相信这个解释，别人也不会。考内对杨文明说："人们相信你所说的概率是一百万分之一㊶。"也许因为这个原因，美国政府和西贡政权对吴庭艳的谋杀都未进行过正式、公开的调查。

在一段时间里，谋杀成了受人们欢迎的事。夜总会重新开放，政治犯从监狱里被释放出来，吴庭艳的官方肖像被撕毁焚烧，战略村被拆除，洛奇邀请得胜的将军们出席在美国大使馆举行的庆祝聚会。

几天后，这位大使给总统发电报称，据他判断，政变一直是越南人的事，"启动后，我们既没控制也没阻止……同样肯定的是，政变种子成长为一个健壮植物的土地是由我们准备的，没有我们的准备工作，政变是不会像这样发生的。"他的结论是："现在的前景是战争会早日结束㊷。"

三周后，肯尼迪被暗杀，那场战争持续了十一年。

第五章 | chapter Ⅴ

约翰逊:"让我们继续"

"我不会失去越南。我不想做看着东南亚走中国道路的总统。"

1963 年 11 月 24 日

"我不想以一位战争总统著称。"

1965 年夏季——林顿·约翰逊

1963 年 11 月 22 日,约翰·F.肯尼迪在达拉斯遭到暗杀,两天后,新任总统林登·B.约翰逊宣布:"让我们继续"。肯尼迪所开始的事情,约翰逊将继续下去——并将完成。他把自己看作一位坚韧的得克萨斯州人,昂首挺立在美国越南政策的阿拉莫。他不希望别人认为他是一个乡巴佬,对世界所知甚少。此外,还有他的前任对这个国家许下的"承诺"。他不打算做一位使国家食言的总统。

"我不打算失去越南,"他告诉亨利·卡伯特·洛奇大使。"我不想做看着东南亚走中国道路的总统[①]。"洛奇刚刚向新总统介绍了南越的情况——它正在失控。洛奇强调:"如果我们不做点什么,它将垮台——随便哪一天[②]。"肯尼迪执政时,洛奇对政变后的越南一直持比较乐观的态度。仅仅几周后,到了约翰逊执政时,他已经变得绝对悲观。这就是新任总统的入门课:西贡美国高级官员的不确定情报和不稳定判断,他们中的许多人对越南的历史、政治、文化或宗教知之甚少。

德克萨斯州编年史学家罗尼·达格尔解释说,当约翰逊开始考虑他的越南政策时,20 世纪 30 年代的两个单词一直"闪现"在他的脑海里——"慕尼黑"和"绥靖政策[③]。"他拒绝考虑任何一个。这位新总统没有忘记肯尼迪在其最后一次关于越南问题的公开声明中强调的话:"只要我们在那,就不会输掉战争。"

战争谎言
——美国总统的承诺与背叛

约翰逊也不会输掉它。他知道他继承的是"一个烂摊子",如同美国国防部长罗伯特·麦克纳马拉曾告诉他的,但当时他真的相信美国可以"赢得这场战争④。"不幸的是,没有人敦促总统阐明游击战争"获胜"的意义。

约翰逊继承了战争这是事实,而到了1969年1月他离任时,战争仍然没有结束同样也是事实。约翰逊的一位亲密朋友和顾问安倍·福塔斯,分析了总统早期的困境:"约翰逊继续进行越南战争是因为德怀特·艾森豪威尔和肯尼迪的立场⑤。他们都"承诺"美国要捍卫南越,约翰逊作为总统的越南俱乐部的最新成员,不会放弃他们已经奉行的美国政策。

1965年4月,在约翰霍普金斯大学的一次谈话中,约翰逊试图解释他的想法。他提出了"我们为什么在南越?"这个问题,然后用广义的冷战语境做出了回答。他说:"我们在那里,因为我们有承诺要遵守。自1954年以来,每一位美国总统都向南越人民提供了支持……多年来,我们已经许下了国家承诺帮助南越捍卫独立。我打算恪守承诺。"这是一种道德担当。他继续说:"违背这一承诺……将是一个不可原谅的错误。"它将"动摇"从柏林到泰国的人民对"美国承诺的价值和美国言词的价值的信心。"对于这位总统来说,我们当时的主要教训是侵略的欲望永远不会满足。退出一个战场意味着只为下一个做准备。在东南亚——如同在欧洲,我们必须用圣经的话说:"到此为止,不可逾越"⑥。他调用圣经的话重申总统"承诺"抵制共产党在南越的——目前的实例——扩张。

在约翰逊非常艰辛地学习时,南越按照自己的节奏向前行进。它未必使自己的命运适应美国总统的"言词"或"承诺",也不一定适应他的计划或梦想。南越领导人吴庭艳的被暗杀,在肯尼迪遇刺前三周,开启了一个极不稳定的时期,一个将军推翻另一个,而越共在整个农村加强了其地位。约翰逊曾反对政变,他马上明白了吴庭艳的血将永远玷污美国的双手。在政变前的一瞬间他就意识到,肯尼迪已开始打算"从越南完全撤军了。"一位来自波士顿的助手,肯尼斯·奥唐纳援引肯尼迪的话说:"我将作为共产党绥靖者到处挨骂,但我不在乎。如果我现在试图完全退出的话,我们会再有一次乔·麦卡锡红色恐慌要处理,不过我连任以后能去做⑦。"但对于新上任的约翰逊来说,他已经承诺继续

第五章 | chapter Ⅴ
约翰逊："让我们继续"

肯尼迪的政策，撤出是不可能的，而且它可能也绝不是肯尼迪的真正选择，虽然近年来家庭手工业已经出现，聚焦的单一问题是：在肯尼迪第二个任期中，他是否会撤出越南战争。他的国家安全顾问麦克乔治·邦迪和他的国防部长麦克纳马拉后来自信地谈到他的"在越南没有作战部队政策"，他决心不让美国战斗部队踏上亚洲大陆。这很有可能是他的本意。但其他人已经提供了一个更令人信服的实例：肯尼迪绝不会允许南越在他执政期内走向共产党！作为一个民主党人，铭记一代共和党人对杜鲁门的"失去中国"的攻击，肯尼迪会加深美国对越南的介入，而不是结束。他对共产党的罪恶所发表的言论和做出的一些不情愿的决定（增加在南越的军事顾问数量；开始对北越的突击队袭击；允许美国飞行员从边和布空军基地起飞执行战斗任务……）说明，一个总统不会允许美国的话和声誉被附庸国倒向了共产党而受到玷污和损害，而且不能在其任期内发生。

1963 年 12 月晚些时候，约翰逊派麦克纳马拉到南越努力地看一下他从自己德高望重的前辈那里继承下来的"烂摊子"。国防部长带回来一份非常令人沮丧的报告。他告诉总统，如果局势在 90 天内没有改善，这个国家最好的结果将"成为一个中立的国家，更可能成为共产党控制的国家⑧。"约翰逊这位上任不到两个月的新总统，没有心思听这样的新闻。他想把重点放在"我真正爱的女人"上面，即他亲切称为的"伟大社会"计划。他不得不做出决定，他在很大程度上依靠麦克纳马提供建议。

约翰逊说："这真的要做出一个或两个决策"来平衡他不如意的"撤出或进入"的选择。他无法想象"撤出"的情景——使南越倒向共产党；因此他似乎无法摆脱"进入"的选择⑩。像肯尼迪一样，约翰逊的左右两侧是鹰派和鸽派——一边的人想要把美国地面部队投入战争并结束战争一劳永逸，另一边的人想要进行美国撤出的谈判，他们认为这场战争无法取胜。约翰逊出于本能地在两个阵营里，看他的行为，他变得更倾向于鹰派。美国已经"在"南越了。摆在约翰逊面前的问题是他会"介入"的有多深。

几周后，参谋长联席会议感觉到总统的立场正在变得强硬，他们建议向南越"增派美军部队"，准备对"北越实施必要的……行动"。约翰逊还没有准备好针对北越的军事行动。1964年有一场选举要赢,1965年的国内议事日程要起草。他决定暂时把军事事项搁置——等待恰当的时机,他以为这个时机会在他当选以后到来。

1964年年初,当约翰逊寻求自己当选总统的合法性时,他与参议院几位关键的盟友商量了他应该在越南做什么的事宜。尽管多数党领袖麦克·曼斯菲尔德建议他去争取东南亚的中立(他警告说,"我们不希望越南变成另一个中国。")但大多数参议员都准备好了支持总统的政策(尽管他们不高兴)。约翰逊曾经的参议院导师乔治亚州的理查德·罗素对总统说:"我不想进到那里,但既然已经进去,我不知道怎样出来……实际的问题是我们在越南,我不知道你究竟能怎样告诉美国人民你正在出来……他们只会认为你刚刚挨抽,一直在被驱赶现在你害怕了。这将是灾难性的⑪。"

约翰逊越来越感到被他在越南所面临无希望的选择逼入绝境。记者大卫·哈伯斯塔姆把总统描述为"焦躁、易怒、沮丧、越来越狂乱、越来越难以共事。"但他还写道:"没有一个人做出让步。林登将不会躲避现实。没有人打算摆布林登·约翰逊。"总统把华盛顿内部人员分为男人和男孩。男人指的是坚韧、积极的实干家;男孩指的是空谈家、作家、记者、知识分子。毫不奇怪,约翰逊更支持麦克纳马拉而不是乔治·鲍尔斯⑫。麦克纳马拉拒绝越南中立化,认为那是迈向共产党接管的一步,他们支持采取更多的军事行动来阻止这样的结果。这并不是说他们有一个进行战争的精准战略,实际上,他们没有战略——他们只是无法想象失利。麦克纳马拉说:"保存住一个反共的南越所具有的利益非常之高,在我们看来,我们必须继续尽一切努力去获胜。"这对总统才有意义。

3月初,麦克纳马拉回到南越,主要是为了告诉西贡新的铁腕人物阮庆将军,约翰逊希望不再政变,对共产党要发起更咄咄逼人的攻势。总统想要在11月选举前的6个月时间里得到好消息。那时如果他当选,他将对越南做出重大决策。他告诉其顾问:"我们并没有把越南的事做完,我们正在失去它。"当然,公众有另一种说法——美国正在走向胜利,尽管局势从未明朗过。

麦克纳马拉在1964年3月16日给总统的报告中,的确描绘了一幅严峻的画面。这是越南的现实,打破了官方的论调。报告称,除非南越坚守住对抗共

第五章 | chapter V
约翰逊:"让我们继续"

产党扩张这条路线,否则"东南亚几乎所有的国家都可能被共产党统治,"这里指的是越南、老挝和柬埔寨。缅甸将与共产党和解。泰国会战斗"一段时间",然后屈服。菲律宾"将变得不稳定,西面的印度、南面的澳大利亚和新西兰、北面和东面的台湾,韩国和日本所受到的威胁将大大增加。"在约翰逊的白宫,"多米诺骨牌理论"依然盛行。因此,麦克纳马拉继续说,南越不得不得到支持和加强。怎么做呢?美国必须有"72小时的通知时间"以"启动""边境控制行动"来保护老挝和柬埔寨,必须有"30天的通知时间"以"启动对北越实施'逐渐升级的公开的军事压力'的计划。"对北越增加军事压力就会逐步结束共产党在南越的叛乱是天真的假设。两个计划都没有详细说明,但有一点很明确:除了"使用美国的作战部队,"每一个选择都在"讨论之中"[13]。

约翰逊在书写自己人生的自传中不允许在他和肯尼迪的越南政策之间出现裂纹。他写道:"我第一个关于越南的重大决定"是"重申肯尼迪总统的政策"。这一点他似乎在每一个公共场合都做到了。他继续说,"我的第二个重大决策"是"命令对东京湾攻击实施报复和寻求国会通过决议支持我们的东南亚政策[14]。"这个决议是约翰逊一直想要的。白宫助理杰克·瓦伦蒂描述约翰逊"极为不满这样的事实——没有国会的批准我们是在东南亚浪费时间。"总统援引大老党参议员阿瑟·范登堡的话说:"老天作证,如果你想要我们在这里着陆,那么我们肯定会更好地在这里起飞。"约翰逊意识到如果在选举之后,他开始轰炸北越和派遣作战部队进入南越,他不得不让国会和美国人民明白为何这样的升级是必要的。与其直接的前任不同,约翰逊认为如果他要领导美国更大程度地介入战争,他必须有国会的授权。他按常规进行战争。

1/ 东京湾决议

东京湾"攻击"发生在1964年8月初,此时正是约翰逊与共和党参议员巴里·戈德华特进行总统竞选的顶峰时刻。时机是吉祥的。通常,戈德华特将展示其修辞实力,要求更强硬的反共政策。并暗示其前参议院的同事约翰逊对共产党温和,说他是个骗子,不配当总统。作为一个精明的对手的约翰逊会把自已描绘成一个不屈不挠致力于和平的总司令，而把戈德华特说成是一个不计后果的极端分子，如果他当选总统可能会错误地与苏联发动核战争。

1964年8月2日下午3点零8分，北越的鱼雷快艇袭击了一艘在离海岸八英里处执行侦查任务的驱逐舰——美国海军马德克斯号，此时约翰逊本能地意识到一个幸运的时刻已经到来。他需要公开批准采取军事行动，他必须看起来强劲但灵活，始终致力于和平。根据政治传说，他在其夹克上衣的内口袋里一直揣着一份国会授权军事行动的决议好几个月了。他知道很快会有一天他不得不打击北越而且他想要国会的批准。对于约翰逊来说，这样的批准是至关重要的——以后它会被认为能起到相当于"宣战"的作用。他一直认为杜鲁门在没有某种形式的国会授权下发动了朝鲜战争是犯了一个严重的错误。约翰逊宣称，"他本可以很容易得到授权的，授权本可以加强他的掌控权。我已经下定决心不去重复那个错误⑮。"

这件事的内幕是：马德克斯号在从事一项危险的任务——也许在其舰长约翰·赫里克的眼里是太危险了。它在敌人的海岸线上从事间谍活动：核实军事演习、海军演习和部队调动。舰长曾警告华盛顿，如果任务持续，这是"不可接受的风险"和"敌对行动"，但华盛顿不听。8月2日，当北越攻击时，赫里克立即呼叫附近的美国提康德罗加号航母提供空中支援。海军飞行员詹姆斯·斯托克代尔前往实施了支援，数年以后，在1992年总统大选周期里，他作为罗斯·佩罗特的竞选搭档而臭名昭著。他的观察令人惊讶。他告诉我："鱼雷快艇上枪炮发射的火光清晰可见，我们击中鱼雷快艇的子弹也弹出一道道闪光，我在明媚的阳光下能轻易地被发现……一艘快艇被击沉。另外两艘，如同我后来报告的，我认为它们中的一艘有一半的机会返回家了——它们满身弹孔但还在前行。"不过，就像攻击突然开始一样攻击突然结束了。剩下的北越鱼雷快艇撤出了作战区域，马德克斯号又恢复了其侦察的职责⑯。

约翰逊忽略了赫里克早些时候的警告，将8月2日东京湾交火事件描述为"意想不到的危机。"在与其高级顾问会面后，他排除了军事报复，将此次事件归咎于一位"判断错误"的"好胜心强的北越船只指挥官⑰。"他命令另一艘驱逐舰特纳·乔伊号加入到东京湾的马多克斯号的行列中作为美国决心的又一展

第五章 | chapter V

约翰逊："让我们继续"

示。当然，约翰逊完全可以将马多克斯号调离北越海岸线，结束其间谍任务，但是德克萨斯人没有一打仗就掉头逃跑的——无论怎样，这次也不会，当然不是在竞选期间。间谍任务继续执行。

8月4日不同寻常。这一天成了混乱、危机、争议和机会日。华盛顿开始收到另一艘北越鱼雷快艇袭击马德克斯号和特纳·乔伊号的报告。黑暗中的一场热带风暴，把东京海湾拍打的一片愤怒，舰载雷达发现了奇怪的信号。水手们称之为"臭鼬"。飞行员有时称之为"管道"或"妖怪"。无论哪种叫法，他们都可以传达误导性的印象。马多克斯号和特纳·乔伊号将"臭鼬"视为接近的船只或鱼雷，而且他们没有忘记就在两天前发生的事，他们开火了。

赫里克紧急给华盛顿发报，"我们正遭到鱼雷的连续攻击，成功躲避了至少六枚鱼雷。还有九枚在水中。"当时，他可以肯定正遭到攻击。

斯托克代尔返回投入战斗，他从驾驶舱寻找敌人。他告诉我："现场下面的情况不难追踪，更容易的原因是天太黑了，只有船只尾部泛起的浪花所映出的冷光，就像在黝黑矿井里的一个亮点。"他看到了驱逐舰向波涛汹涌的海洋里射击，但他没有看见攻击的船只。"这只是他们掉头、开火、停止射击这码事，我问他们我应该向哪开火。我什么也看不见。我到那里就是朝他们本应该出现的地方扫射了一番。"

正是在那时，麦克纳马拉在华盛顿从一个北越海军基地截获了一个奇怪的信号。电文上说，"已与敌人交火，并击落两架飞机。士气高涨，水手们已经看到舰只被击伤。"麦克纳马拉知道这一情报不准确——没有美国飞机被击落，没有舰只受损。然而，尽管他心里很明白，但他还是告诉了国会，这个信号是北越攻击的"无懈可击的证据"——这是一长串的误述、误判和误会的第一个，这些失误标志着美国长时间陷入了越南。

在东京海湾，"战斗"仍在继续。赫里克从未见过一艘北越鱼雷快艇，虽然他一直告诉华盛顿有关鱼雷接近的情况。2小时13分钟后，他开始怀疑自己报告的要点。他决定搞一次海军舰只的实验，他让马多克斯号进行了一系列的迅速、复杂的转向，激起巨浪拍打船的一侧。他学到的就是他开始怀疑的事情——船上的声纳捕捉的是错误信号，那些只不过是自己船的发动机和螺旋桨的声音。

他感到尴尬,他向华盛顿发报:"对行动的回顾发现,许多上报的交火和发射鱼雷的情况似乎可疑。反常天气的影响和过于热切的声纳操作员或许应该对许多报告负有责任,马多克斯号没有实际看到这些情况,建议在全面评估后再进一步行动[18]。"

斯托克代尔在回顾那天夜里的事件时,心里有一种悲哀的清晰。他告诉我:"我在座舱里有最好的座位看到那片海域,围绕那两艘舰船的半径有两三英里,当时他们在猛烈射击和拼命躲避。没有尾迹,没有跳弹,除了美国人在开火其他什么都没有。"

下午6点15分,国家安全委员会在华盛顿召开了紧急会议。每个人都知道约翰逊已经决定报复。对于要求谨慎、怀疑、与事实相悖的证据的呼吁——所有这一切都被置之不理。提康德罗加号和另一艘星座号航空母舰进入高度警惕,准备实施"报复性袭击"。一位待命突袭的飞行员斯托克代尔表示了震惊和困惑:"我说,报复什么呢?当然,我知道前一个晚上什么也没有发生。当你意识到一切竟是暴行,那是一个人的生命中非常非常令人沉痛的时刻……如果我有电话,我想告诉总统他做出了轻率的决定。"下午11点36分,不再是电视的黄金时段,约翰逊告诉美国人民"美国舰船在东京湾的公海上又遭到敌对行为,这要求我现在命令美国的军事部队采取行动予以回击。今晚当我对你们讲话时,这种回击正在进行。"

乔治·鲍尔告诉我,"很多人在质疑是否存在8月4日的挑衅。"战争期间,鲍尔对美国的介入一直持鸽派态度。他说:"随着报告开始一小时接一小时地涌入,人们对是否存在攻击或仅仅是雷达信号混乱产生了强烈疑惑。总统本人对我说,'我只是觉得那些哑巴水手在打飞鱼。我认为没有任何、任何的攻击。'"因为根据美国宪法,总统甚至有权力命令"哑巴水手"投入战斗。鲍尔当时没有反对,麦克纳马拉和其他高级官员也同意了总统的决定。他们知道——约翰逊也知道——8月4日什么事也没有发生,此外,8月5日清晨的报复性袭击将被视为美国在越南的作战行动。

斯托克代尔忘不掉那次突袭,他说:"那时你就意识到世界已经转弯了,我们现在陷入了越南战争——这是毫无疑问的。"他停顿了一下说:"我绝不是揭

第五章 | chapter Ⅴ
约翰逊："让我们继续"

发者。我是一个士兵，当时前去执行（突袭）任务并没有给我任何良心上的痛苦。不是我的良心让我苦恼。是愚蠢的越战令我苦恼。他带着真正的失望补充道："就这么点事实即非婚生育使这场战争成了一个私生子。"

突袭行动完成后，约翰逊把国会领导人召集到白宫。他证实了他们已经知道的事情：他想要国会对在东南亚的任何进一步行动授权，国会保证他会很快得到授权。来自马萨诸塞州的民主党众议院议长约翰·麦考密克谈到"世界统一战线的重要性。"麦考密克和他的同事们进行了投票：众议院 416 对 0 票，参议院是 88 对 2 票。约翰逊说"这种展示出来的团结"令他深受鼓舞[19]。尽管是国会的决议，但它是由总统的一组顾问起草的，而且这个决议特别授权政府"采取一切必要措施来击退任何攻击美国部队的武装力量，阻止进一步的侵略[20]。"两个短语被写入决议文本以应对任何可能发生的事情："所有必要的措施"意思是总统认为必要的任何军事行动。"阻止进一步的侵略"是指用最扩张的方式给美国在东南亚的利益造成威胁。总统很满意。他后来解释说，他不打算"投入部队和采取行动……除非美国人民通过他们的国会同意那样做。如果总统打算那样做（因为他可能被要求那样做），他也希望国会参与进来站在他的一边[21]。"约翰逊属于入主白宫的国会人。如果他作为总统要开战的话，他希望国会同他站在一起，而且他不想事后遭到批评。约翰逊带着事后的喜悦告诉记者："任何看到决议的人"都会明白决议授权总统去"采取一切———一切———一切必要的措施[22]。"他特别强调"一切，一切，一切"以消除对他有权发动战争的所有质疑，如果他认为有必要。

约翰逊曾考虑但很快否决了正式"宣战"的想法，数年后他解释说，因为如果他不得不与北越发动战争，他不想使自己陷入一个可能卷入中国或俄罗斯的更大范围的战争。也许是不知不觉地，约翰逊已经为开战的权力开了先例，这将困扰政府的行政和立法机构未来的几十年：只要有一个国会决议，无论起草得多么轻率，批准得多么匆忙，总统现在可以将美国的男女老少投入战斗中，可以不顾宪法对总统决定进行全国战争需经国会审议的核心要求，根据定义，"宣战"将需要这一程序。

在 1964 年总统大选之前，约翰逊反复表达向南越派遣美国军队要极端谨慎的与大众相同的基调。他在竞选中的定调是他，而不是戈德华特，是爱好和平的人。他说："我们是不会派美国的男孩到九千或一万英里的地方去做亚洲男孩应该为自己做的事情㉒。"

选举中，约翰逊击败戈德华特，之后他似乎丢掉了所有谨慎的借口：他下令加快美军在越南的集结。他决心，如同他不断地告诉他的顾问们，他将不当第一位输掉一场战争的总统。他的基本问题是，他也不知道如何赢得这场战争。

现在有了国会的决议和选举的辉煌胜利，约翰逊开始了真正的越南战争美国化。几个月内，比他想要或预期的早得多，他就面临了总统一职要做出的最重大决定：是否应该派美国作战部队到南越。这是一个——如同他后来所描述的其精神状态——"孤独"的决定。东南亚的诸多问题，形成了一个非常沉重的负担，要一个人来承担。他很想得到同情和理解，他写到："一个总统在搜肠刮肚地找答案，在我独自一人夜不能寐时……在我独自坐在戴维营的阿斯彭洛奇酒店里时，在我沿着佩德纳莱斯河畔踱步时……在那些寂寞的不眠之夜，我尽力在想清楚如果我们不勇敢坚定地采取行动——如果我们让南越倒向河内，我们的国家和世界将会发生什么。"在他孤寂时，他从顾问那里寻求安慰，比如迪安·腊斯科，他和总统的观点一致：南越必须得到美国的捍卫。援引腊斯科的话说："如果共产党发现我们不会恪守承诺，我不知道他们会在哪住手不采取行动。"约翰逊"相信，他们是不会住手的，而且如果我们失去东南亚……我们撤退……将打开通往第三次世界大战的路径㉓。"

1965 年 1 月，麦克纳马拉和邦迪写了他们著名的"岔路口"备忘录给约翰逊。如果美国继续其半路措施的政策，他们看到的只能是"最终失败"。他们列出了两种选择：要么"使用我们的军事力量……迫使共产党改变政策"，要么全力以赴"进行谈判，旨在拯救能够保留下来的仅有的一点点东西。"他们建议第一种选择，但热情并不高㉔。这份备忘录对约翰逊有强烈影响，它迫使他终于意识到，他不得已采取行动已经很长一段时间了，他现在已经没有招数了。他应该向越南派遣更多的军队吗？如果应该，派多少呢？他应该改变他们从顾问到作战的使命吗？白宫助理道格拉斯·卡特回忆说："我从没见过情绪如此沮丧的人——他说'我不知道该做什么。如果我派遣更多的男孩进入，会有杀戮。

第五章 | chapter Ⅴ
约翰逊:"让我们继续"

如果我把他们撤出来,将会有更多的杀戮㉖'。"

1965年春末,在最鼎盛时期也从未表现出一群坚强的勇士样子的南越军队,在共产党极有毁灭性的攻击下开始恶化。5个战斗团和9个战斗营在短暂的时间内土崩瓦解。总统的决定迅速来到。4月1日,约翰逊向"战争的美国化"迈出了一大步。他决定向南越增兵1.8万到2万人,再部署两个海军陆战队战斗营和一个陆战队航空中队,以增强美军实力。或许更重要的是,他改变了海军陆战队的任务,从基地安全改变为对越共发动进攻作战行动。4月13日,他作出了一项甚至更重要的决定:向南越派遣第173空降旅。可是他不希望这些重大决定被报道在报纸头条。他想避免邦迪微妙指出的"过早宣传"的情况。他满足于他所希望那种偷偷的升级,希望美国人民和国会不会注意到。多么荒谬!

在4月27日的一个新闻发布会上,记者们(还不知道正在扩大的美国升级),问约翰逊是否可以想象美军参加"战斗"而不是仅仅对南越人提供"建议"的"情况"。总统绕开了这个问题的实质,草率和欺骗性地答道:"我们在越南的目的是给那些人提供建议和帮助他们抵抗侵略。"6月7日,美国新任驻越南指挥官威廉·威斯特摩兰将军告诉麦克纳马拉,他需要一支17.5万人的部队来抵挡共产党。一周后,在一封秘密渠道的电报中,他向约翰逊解释说:"没有美国实质性的地面作战支援,南越军队不能顶住这种压力。"此时在约翰逊的总统任期内,他的重要问题是能否实施黄油加大炮的政策。他能大幅扩大美国在越南的军事作用,同时又构建他在国内的伟大社会吗?他的第一直觉是,如果哪位总统能说服国会既为其伟大社会的目标又为美国在南越的主要作战行动提供资助的话,那将是他——国会管钱的操纵大师。实际上,有一段时间,国会合作,资金流畅。费钱的伟大社会议程刚一起步就赶上总统决定向南越派遣美国战斗部队。

不过,约翰逊不是一个快乐的勇士。约翰逊哀叹:"每当我们接近梦想的顶峰时,战争的钟声就已经敲响。"他想到"我真正爱的女人",国内的诸多项目,如民权、投票权、教育,他还意识到这些项目由于一场不想要的越南战争可能都得化为泡影或至少被搁置。"如果我必须战斗,我会这样做。但我不想被称为一个战争总统㉗。"

2/ 约翰逊的重大决定：从顾问到战斗的角色

1965年7月2日，正当约翰逊就要做出一个里程碑式的决定时，他停顿了片刻，以咨询艾森豪威尔。他问道："你真觉得我们能打败越共吗？"艾克没有直接回答，声称不了解目前最新的情报，针对美国越南政策这个更有意义的问题，他答道：美国真的没有选择。他说："我们不打算放弃我们帮助建立的一个自由的国家。"艾克回忆起自己1954年开创性地决定支持创建南越和将这个国家的生存与美国的国家利益联系起来的情形。

7月14日，约翰逊告诉聚集在玫瑰园的农村电气经理："三位总统——艾森豪威尔、肯尼迪和你们现在的总统——已经以美国的名义许下了承诺，我们的国家荣誉在东南亚岌岌可危。我们要保护这份荣誉，你们完全有理由为它做好准备，只要我们团结起来就能做得更好。我们不期望道路一帆风顺，你恰好确信路途遥远。但我们确实希望最终的结果将是一个更美好的世界[⑧]。"约翰逊认为，美国的"承诺"和美国总统的"话"是足以令人信服在南越作战并坚持到底的理由。

7月25日，在基本上已经决定派遣"美国男孩"去做"亚洲男孩应该为自己做的事情"后——这可能是真的已经改变了主意或者仅仅是确认他一直相信选举过后他将做的事情——早上约翰逊会见了他的参谋长联席会议，下午会见了腊斯科、麦克纳马拉、鲍尔、邦迪、克拉克·克利福德以及约翰·麦克罗伊和其他文职顾问，晚上在戴维营他又会见了几个选定的顾问，包括麦克纳马拉，克利福德和驻联合国大使阿瑟·戈德堡。他想让每个人都成为他的决定中的一部分。

克利福德告诉总统："我不相信我们在南越能赢。"摆在他们面前的是一个参谋长联席会议的建议，向南越派遣5万人的战斗部队。克利福德用悲伤的声音和这种时候被召见的众人继续说："如果我们再派十万人，北越会对付我们。如果北越人消耗尽，中国将派出志愿者。俄罗斯和中国不打算让我们赢得这场战争。"克利福德用极有先见之明的评论告诉总统："如果我们失去五万多（男

第五章 | chapter V
约翰逊："让我们继续"

人），它会毁了我们。五年时间，数十亿美元，五万人，这不适合我们。"不派遣更多的人，政府应该"悄悄地与其他国家一起探讨和寻找办法——用缓和我们立场的方式——使我们能够摆脱出来。"克利福德补充说："我看见的只是我们国家的灾难[29]。"鲍尔早些时候在一篇论文中表达了相同的观点：南越人"正在输掉这场战争……无论我们部署几十万白人，外国（美国）军队（鲍尔的话是用斜体字）。"他的预测是灾难性的。"一旦大量美军被投入直接战斗，他们将开始在战争中遭受重大人员伤亡，他们缺乏精良的装备（即使在不是完全敌对的但至少也是不合作的农村进行作战）。"鲍尔，通常是一个沉默寡言的人，继续说："一旦我们遭受巨大伤亡，我们将开始一个几乎不可逆转的过程。我们参与的程度将非常之大，我们不能没有国耻不去实现我们完整的目标。在两种可能性中，我想羞辱比实现我们的目标可能性更大即使在我们付出了可怕的成本之后[30]。"鲍尔被证明是一个非凡的有先见之明的顾问。

所有涉及将美国作战部队投入到越南的令人沮丧的因素都摆在了桌子上：升级、人员伤亡、越南民族主义、进一步升级、国内异议、美国国会的反对、战争可能扩大到包括俄罗斯和中国、甚至在极端情况下出现一场核战争。潜伏在所有这些审议问题背后的是本质上乐观的信念：如果美国采取下一个大的步骤，投入其作战部队在南越作战，战争会很快结束，但伤亡成本肯定会高。美国将获胜，共产党将失败。当时很少被谈及的是许多知名的美国将军的信念：如果美国要把作战部队投入越南战争，它应该有一个明确的取胜战略。首先应该知道如何定义游击战争的胜利，明确需要有多少军队以及战争的结局会是什么样。但美国没有这样的战略，它只有阻止南越倒向共产党的目标。

总统的妻子，伯德夫人发现他经常心情沮丧，全身心倾注于一场他担心美国可能无法获胜的战争。根据她秘密录制的磁带，她记得他说的话："越南每况愈下。我的选择是要么投入军队换来巨大的伤亡名单，要么带着耻辱地撤出。就像在飞机上，我不得不选择飞机坠毁或跳出去。我没有降落伞[31]。"四个月前，1965年3月6日，他曾听到过同样的悲观看法。他的老参议员导师，乔治亚州的理查德·拉塞尔告诉过他，没有办法从越南脱身，同时美国军队正濒于死亡。约翰逊回答说："完全正确，我们每天都在失去更多。我们正在陷入更糟的境地。

男人如果能在前进道路上的某个地方看到胜利的曙光，他能够战斗，但是在越南根本没有曙光，一点都没有[20]。"

7月27日，在国家安全委员会的一次紧急会议上，约翰逊让麦克纳马拉综述一下军事事项。这位国防部长全面和坦诚地做了介绍。越南共产党越来越强。北越已经强大。共产党控制了大部分的农村。十二个省会城市被包围。南越部队迫切需要美国的帮助，否则他们的国家将落入共产党的手中。

约翰逊听后，概述了五项可能采取的行动：

——战略空军司令部对北越进行饱和轰炸；

——打包回家；

——继续呆在那里，"如同现在"；

——到国会那里要求"大笔资金"，召集预备役，"增加征兵数量"并进入"战争状态"；

——"给我们前线的指挥官提供他们所需要的人和物质。"

不出所料，约翰逊选定了第五和最后的行动方案。"我们应该做必要的事情以抵抗侵略，但不应该被驱使引发一场大规模战争。"约翰逊想得到大家的赞同。他在房间里走来走去。"我依次问每个人。同意吗？每个人点头或说'同意'。"房间里每个人都明白，总统刚刚做出了一个历史性决定。美国参谋长联席会议极力争取美国担负作战的角色。艾森豪威尔抵制过，肯尼迪也抵制过。现在，约翰逊同意了，但只是因为他担心如果没有更多的美国军队南越将落入共产党的手中。

就这样，在1965年7月下旬，约翰逊做出了"痛苦的结论"。正如他所说的那样，他别无选择，只能增加美国在南越地面部队的数量，并把他们投入战斗[21]。考虑到前几届政府花费很大气力的修辞基础工作、早先总统们的承诺、无处不在的"多米诺理论"的影响以及他决心不做第一位输掉战争的总统，这在某种程度上是合乎逻辑的下一步。而且约翰逊始终考虑中国因素的存在，中国能像他们在朝鲜的所作所为，再次干预使所有人大吃一惊吗？他们看到美国战斗部队被部署到南越，会打消干预的念头吗？约翰逊有情报显示，在越南边境附近已驻扎有三十万到五十万的中国军队。中国军舰在北中国海游弋，中国

第五章 | chapter V
约翰逊："让我们继续"

外交官也暗示要爆发更大的战争㉞。

约翰逊行动了。他命令最初增加七万五千人，而不是参谋长联席会议要求的五万人。他指出，北越正规军部队正被部署在中央高地，此举可能意在将这个国家一分为二。麦克纳马拉敦促约翰逊再派十万人的部队应付这一新的紧急情况。总统的国家安全顾问邦迪，早些时候为了战争一直同心协力，也举起了黄旗。他警告说："如果我们现在需要二十万人，那以后可能不需要四十万吗？"总统所讨厌的鲍尔提出了"战术撤退"而不是增兵。他挑战政府的主流观点，他在其备忘录中说："从政治上看，南越是一个注定要失败的事业，美国军队深深介入南越的陆地战争将是一个灾难性的错误。"约翰逊本可以明智地去听鲍尔的意见，但相反，他再一次听了麦克纳马拉的意见。

在 7 月 28 日的中午新闻发布会上，约翰逊说："我今天已命令空中机动师和某些其他部队前往越南，这将使我们的战斗力几乎立即从七万五千人增加到十二万五千人。"他采取把这个消息与其他新闻一起宣布的方式以降低影响力。到当年底，美国在南越军队的数量将会跃升至十八万四千人㉟。

关于总统决定提升美国在越南的作用一事，他不想在公众中引起过多的波动。他告诉其顾问："我不想引人注目，也不想引起紧张。"他显然希望这种升级能顺利前行而不引发国内骚动，也不影响其伟大社会计划的实施。他觉得他仍有足够的时间在国内失去优势之前在越南占据上风。

3/ 德朗河谷战役的教训

意识到自己将要做出许多关于战争的重大决策，约翰逊决定访问越南。他飞往金兰湾这个美国新基地——自从富兰克林·罗斯福总统 1943 年到过卡萨布兰卡，美国总统是首次对一个战区进行访问。约翰逊深受感动和自豪。在第二次世界大战中，他自己的军旅生涯短暂且相对安全。现在他看到了一个不一样的现实。他说："我从来没有被和我交谈过的任何人群像现在这样所感动，我一生中从未有过。"他回来后，变得更加关注战争的代价。他曾经引用乔治·华盛顿的一句祈祷："上帝啊，我今天必须失去那么多勇敢的人吗㊱？"黎明前的一

战争谎言
——美国总统的承诺与背叛

大早,他就给白宫的作战中心打电话,询问前一天晚上一次作战的伤亡情况。泰姆观察到他常常在工作日期间变得"奇怪的沉默",他的心不在他应该主持的任何会议上,而在数千英里之外。越南是他时时刻刻关注的事情。

在他回来后不久的 1965 年 11 月,美国作战部队参与战争的第一次主要战役发生在德浪河谷。第一骑兵师前仆后继英勇作战,击败了北越军队的"精锐"。五角大楼激动万分,总统如释重负,但这场战役在麦克纳马拉的脑海里对美国政策的最终智慧开始提出了质疑。一个原因是高伤亡率——战斗中美国失去了二百四十名士兵,令这位国防部长感到了伤心和惊讶[37]。这将成为当时麦克纳马拉对越南战争进行报告的模式——在公开场合乐观,在私下里却怀疑。这位国防部长被共产党部队的坚韧顽强不挠所震撼,然后提出了令总统感到惊讶的建议:尽管美国德浪河谷战役首战告捷,还是应该寻求"和平解决"这场战争,作为向此方向迈出的一步,开始"轰炸暂停"三到四个星期[38]。政府里的每个人都明白国防部长的提议会导致一个包括共产党在内的"联合政府"。对约翰逊来说,这听起来也像是缓慢投降。

在一次和腊斯科、麦克纳马拉以及其他助手会面时,约翰逊要求其国防部长拿出证据,暗示他开始怀疑自己的判断:"军方称,一个月的轰炸暂停将破坏我们所做的一切",总统说。

麦克纳马拉回答说:"那是胡扯,我可以证明这一点。"

约翰逊说:"我不这么认为。我不同意。我认为这里面的风险太严重。"

麦克纳马拉说,他认为军事解决方案不再可行。

总统非常震惊:"那么,无论我们在军事领域做什么,肯定无胜利可言了吗?"

麦克纳马拉说:"是的。我们一直过于乐观。我们需要探索其他方法[39]。"

麦克纳马拉的异议鼓舞了约翰逊圈内的少数鸽派顾问,但使许多鹰派人物苦恼,他们想知道通常强有力和坚定的国防部长怎么了。约翰逊也很想知道。

一年之后,到了 1966 年 12 月,美国军队实力上升到三十八万五千人,增加了二十多万。至此,六千五百名美军士兵死亡,另有三万七千人受伤,他们的牺牲几乎没有换来什么起色。南越军队尽力但未能采取攻势。美国军队越来

第五章 | chapter Ⅴ
约翰逊："让我们继续"

越多地担负起作战的主要份额，而且共产党没有放弃战斗的迹象。

麦克纳马拉——一位日增怀疑的官员，开始寻找保存面子地撤出战争的办法。他又给总统发了一个提议，包括三条惊人的建议，如果约翰逊接受并实施的话，这将可能会代表美国政策的一个显著变化：

——结束所有进一步的增兵；

——停止对北越的所有轰炸；

——建立一个包括越共的联合政府。

多年以后，美国在越南已经被击败以后，疲惫的麦克纳马拉在一本书里谈到了这个建议，他称这本书为《回顾：越南的悲剧和教训》。他的每个字里都包含着深深的歉意，他写到："我们本应该开始从南越撤出。我们那样做的可能性很高，条件不比六年后的差，也不会给美国的国家安全造成更大的损害，而且美国和越南耗费的成本要低得多⑪。"

当时，麦克纳马拉听起来像一个崭露头角的异教徒，约翰逊拒绝了他的提议。

后来有官员在私下里披露，麦克纳马拉患有一种由战争所致的严重抑郁。但是，在公共场合，他拿出一种完全不同的姿态，有时几乎是狂热的乐观，其它时候却更加谨慎。"我可以告诉你们，在过去十二个月中，军事进展已经超出了我们的预期"。他在1966年晚些时候告诉记者⑫，这不是真的。总统谈到"一个连续的军事胜利⑬。"这也不是真的。

随着战争强度的升级，政府玩起了统计学战争的公共关系游戏，美国在统计数字战争中总赢，越共总输。这是总统靠欺骗美国公众来争取时间的方式。多年后约翰逊写到："1965年初，敌人与盟军伤亡人数的比率约为2.2比1。第二年，这一比率为3.3比1，1967年是3.9比1。越共向南越政府一方投诚的人数从1965年的1.1万增加到1966年的刚过2万，到1967年超过了2.7万……由共产党控制的人数已从1966年6月的320万下降到1967年1月的240万⑭。"

然而，尽管有这些统计数字上的胜利，约翰逊政府仍然觉得有必要增加其在南越军队的实力。1967年8月，约翰逊决定将美国兵力增加到52.5万人。他知道超过9千人阵亡，还有6万人受伤，但他仍然无法想到美国的失败。再一次升级,再一次对这里那里的调整,他和其他人都断定"隧道的尽头会是曙光㊽。"实际上,按某些指标衡量,美国正在赢得这场战争——它消灭着更多的越共、掌控着更多的领土、它以猛烈的速度轰炸并摧毁着敌人的设施。即便如此,越共和北越的盟友虽然经受了连续的打击和创伤,但依然带着强烈的民族主义意志和决心与这个强大的超级大国进行游击和常规斗争。在美国无情的攻击下他们弯下了身躯,但没有折断。这些"身着宽大黑色长裤的小矮人"美军蔑视地指越共游击队战士和这个"破烂不堪的四类小国",(约翰逊对北越的称呼)被证明是一个令人敬畏的敌手。

许多年以后,腊斯科告诉我:"我确实低估了北越人的坚韧。尽管……其惊人的损失,但北越人坚持了下去,直到他们使美国人民感到了战争疲劳并成功地在政治上赢得了军事上赢不到的东西。他们表现出了非凡的毅力㊾。""不屈不挠"和"坚持不懈"是腊斯科战后形容敌人常用的两个词,但在战争期间他从未在公开场合说过这些词。与他的有疑心的同事麦克纳马拉不同,腊斯科用苏格兰威士忌酒和阿司匹林成功地抑制了他的怀疑并支持了总统。

4/一年的试验和错觉

1967 年对每个人来说都是艰难的一年。美国面临动摇政府的诸多挑战的爆发。似乎没有什么比美军伤亡指数的上升更重要的了,这是更多部队参与更多战斗的结果。中产阶级第一次开始感觉到了到此时它设法避免的牺牲所带来的刺痛。现在他们的年轻男性和女性也在战斗中被杀和受伤,与贫穷的少数民族(大多是黑人)一起感受着越来越不受欢迎的战争所造成的与日俱增的痛苦。例如,在 8 月的最后一周,24 个美国人死于越南。9 月的最后一周,128 个美国人死于越南。10 月的最后一周,193 个美国人丧生。11 月的最后一周,212 个美国人丧生㊿。

伤亡率也在攀升,每周都影响着社会各阶层的更多家庭,给反战运动添加着新的忧郁的因素。当时,国会发现自己不断受到紧急呼吁结束战争(或者至少改变激进政策)的围攻,这在意料之中。反战示威在国家的首都迅速增长,

第五章 | chapter Ⅴ

约翰逊："让我们继续"

也不足为奇。有一次，3万多气愤地挥舞着标语的示威者向五角大楼前进，吓得当局派武装部队封锁了他们的路径。随后发生了暴力事件。步枪对抗标语牌，美国人对抗对美国人——当天晚上在全国的电视屏幕上、第二天早上全国的报纸头版上，充满了令人不安的图像。

新闻业在加入这场国内战争。很多社论作家（他们曾普遍支持政府的政策）改变了主意，因为越来越明显的是，战争的成本和伟大社会的成本给美国经济造成了太多的负担。《纽约时报》发表了一系列社论，反映了美国公众正在上涨的焦虑，形容战争是"无底洞……事事败。"这里的一份大都会日报向总统的能够大炮和黄油兼得的基本假设发起了质疑。《时代杂志》触到了约翰逊的痛处，他真爱他的"伟大社会"这个"女人"，但担心他是否还能支付得起她。这篇文章表达了普遍的"担心：重建贫民窟和其他国内任务……正在让位于必须每月花费超过20亿美元以供养越南人的冲突⑦。"

约翰逊开始意识到越南战争是一个令人恼火的癌症，蚕食了他的国内项目，最终他可能会既失去这场战争又失去他的伟大社会。但是承认这种可能性就是承认他作为总统的失败。他不准备这样做，他需要更多的时间，他恳求更多的理解。他派他的新副国务卿尼古拉斯·德贝尔维尔·卡岑巴赫告诉一群持怀疑态度的记者，"枪炮和黄油"仍是一个可以实现的目标。但是卡岑巴赫让我和其他记者感到他对这项任务缺乏热情。"他服了兴奋剂了吗？"一位同事问，他不是在开玩笑。用什么才能说服白宫，它不可能同时进行一场棘手的战争和维持像"伟大社会"这样大规模的国内计划呢？

使约翰逊的议程变得更加复杂的是中东的一场危机，6月初以色列和其阿拉伯邻国之间爆发了一场危险的六日战争，几乎导致了美国和苏联之间的对抗。1967年5月23日，埃及总统加麦尔·阿卜杜勒·纳赛尔任意封锁了亚喀巴湾的蒂朗海峡，使以色列无法进入红海。美国的立场是：以色列有这种进入的合法权力，而埃及的举动对于"和平事业来说是灾难性的⑧。"美国试图用外交手段解除封锁，但失败了。

以色列总理列维·埃斯科尔提醒约翰逊，艾森豪威尔在1957年承诺保持蒂朗海峡对所有人都可以"自由合法"的通过，包括以色列船只。而约翰逊身陷越南战争和其"伟大社会"计划的威胁之中,尽管他同情以色列,但他当时不可能在中东采取任何军事行动来履行早些时候美国对以色列的承诺。结果是以色列感到被出卖了。

对于以色列的盟友美国在越南赢不了这一点,总统、五角大楼、越南共产党、军事委员会主席(来自密西西比州的参议员约翰·斯坦尼斯)都很清楚。美国的政策应该改变吗?8月下旬,斯坦尼斯召集了11名证人出席他的防备委员会特别听证会:10位海陆空军将军——和麦克纳马拉。这些军事高官无一例外地提出一个加大轰炸力度的计划。他们想把战争扩到北越境内。国防部长采取了完全不同的策略。他认为河内不可能被"炸到谈判桌上来的"。在他看来"新型的空袭"将是"虚幻的"。这将"不仅是徒劳的,而且会给我们的人员和我们的国家带来风险,我无法建议那样做⑲。"

在参议院的鹰派看来,麦克纳马拉是在谈论纯粹的邪说。在参议院日益增加的鸽派看来,他是在说简单的常识。在约翰逊看来,麦克纳马拉是在穿越红线——他在竭力反对政府的政策,所以必须替换他。11月28日,白宫宣布麦克纳马拉将成为世界银行行长。麦克纳马拉后来以或许是无意的幽默口吻说:"迄今我也不知道我是辞职还是被解雇的,也许两者都有。"

对于约翰逊来说,这是残酷无情的压力期——他的大炮和黄油兼得的试验遇到了严重的问题:黑人的抗议活动在美国城市蔓延着,中东和平悬于一线,校园里燃烧着愤怒,公众越来越担心战争——美国中情局局长理查德告诉他,在一份"最高机密"的备忘录中,从越南撤军不会像以前认为的那样引起严重后果。什么?撤军?这一选择不在约翰逊允许自己考虑的范畴之内。约翰逊向多里斯·卡恩斯·古德温吐露说:"我觉得一大群人从各个方向向我奔来了,我被他们四面围追——骚乱的黑人、示威的学生、游行的福利母亲、抗议的教授和歇斯底里的报告⑳。"

不仅如此,现在他的政府内部有关其战时策略的令人厌恶、引起怨恨的争论也突然公开化,特别是在麦克纳马拉的国会证词之后。如果有机会重新考虑政策和人事,约翰逊希望听到其越南问题特别顾问团的建议,这对于熟知这些人的记者来说略带讽刺意味,他们被称为智者、老家伙们或长老院。自 1965

第五章 | chapter V
约翰逊："让我们继续"

年以来，他们就每年聚会一次或两次。11月1日，他们又相聚一堂：有职业外交官、退休的陆海空将军、学者和律师。只有一个例外，即乔治·鲍尔，总统授权的内部评论家，他们似乎都分享总统公开的乐观情绪：战争在顺利进行[51]。约翰逊宣布："所有的挑战都被化解，敌人不仅挨打，而且还知道他在战场上遇到了他的老师。"威斯特摩兰将军甚至更为乐观。他说："我在国家近乎整整4年时间里，从来没有得到过这么大的鼓励，我认为我们正在取得真正的进展。每个人都非常乐观[52]。"然而，还是国防部长的麦克纳马拉听起来却非常悲观。他说："继续我们目前在东南亚的做法将是危险的，要付出昂贵的生命代价，这是不会令美国人民满意的。"

5/ 新年攻势的冲击

事实证明，约翰逊的智者并不都那么睿智，他们改变不了越南战争的现实。1968年1月30日，当数万名南越士兵长途跋涉回到家中快乐地期待农历新年——春节的假期时，共产党在整个越南发起了一次快速、大规模的突然袭击。斯坦利·卡诺写到：这是一次"强度非凡、范围惊人的"攻势[53]。估计有7万兵力袭击了100多个城市和村庄；数千平民装束的人偷偷地进入西贡，甚至占领了美国大使馆庭院很短的一段时间；夺取了顺化；渗透到了槟知、美萩、朔庄、芹苴等村庄；打得美军措手不及。几个月前还非常自信，迫使共产党四处逃窜的威斯特摩兰，发现自己处于在南越的隆起地带进行防守挣扎的境地。他告诉五角大楼，"我们现在处在一种新的局面之中。"一个与麦克阿瑟奇异相似的判断：在中国突然进入朝鲜之后，"我们现在面临一场全新的战争[54]。"

在国内，约翰逊非常温柔地培育的幸福愉快感崩溃了，隧道尽头的曙光突然熄灭了。一些一直信赖约翰逊的参议员感到被出卖了。他们要求大幅修改政策——要么全力以赴摧毁北越，要么从南越撤出。在哥伦比亚广播公司晚间新闻被称为"玻璃鱼缸"的栏目中，主播沃尔特·克朗凯特无法相信地核实着蜂拥而入的电报。"到底是怎么回事？"他问道："我原以为我们要赢得这场战争。"几周后，克朗凯特去了越南。他回来后告诉美国人民，据他判断，美国在越南陷入了一种无法取胜的局面。与约翰逊不同，他享有大约80%的支持率。约翰逊不安地说："如果我失去了克朗凯特……"当时哈佛大学教授亨利·基辛格用更严谨的语言补充："我就已经失去了美国的中产阶级。"他的信息再清楚不过："新年攻势推翻了美国的战略假设㉟。"

一位被困扰的总统尽力以更有利的观点来谈新年攻势。2月2日约翰逊告诉记者，驻西贡的"负责任的军事指挥官"已经通知他，共产党付出了"非常高昂的代价"发动了他们的全国性攻击。"他们说有1万人战死，我们损失了249人，南越损失了500人。看起来不像共产党胜利了。"事实上，他补充道："新年攻势"是一个"彻底的失败㊱。"从严格的军事角度来看是这样的。数千名越共士兵被击毙，整个部队被美国空军和炮兵力量摧毁。可是即使越共作为一只战斗部队在新年攻势中被击毁，共产党仍然拥有北越正规军可与南越军队（越南共和国军陆军）和美国人作战。约翰逊用了一段时间才明白，在这种非常特殊的游击战争中，比如正在进行越南战争，如果他们不赢，正规军就输，如果他们不输，游击队就赢。这意味着，到新年攻势结束，即使共产党失去了成千上万的部队——死亡或被俘，他们仍认为自己是胜利者。那时他们的战略从未基于对军事胜利的期望，而是基于一种信念，美国人将适时地厌倦新年攻势——经过多年不断上升的伤亡和成本，美国人会越来越疲惫，最终打道回府。

1975年，在共产党迫使美国放弃南越后不久，两个军官见面了，一个北越人，另一个是美国人。这位美国人坚持认为，从严格的军事角度来看，共产党从来没有在一次主要战役中击败过美国军队。那位共产党员答道："是那么回事，但这也无关紧要㊲。"

战争给政府带来的疲惫一点也不亚于国务卿腊斯科2月9日的生日聚会。这是他第59个生日，一小群定期指派给国务院的记者聚集在他的办公室外，参加一个非正式的祝酒会。国务卿看起来筋疲力尽。他的黑眼圈表明了最近几天的紧张。通常这位南方绅士最后都要回答一个问题，这次回答了一个美国情报未能预见到新年攻势的问题。他爆发出了愤怒的语言，在场的记者谁也不会忘记："当有人问你支持哪一方这样的问题时"他问道，突然把矛头转向了美国广播公司的记者约翰·斯卡利。"现在我是美国国务卿，我站在我们这一边。"斯

第五章 | chapter Ⅴ
约翰逊："让我们继续"

卡利惊呆了："你不是暗示——"斯卡利刚要说，但腊斯科唐突和一反常态地把他晾到了一边。"第二次世界大战期间"他继续说："你可以随时找理由对你的盟友、你的情报部门、你友邻部队的指挥官发牢骚，甚至对你的军需官因为没有在适当时间给你便携式马桶圈而抱怨。什么时候你都可以找事发牢骚。"腊斯科一口干了他的苏格兰威士忌。"但你谈论什么呢？"他问道，他的话里充满了怨恨。"你谈论如何赢得这个东西了吗？或者你提出了这事并说一切都失去了吗？""这个东西"显然是指越南战争，腊斯科不知不觉地反映了政府的内部斗争，但他仍然尽力听起来很乐观。他把右拇指按在咖啡桌上面，警告似地说："当美国向某物施压时，那个东西就会让步。"他点了几次头，然后又把最后一句话重复了一次。但是腊斯科将得知北越没有让步。

斯卡利抗议腊斯科不回答他的问题，这只是关系到情报失察的可能性。但腊斯科不打算停下来或转移话题。"在我第 59 个生日这天，原谅我表达了我自己对这些问题的看法，因为你们的报纸或广播机构都一文不值，除非美国成功。与那个问题相比，它们是微不足道的。我不知道为什么，为了赢得普利策奖，人们不得不去探索那些人们能够抱怨的事情，在一天的时间里就有二千条有关这方面更说明问题的相关报道®。

腊斯科被新年攻势搞得惊慌不安，以至于他曾经开玩笑地说自己是"友好的酒保"，他不再是那个记者亲切地称为"喜气洋洋的佛陀"了。腊斯科明白美国在游击战争环境里遭受了巨大的失败。但是美国应该做什么？这是个不言而喻的问题，他没有一个简单的答案，政府里其他任何人也不会有。

2 月 14 日，威斯特摩兰将军宣布，自从两周前新年攻势开始以来，共产党已有 3.3 万名士兵死亡，另有 6700 人被俘，而美国已有 1100 人死亡，这意味着每周 500 多人——比美国在这场漫长战争中任何一周遭受死亡的人数都多。如果这是一场完全由统计数据来衡量的战争，美国显然在数年前就已经被宣布为获胜者了；但是正如那位共产党军官 1975 年告诉美国军官的那样，在这种战争中统计数字"无关紧要"。一夜之间，美国关于这场战争的情感天平似乎已经从人为刺激的兴奋跌落到深度的怀疑中。罗斯托告诉记者：是的，共产党遭受了惨不忍睹的损失，他们没能保住一个省或地区的首都，如果他们打算点燃民众反对西贡政权的火焰,他们在这方面也没有成功。但在世界各地——特别是在美国,报纸头条却有不同的说法,它们都提到了美国的失败。

3 月 26 日,约翰逊咆哮道:"有人在井里投了毒。"但这不是一个"某人"向井里投毒,这是一支游击军。约翰逊仍然拒绝接受美国失败的想法。虽然身陷游击战争,但他的行为仍然像一个打常规战争的总统。他向威斯特摩兰发了紧急消息——如果你需要更多的军队就直说,如果你需要更多的飞机、舰只也直说。约翰逊仍然把这场战争看做是一个数字、损耗率、死亡率的统计问题,这导致了威斯特摩兰的崩溃策略。在处于完全幻觉状态中时,他想象自己是内战期间的林肯或二战期间的罗斯福——作为一个领袖,虽然被敦促和有压力,但仍然骄傲自大,他绝不会接受失败。无论有多少困难,他都要把"浣熊皮钉到墙上",就像在他某次访问越南期间曾尽力激励他的军队去做的那样。"新年攻势",约翰逊宣布,现在充满了历史的相似之处,是"一次全面的神风特攻队攻击,一次使用他们拥有的一切手段和倾其所有的攻击,目的是压倒我们,再制造出个奠边府。"他把胡志明比作希特勒、把共产党比作纳粹、把越战比作二战,以此来支撑他的(和国家的)精神。在夜深人静时他独自一人可能会考虑选择退出,但白天,他在椭圆形办公室里让自己设计的只有一个类似于军事胜利的结果。

最初,他的参谋长联席会议对于改变他的观点无计可施。威斯特摩兰也是如此。这位将军以再增兵 20.6 万人来回应总统的请求。他的请求具有火箭的力量击中了白宫。当消息泄露给《纽约时报》出现在头版时,它点燃了新一轮的批评和指责。但这还不够。令人吃惊的是,威斯特摩兰还提出,美国入侵北越的灵感或许来自于麦克阿瑟在分隔朝鲜的 38 线以北敌后方的仁川突然登陆的战例。极度困惑的新任国防部长克拉克·克利福德想知道威斯特摩兰在想什么。他想要的军队到底从何而来?总统会从欧洲调兵吗?他会再召集 30 万预备役军人吗?他会从英国借直升飞机吗?他会在已经是天文数字的战争成本上再增加 100 亿美元吗?

克利福德的办公桌——一个说明一个人努力地管理一个疯狂世界的奇妙例子,反映了他所面临的挑战的深度和广度。它被视为一种奇观。桌子异乎寻常

第五章 | chapter V
约翰逊:"让我们继续"

的大,上面总是摆满一摞摞整齐的笔记、备忘录或文件,每一摞都有一块很重的玻璃镇纸压着,从桌子底部到桌面一排排密集地摆放着。离他最近的那一摞是最紧迫的问题;再远一点是明天或下周的问题。在需要做出重大决策的此时,克利福德邀请了他的高级官员聚集在他的桌子周围,长时间讨论美国越南政策的可能改变。这些人中有他的负责国际安全事务的助理部长保罗·沃恩克和他的军事助理罗伯特·珀斯利。尽管美国和南越军队已经从新年攻势的最初震惊和越共部队遭受的巨大损失中恢复了过来,但克利福德,沃恩克和珀斯利很快得出了结论:美国对越南战争的方法必须彻底改变。例如,拒绝威斯特摩兰的再增兵 20.6 万人的请求。对他们来说,这是一个简单的决定。更重要的是,他们意识到美国没有赢得这场战争或从中摆脱出来的真正的军事战略。他们冷酷地得出这场战争无法取胜的结论,除非美国决定全力以赴。但是如果使用核武器摧毁北越,那么就要冒着一场卷入中国和苏联的更大规模战争的风险。这是再一次需要深思熟虑的朝鲜问题。

克利福德把这种严峻的评估讲给总统听了,总统的第一反应是召集他的智者再开一次会议。他们相聚并审议:应该再来一次暂停轰炸吗?他们应该正式拒绝威斯特摩兰的增兵 20 万人的狂热请求而只提供 1.35 万人吗?他们应该专注于建立越南军队(最初称之为非美国化,后来称越南化)吗?他们应该强调外交手段和努力争取建立一个包括共产党在内的联合政府吗?问题多于答案。约翰逊,没有听到一个坚定的建议,他回到了椭圆形办公室。在那里,他以光辉孤立的总统责任感寻求自己的决策。

五天后的 3 月 31 日,约翰逊宣布了一项新的和平计划。由于在血腥的新年战役中失去了他的信誉(更糟的是,他失去了难以想象的在新年之前这位德州政治家身上具有的政治热情和雄心),他向全国和世界宣布,他不会竞选连任。他对国民说:"我不会寻求,也不会接受我的政党提名连任总统。"约翰逊一直担心他会死在办公室,成为严重心脏病发作的受害者。他的一些朋友后来说,他已经决定不再竞选连任,因为怕心脏衰竭,几个月之前他就已经决定了。更有可能的原因是他对战争越来越失望。就这样,越南毁掉了一个总统和他的总统任期。杰克瓦·伦堤尽力解释战争的腐蚀能力。他措辞谨慎地说:"越南是一种真菌，在这里和海外，慢慢地扩散其令人窒息的外壳将总统的伟大计划覆盖。无论我们着手做什么和想什么，都有越南的存在，其传染力影响到它所触及的一切，而且它似乎能触及到一切㉑。"另一位总统顾问戴维·利连撒尔用纯粹的医学术语阐述了本质上相同的观点："地球上的这个小点（越南）就像一种传染病，一个某种可怕疾病培养出来的'细菌'，一种癌症疯狂增长的细胞不断在繁殖，直到全身中毒㉒。"

约翰逊意识到他在失去了民众对他似乎觉得无法获胜的战争的支持。卡岑巴赫用伊索寓言问题的方式道出了总统的困境："在越南前行的乌龟能领先于国内意见分歧的兔子吗？"他们都认识到，如果他们要止住国内支持的全面崩溃，他们将不得不证明战场上的进步；然而，战场上的进步在一定程度上依赖于国内民众的支持。

使乌龟和兔子问题更复杂的是 5 月份在巴黎的和平谈判。决定不再竞选连任后，约翰逊接受了与北越进行战争降级谈判的想法。他派资深谈判代表 W. 埃夫里尔·哈里曼到巴黎看看什么是可能的。从北越的角度来看，新的谈判意义非凡；这符合他们"边打边谈"的总体战略。从华盛顿的观点来看，这是抑制国内反战情绪的必要步骤，但它意外地产生了加剧总统内阁内部分歧的效果。为了在制定战略上超过共产党，总统开始了一个"全面的边打边谈"的政策。五角大楼得到了总统的批准向正在撤退的北越部队发起"全面"的进攻，但美国谈判代表埃夫里尔·哈里曼和他的副手塞勒斯·万斯极力反对——他们认为进攻将被视为一个重大的战争升级，从而阻止巴黎会谈任何可能的进展。

政府战争游戏的旧分裂变得更加明显和更尴尬。五角大楼现在得到腊斯科、罗斯托、威斯特摩兰将军和埃尔斯沃思·邦克大使的支持，认为新年后美国迫使敌人在溃逃，现在应该在南越和北越击垮他们。邦克坚称："我们能耗得住……我们的谈判态度是：要坚韧、有耐心、不要太焦虑。"但是克利福德、哈里曼、卡岑巴赫、国防部副部长保罗·尼采以及沃恩克认为战争不再可能获胜，美国应该在巴黎寻求相互降低战争范围、强度并脱离战斗。约翰逊在一旁观看，拒绝做出及时的决策。他抱怨道："敌人在把我们自己的人当受骗者使用㉓。"演讲撰稿人哈里·麦克弗森敦促约翰逊在解决内部纠纷方面发挥更积极的作用。

第五章 | chapter Ⅴ
约翰逊："让我们继续"

他温和地责怪总统说："你是总司令，如果你认为一项政策错了，你不应该只是为了安抚那些军队的将军们去遵循这项政策。"克利福德也和麦克弗森一起试图使约翰逊重新振作起来。你现在做的更像一位"立法领导人寻求常常势不两立的那些人的共识，而不像一个决定性的总司令对其下属下命令㉔"。

5月份，沃恩克和珀斯利起草了战争中首份战略公式，将战争行为的责任从美国人慢慢地转移到南越人身上。这是留给下一任总统实施的政策改变。这是在5月3日沃恩克为引起克利福德的关注而写的一封密信中概述的内容。选择从新年后战场上提取最乐观的金砖后，沃恩克表达了喜悦，在约翰逊决定与北越开始谈判之后——到年底，还要"趋平"并最终"减少"美国在南越的军队力量，南越政府还没有"垮台"。现在政府的"最优先事项"是必须向南越军队提供"改善的设备和更好的培训"。

战争非美国化的这种态势将需要"数年时间"，但它将开启把美国从在越南的"承诺""无底洞"中解救出来的过程。沃恩克写道："美国公众不能也不应该无限期地接受一周损失300美国人，一个月耗费20多亿美元的现实㉕。克利福德接受了沃恩克和珀斯利的观点，把它推荐给了约翰逊，但总统对美国不能完成在越南的工作这种结论从未满意过。他继续在巴黎谈判，在南越打仗，在北越轰炸，这种情况持续了整个夏天。

由于民主党总统候选人，现任副总统休伯特·汉弗莱正在与共和党总统候选人理查德·尼克松进行势均力敌的较量，迫于来自民主党机构越来越大的压力，约翰逊决定停止轰炸北越。他在尽力帮助汉弗莱——他的助手这样告诉记者，可记者并不买账。他们认为约翰逊是担心汉弗莱不全力支持他的政策。最后，河内和华盛顿决定在总统大选的周二恢复严肃的巴黎和平会谈。但是，南越总统阮文绍在最后一刻拒绝参加会谈，机会失掉——如果抓住这次机会，约翰逊本可能有机会在他还是总统时打破巴黎谈判的僵局。在与伊利诺斯州的共和党参议员埃弗雷特·德克森的电话交谈中，约翰逊说，他听说阮文绍在"等很多政治观察家认为，尼克松"，他已经被共和党的保守派说服，在"等待尼克松"进行更好的交易㉖。如果约翰逊等到最后也没有重启巴黎会谈，汉弗莱就很可能赢得选举。约翰逊可能在蓄意拖延时间吗？当时有人猜测，约翰逊实际上是在拖延,因为他想让汉弗莱输,让尼克松赢——也许是因为他认为尼克松将更严厉制裁北越。没有人知道,尼克松的险胜部分原因是他给大众形成了这样的印象:他有一个计划——"一个结束这场战争的秘密计划。"

第六章 | chapter Ⅵ

尼克松:"没有办法赢得这场战争"

"我一直在说'体面地结束这场战争,'但这究竟真正意味着什么呢？当然我们不能说没有办法赢得这场战争。但实际上,似乎我们不得不说的正好相反。"

——理查德·尼克松,1969 年。

奥托·冯·俾斯麦、亨利·基辛格以及其他人认为治国之道不应被视为展示国家道德的视窗——实际上,道德甚至可能是对事实进行冷静判断的一个障碍。一个国家为了生存,可能不得不从事不道德的行为,这只是为了在后来表明道德的最高形式最终是国家的生存。

1968 年,评估将不得不从新年攻势开始,依据任何客观的判断,它改变了战争的态势。直到春节前,林登·约翰逊仍然抱有他可以"赢得"战争的想法,或者至少可以有一个可以接受的战争结局。春节后,对他和他的许多顾问以及美国人民来说,战争开始看起来毫无希望。首先是伤亡情况。美国人能够接受多少阵亡者？一周 50 人？100 人？500 人？1968 年,是越南特别血腥的一年,年初就有 15979 名美国人在战争中丧生。到年底,理查德·尼克松赢得总统选举后不久,数量已经大幅飙升到 3 万多人。在一年内,美国在越南的死亡人数几乎翻了一倍。到 1975 年 4 月 30 日战争结束时,美国遭受了历史上第一次军事失败,死亡人数已攀升至 58191 人[①]。换句话说,在战争的最后几年里,又有 27623 名美国人死亡,新总统私下承认这是一场无法取胜的战争。

新总统理查德·尼克松告诉刚刚被选为总统的国家安全顾问的哈佛大学教授亨利·基辛格:"在西贡,趋势是将战争进行到胜利。"

"但你和我知道这不会发生——这是不可能的。甚至南越盟军最高指挥官威廉·威斯特摩兰将军的继任者艾布拉姆斯将军也这么看[②]。"基辛格后来写道:

战争谎言
——美国总统的承诺与背叛

尼克松"就任总统时就确信……在越南,胜利很明显已不再可能,即使过去曾有过。"他明白"命运帮了他一个不必感谢的忙,让他不得不安排撤退和以某种形式从令人泄气的冲突中退出[3]"。

如果尼克松从就任总统的一开始就相信,在越南的"胜利"是"不可能的",那么他为什么继续从事战争呢?为什么为了一个他已经认为是失败的事业牺牲那么多年轻的美国人和越南人呢?尼克松根本不道德甚至是没有道德吗?还是他有道德的定义,他认为这个道德能证明其政策选择的合理性——即美国作为一个充满活力的民主国家,在一个不稳定的世界里生存,如果美国在越南遭受尴尬的失败,上述目标就无法实现。

这位新总统在当选后不久的一天找到理查德·惠兰——他的一位演讲撰稿人,说出了内心的疑惑:"我一直在说,'体面地结束这场战争',但这究竟真正意味着什么呢[4]?"尼克松回答了自己的问题。他承认:"没有办法赢得这场战争","但我们不能这么说。实际上,似乎我们不得不说的正好相反,只是为了保持某种程度的讨价还价的筹码[5]。"所以,当他开始施展其谈判策略(向河内表示一种友好的姿态,给莫斯科一个精心措辞的警告,在华盛顿举行一场新闻发布会上给西贡一句安慰之词)时,他非常有信心他可以按照他的条件和时间表结束战争。他认为按其大致的条件和时间表结束战争用不了一年时间。

尼克松把自己当作宇宙的主宰,作为总统,具有美国的权力和威望,他可以控制战争的节奏和管理外交的进程,这样美国就能以国家翘首、人民骄傲、信誉无损的姿态摆脱这种昂贵的、破坏性的斗争。通过这种方式,他对很多观众说,只有总统才能下命令,他将实现自己崇高的"荣誉和平"目的——一个他从未真正定义的短语,但他认为美国人会懂的。

带着某种同情,尼克松回顾了约翰逊在越南方面的长期苦恼并得出结论,这场战争必须迅速结束,而且他认为他知道如何结束它。在美国,他在自己的总统竞选期间可以看到公众对战争的耐心逐渐消失,总统的权威也在衰退。尼克松告诉其主要的白宫知己鲍勃·海德曼:"我不会像林登·约翰逊那样终结,躲藏在白宫里,害怕在街上露脸。我要停止这场战争,要快[6]。"毫无疑问,他打算结束战争。

第六章 | chapter Ⅵ
尼克松:"没有办法赢得这场战争"

基辛格和尼克松对战争的判断是一样的,对于时间表有时更乐观。他告诉来访的贵格会教徒:"给我们6个月时间,如果我们没有结束战争,你们可以回来,拆了白宫的围墙⑦。"几年后,当基辛格撰写回忆录时,紧紧抓住了自己的热情。他写道:对这场战争一个"可容忍的结果是能在一年内实现⑧。"无论是六个月还是一年,尼克松和基辛格都肯定,他们有一个把战争迅速结束的计划。尼克松告诉记者⑨:"我不想要一个美国男孩不是为了我们国家利益所必须的而在越南多呆一天。"尼克松的前任曾把他们对越南的承诺视为要求战争升级,而尼克松却把他的承诺视为能够有序地退出战争。

有人经常问这个问题:尼克松真的有一个如同1968年竞选期间被经常说到的计划,一个结束这场战争的"秘密计划"吗?不见得。1月份,新罕布什尔州初选的几周前,尼克松就承诺"结束这场战争,赢得太平洋地区的和平",这一句由演讲稿撰写人威廉·萨菲尔精心打造的以满足公众对于战争结束的措辞却没有具体说将如何去做。密歇根州州长乔治·罗姆尼,也在竞选共和党总统候选人提名,他一再质问尼克松:"你的秘密计划在哪里?"出于政治原因,尼克松给人留下了这样的印象:他有一个结束战争的计划,不管是否被描述为秘密。但他拒绝透露,巧妙地说他不想干涉约翰逊与北越的谈判。赛菲尔写道,合众国际社记者米特·本杰明可能是第一个想出"秘密计划"这个词的,但其他记者也开始援引尼克松的"我有一个结束战争的秘密计划"的话。赛菲尔坚持认为,在尼克松的政治字典里,他从未使用过"秘密计划"这个词;但记者和政客们已经经常把"秘密计划"作为一个隐含而不是公开但有用的建议的例子⑩。这个"秘密计划"已经成为美国的政治历史上一个根深蒂固的短语。

1969年1月27日,在尼克松的第一次新闻发布会上,美国合众国际新闻社的海伦·托马斯单刀直入地提出这个关键问题。她问:"总统先生,既然你已经是总统了,你的越南和平计划是什么呢⑪?"很显然他故意含糊地回答,如果他有一个计划,他打算保守秘密。如果他没有——他是不会承认的,特别是作为一个候选人竞选以后,他给人留下的印象是他确实有一个计划。

对尼克松来说,更重要的不是一个有项目符号、有段落的正式"计划",而是一个结束战争的实质方法,这是他和新任国家安全顾问的共识。基辛格是尼

战争谎言
——美国总统的承诺与背叛

克松的啦啦队队长和知心朋友，在适当的时候，又是他的谈判代表。他们认为，如果美国不再愿意付出时间和金钱的代价在东南亚展开游击战争，那么撤出美国军队是不可避免的。但他们还认为，如果这次撤军会损害美国在世界范围的"信誉"和"威望"——他们把这点视为对世界和平具有潜在的毁灭性，那么他们就必须找到一种方法掩饰撤军，这样才会对美国的安全造成最低限度的影响。

他们的公式是一个富有想象力的但最终没有成功的含有外交和军事力量的混合法。不过，这个公式在有一段时间里似乎很奏效。在他们的脑海里，他们建造的是由华盛顿、莫斯科以及中国在三个角度构成的一个国际外交三角形，一个梅特涅的十九世纪"均势"概念的更新版本。即刻效应是降低越南在世界舞台上作为核心球员的重要性，使华盛顿能够挑动莫斯科与北京斗或挑动北京与莫斯科斗。在这个过程中，华盛顿说服两个共产主义国家，更符合他们利益的是帮助美国"体面地"摆脱越南，而不是延长战争、进而冒着更大规模战争的风险，很可能使用核武器，使其中一个或两个都卷入其中。人们称之为"联动"，美国在全球这盘棋上的每一步都被视为对莫斯科或北京有影响。在这个游戏中，没有权利会被忽视。这样，越南会被置于一个更现实的视觉中：基辛格称为"北越之类的四等国家"不会被理论上利益相连的这个三角形允许去决定世界的命运。

尼克松和基辛格工作配合得非常密切，但是从一开始就很明显，这些聪明、雄心勃勃的人代表了非常不般配的一对：政治家尼克松喜欢一个人在幽暗的房间里用其黄色有横线的记事本给其工作人员写指示；博学战略家基辛格重视权力的操纵和具有他曾鼓励的那种"秘密赶时髦的人"的声誉。他的一句名言是：权力是最好的春药。如果大多数外交官憎恶恶名，那么当它适合基辛格的策略时，他喜欢这个恶名，他很欣赏他和一位好莱坞明星的照片刊登在了图片版新闻的头条。

从本质上说，尼克松和基辛格都神秘、偏执、深疑——渴望杜绝外交政策出自于华盛顿蔓生的官僚主义，在他们看来，国务院里塞满了缺乏想象力且带有娘娘腔的人，五角大楼里塞满了过分谨小慎微的将军。他们不相信任何人，

第六章 | chapter Ⅵ
尼克松："没有办法赢得这场战争"

他们"不受道德审慎的限制"，就像基辛格曾经描述俾斯麦那样。两人都沉迷于秘密泄漏，总是想象巨大的政府官僚机构充满政治敌人在密谋破坏他们的政策。然而，基辛格甚至尼克松偶尔也会向媒体泄漏新闻题材。达到了权力的顶峰，他们决心以自己的方式将这个权力用到底。

尼克松将一个策略注入的正是这个奇异的阴谋和操纵的宇宙，这个策略只有尼克松才能设想出来。尼克松故意把自己塑造成一个"疯子"的形象，下定决心要"体面地"结束战争，为此他会做任何事情，如果有必要甚至会使用核武器。当然，他不是疯了，但他身上有足够的古怪使人相信这个"疯子"形象。法国记者米歇尔·塔蒂写了一句高卢人的双关语，称之为"可信的荒谬"，意思是尼克松的"疯狂"不得不被视为是真的。

这一形象采用了不同的方法来培植。基辛格将在他的办公室营造一个温馨舒适的氛围，仿佛只有来到这里，一个记者才有可能传达那个糟糕的事实：他的老板——总统是（此时降低了声音）"疯了，失控了。"海德曼会安排记者说这样的话："看在上帝的份上，你知道尼克松被共产党所困扰。他生气时，我们控制不住他——他把手放在了核按钮上。"这段信息的意思是，尼克松必须按照自己的方式做，或……只有上帝才知道⑫。有时，尼克松自己会生气地告诉苏联大使阿纳托利·多勃雷宁，美国不会"永久"等待苏联在越南问题上的合作，世界正徘徊在悬崖边上，如果俄罗斯不"快速"帮助，他将采取行动。尼克松不具体说出什么行动，但他要在外交使馆场所打造这种印象：在这个问题上，他真的精神错乱并准备采取……任何行动。尼克松盘算着胡志明会得到这个消息，胡志明是"明智的"，他会加入进来一起安排美国"光荣"地离开越南。尼克松还盘算，俄罗斯和中国会鼓励胡志明要"明智"。

这是尼克松的早期有瑕疵的愿景，基辛格也赞同。只过了几个月时间他们就意识到胡志明可能想的是另一个愿景。对这位越南领导人来说，在这场漫长的战争中，只有一个不可动摇的目标——越南实现"完全独立"，这是他和杜鲁门在40年代中期的共同目标。胡志明把其破碎的越南视为一个具有高尚历史的国家。要想保留越南的国家身份，如果他和他的同胞不得不与中国人，长期的对手、或者与法国人，帝国主义者、或者与美国人，无意中卷入一场殖民战争的人，进行作战的话，那么越南人会那么做的；而且他们相信他们会赢，不管需要多长时间，失去多少生命，花费多少财产。胡志明准备战斗到底。如果美国选择退出战场，条件是将南北方都置于他的控制下，那显然是他理想的结果；但如果他的敌人选择走极端：轰炸河内或海防、入侵北越、破坏堤坝系统、使用核武器、杀死更多的越南人，那么战争将继续下去。胡志明有自己的算盘：终有一天，来自离家有一万英里远的美国人会离开的，要么作为一个战败的国家，要么作为一个疲惫和耻辱的国家，他们总是会离开的。尼克松不理解胡志明，也不欣赏将两方隔开的历史鸿沟：心理学以及意识形态。

尽管法国在中南半岛经历了悲惨的历史，但夏尔·戴高乐还是赞同胡志明，虽然他在关于欧洲、中国和中东问题的长篇论文中隐藏了自己的观点。1969年2月，在尼克松首次访问巴黎期间，他和戴高乐见了3次面。根据尼克松的一本要事笔记，戴高乐认为美国不应该"操之过急"退出越南，但他确实感到美国应该和可以撤出。他向尼克松保证说："你们美国人可以处理这个问题，因为你们的势力和财富如此之大，完全能做到有尊严地撤出[13]。"戴高乐进一步说明了这一想法，他指出，美国可以同时进行政治和军事问题的谈判，另一方面确立自己的撤军时间表。这个说法一下子令尼克松感到了满足——这正好符合了他早期的想法。

晚餐时，戴高乐转向基辛格问道："你为什么不离开越南呢？"

"因为"，基辛格不希望影响尼克松和戴高乐的融洽关系，他谨慎地答道："突然撤军可能会给我们带来一个信誉的问题。"

"在哪里？"戴高乐想知道。

"中东"，基辛格答道。

"真怪"，戴高乐把头转了回来说："确切地说，正是在中东，我认为你的敌人才有这个信誉问题[14]。"

显然，这是戴高乐在鼓励尼克松相信，美国可以既不失去信誉又不冒扰乱全球力量平衡的风险撤离中南半岛。

在开始他的结束越南战争的"计划"之前，测试一下正在进行的巴黎谈判一直是尼克松的策略。用亨利·卡伯特·小洛奇替换了W.埃夫里尔·哈里曼作

第六章 | chapter VI
尼克松："没有办法赢得这场战争"

为美国的谈判代表后——民主党人出，共和党人进——他重新制定了一个老的"双管齐下的方法"。这意味着在任何谈判中都有政治取向和军事取向。因为戴高乐曾建议了这种方法，所以尼克松把它当了回事。基辛格也是如此。他认为他可以分别谈判这两个方面，但如果他愿意，他也可以同时谈判两个方面。不幸的是，共产党人将不玩他的游戏。他们认为这两个方面密不可分——抛开一个后另一个是不可能解决的。

洛奇按照尼克松的命令开始了巴黎谈判，他提出了一个从南越"相互撤出外国部队"的建议。他一定知道，约翰逊在1966年提出了类似的计划——美国军队将在北越已撤出南越后的6个月撤出。共产党迅速拒绝了尼克松的计划——就像他们早些时候拒绝约翰逊的那样。他们没有把自己当"外国人"。

下一步该怎么办？

5月14日，尼克松发表了有关越南问题的黄金时段讲话——许多关于战争讲话的第一个。值得注意的是尼克松当时考虑了两个更深层次的问题：他认为北越人早已放弃了在南越取得军事胜利的一切希望，这是大错特错，他认为共产党指望"美国意志的崩溃，"这是对的[15]。在第二天的白宫会议上，尼克松要求中情局局长理查德·赫尔姆斯汇报河内对他的演讲的反应。赫尔姆斯说，北越人认为"国内异议将迫使美国撤出[16]。"

尼克松几乎每一天都是在担心同样的事情中度过的——总有一天"国内异议"将达到这样的程度，他的政府——任何政府——将被迫削减开支、调整政策、接受在越南的一个愉快的结局。他向他的顾问透露：

"如果我们以美国失败的方式，以侵略者的目标得以实现的方式结束战争的话，那么共产党国家的鹰派将变本加厉进行更大范围的侵略。"他把越南置于更大的背景下继续说："如果一个强国不能达到其目的，它就不再是一个强国。当一个强国向内看，当它不能履行其承诺时，那么伟大就会逐渐消失。"在道格拉斯·麦克阿瑟将军的心中，老兵在消失；在尼克松的心中，美国的伟大在消失。在德怀特·B.艾森豪威尔如同约翰·F.肯尼迪，林顿·B.约翰逊，现在是尼克松的心中，一直有一个强大的信念，美国必须"履行其承诺。"

可悲的是，尼克松总统正在学习冷战中的总统领导课程中的一课——美国不能使用其核能将其意愿强加在朝鲜和越南那样较小的国家身上，不能出于与初始战争理由完全不对称的原因去冒超级大国对抗的风险。哈里·杜鲁门不得不忍受朝鲜的一种僵局，尼克松不得不应对美国将失掉一场战争的可能性，这是从未发生过的事。他很难想象由于"国内异议"导致的美国失败，但在他心中的私人角落里他似乎知道这种可能性的存在。

尼克松从不缺乏计划，想好了立刻采取的下一步行动，如往常一样，他需要绝密不露丝毫。它包括两个步骤：首先，他会开始单方面撤回美国军队，基于完全不切实际的假设，对南越人进行培训和加强以承担保护自己的国家责任；第二，如他在1968年竞选所承诺的，他将结束征兵，开始全志愿兵役制，他认为征兵不公平而且站不住脚。开始撤军和结束征兵都是冒险的步骤，都需要时间进行适当的准备，但尼克松决心前行。他非常担心广泛的反战抗议对美国民主的影响，担心愤怒和失望正在蔓延到中产阶级中，担心大学校园随时会爆发，担心美国城市里日益激化的种族暴力，担心毒品在军队如此普遍。像许多在1968年芝加哥举行的民主党全国代表大会上看到的反战抗议活动的美国人，他担心美国社会的这种结构正在解体，越南即或不是主要原因，也必然是异议蔓延的主要原因。

对尼克松来说，撤军是必要的第一步；结束征兵将在他推测的连任之后。与其他总统不同，从杜鲁门总统到约翰逊总统一直向南越增兵，尼克松决定开始从越南撤出的过程。

"摆脱"是约翰逊应该提到的方法。他希望分阶段撤出会平息公众反战的愤怒，这会争取时间训练南越军队，美国人离开时担负起保护自己国家的责任。"战争越南化"是给这一计划起的名字。国防部长梅尔文·莱尔德——来自威斯康辛州的前国会议员，强烈支持这个计划，他希望美国离开越南。他是一个非常实际的鹰派人物。他告诉我们："我想依靠南越人去作战，我们必须离开[17]。"

基辛格反对"战争越南化"，认为这只不过是"优雅的开小差，缓慢地向共产党投降。"基辛格说："我们必须让河内对我们的持久力留下深刻的印象，否则我们不会有灵活性。"

莱尔德后来解释说："我知道我们的时间已经不多了，因为公众不会再支持

第六章 | chapter Ⅵ
尼克松:"没有办法赢得这场战争"

战争了。亨利没有理解这一点,因为他不是一个政治家。相反,他担心的是'战争越南化'会削弱他的外交政策⑱"。

尼克松同意基辛格的看法,但出于政治原因,他还是支持莱尔德。他坚持说:"我们需要一个庞大的训练计划,这样可以训练南越人接管战斗任务,他们可以逐渐进入,我们逐步退出。"这与乔治·W.布什总统在伊拉克战争期间说的口头禅有多么出奇的相似——"伊拉克人站起来,我们就退出。"巴拉克·奥巴马总统在阿富汗战争期间这样说的:到2014年底美国能够撤离,因为到那时阿富汗人能在没有美国人的情况下进行那场战争了。

撤军是一个冒险的主张。尼克松明白一直有这种可能,北越会等到美国人把足够的军队从南越撤出,使战场的天平毫无疑问地倒向他们,然后他们会继续进攻,完全确定最终的胜利。但尼克松还是说服了自己,他无端地认为"战争越南化"会奏效的。

6月7日,尼克松飞往檀香山通知艾布拉姆斯将军,他要开始分阶段把美军撤出越南。第一批将有2.5万人。基辛格写到:艾布拉姆斯极不舒服,"叫人看着痛苦"。这位将军突然意识到,他不再负责赢得战争,而是负责管理撤军。艾布拉姆斯已经改变了美国在越南的战略,这种改变正在奏效。不再是消耗战,现在这是一场反叛乱的斗争,美国正在尽力赢得越南农民的"感情和理智"。

6月8日,尼克松飞到中途岛,告诉阮文绍总统美国开始撤军的情况。阮已经知道了他的决定——那是每家报纸的头版。作为补偿,尼克松答应给他巨大的经济和军事援助,但阮感到了一种背叛。那时,他认为即使美国的目标不是彻底战胜共产党,那么至少也要取得足够的胜利从而确保一个自由和独立的南越继续存在,与艾森豪威尔1959年曾承诺的几乎一样。

两周后,尼克松完全被说服他奉行的是唯一明智的政策,又决定撤出3.5万人。基辛格抱怨了:"撤回的部队越多,对河内的鼓励就越大⑲。"

鉴于美国的撤军,如果北越此时已经决定停止他们的进攻行动,许多生命不必失去,本来是可以挽救的。他们无论怎样都会继续占领南越全境的,就像几年后那样。美国需要基辛格所说的在美国撤军和共产党胜利之间的"体面间歇",但北越一意孤行他们的通盘计划,拒绝任何灵活性。他们与尼克松互不相信，所以战争仍在继续——实际上，加剧了——在南越的军事行动和在美国反战示威游行的增长奇怪地起了连锁反应。尼克松是在打一场两线的战争。

1969年的夏天，一种令人误解的平静降临华盛顿。白宫想知道其政策到底有没有在发挥作用。不，莱尔德在一封写给尼克松的信中说，尼克松对此感到不安。莱尔德认为"这可能是一个虚幻的现象，对战争的实际反感，在我看来，很严重而且日益增长。"尼克松的一位助手约翰·查尔斯·休斯顿——曾经是美国陆军情报专家——预料到了在大学校园有大麻烦。休斯顿在写给尼克松的一份详细备忘录中预测"秋季学生骚乱将超过我们所见过的。"他说，10月15日和11月15日之间的某个时候，"学生激进分子将席卷主要校园并涌向主要城市的街头"，他要求"立刻行动"并"镇压"。

休斯顿和莱尔德必须拥有相当清晰的水晶球——可靠的情报。

10月15日，由来自参议员尤金·麦卡锡的1968年总统竞选的年轻激进分子组成的越南冻结委员会在全国和世界的许多城市组织了大规模反战示威活动，吸引了400多万人要求结束越南战争。沃尔特·克朗凯特在哥伦比亚广播公司晚间新闻里宣称："其规模是历史性的，从未有过这么多人展示了他们的和平希望。"庞大的人群聚集在华盛顿、纽约、波士顿、底特律和迈阿密抗议这场战争。大学校园迸发了反战热情的火焰。宿舍遭破坏，围墙被捣毁。学生和警察之间发生了冲突。带有尼克松的照片写有"战犯"字样的标语牌被带到了五角大楼。如果尼克松认为开始撤军就会平息反战情绪，那他显然是错了。不过他表面上也深感失望，而实际上他对示威不屑一顾，说"街头"政策只不过是"无政府状态"。

几个月以来，尼克松一直秘密地策划一个新的外交/军事战略，代号为"钩鸭"。11月1日，约翰逊决定停止轰炸北越一周年，被选定为开始对北越战争急剧升级的日子——如果外交努力失败。这位被所有人确信为"疯子"的总统现在通过许多外交渠道故意登场露面，他向胡志明带话："如果到11月1日，巴黎和谈没有有意义的进展，后果和力度重大的措施"将降临北越。法国人担任了尼克松的最初协调人，但他很快通知了其他人他的意图和无耐心。莫斯科也是一个明显的秘密渠道。基辛格告诉多勃雷宁大使——一位听觉敏锐的外交

第六章 | chapter Ⅵ
尼克松："没有办法赢得这场战争"

官——尼克松正在失去外交耐心，计划对北越发动一次大的攻势。

"像什么？"多勃雷宁怀疑地问。

"像你从未见过的东西"，基辛格回答说。

基辛格与其他外交官也谈到对北越实施"严重、惩罚性的打击"。尼克松还对多勃雷宁警告说："你们可能认为你们能击垮我，你可能认为美国国内形势难以管理……我可以向你保证我的国家绝不会接受失败的耻辱。我要重复，我们不会在越南坐以待毙㉛。"

在9月初的一次国家安全委员会会议上，基辛格概述了计划：轰炸河内和其他城市、海上封锁主要港口、河流布雷和轰炸堤坝。如果这些攻击还不能击垮河内固执的巴黎谈判立场，那么接下来就是登陆入侵北越，包括可能使用核武器。基辛格说："我们需要一个计划来结束战争，不仅是要撤军。"尼克松在私人会面中将"钩鸭"战略告诉了国会领导人，假设它会泄漏。10月中旬，他基于同样的假设下令战略空军司令部的核轰炸机处于高度戒备状态。他想促成一种危机氛围。

10月15日的示威是美国历史上最大的反战示威游行，几天后尼克松突然改变了主意。他悄悄地放弃了11月1日的最后期限——他决定再次求助于电视。在他的职业生涯中，已经做过很多次，他要越过示威者的领导和记者直接对美国人民说话。他想解释他的越南政策，呼吁人们战时的爱国主义。他认为"大多数沉默的"美国人支持他，而不是示威者——如果他们更好地理解他的政策，会更支持他的。他带着黄色有横线的记事本去了戴维营并起草了他个人对美国爱国主义的呼吁，他自己草草记下了这样的词组：他们不能在军事上打败我们、他们不能打垮南越、他们不能打垮我们……他一遍又一遍地打着草稿，直到他觉得他写得已经不错。11月1日上午8点，他打电话给海德曼。他自豪地赞不绝口："婴儿终于诞生了"。然后他把一天的剩余时间都用在了背演讲上，模仿丘吉尔和戴高乐的样子。他喜欢引用伦道夫·丘吉尔的话，丘吉尔曾告诉他："我父亲花费一生最好的时光写出他的不用演讲稿的演讲。"

11月3日下午9点30分，尼克松在白宫椭圆形办公室发表讲话，他看着3大广播电视网——美国广播公司、哥伦比亚广播公司和全国广播公司的电视摄像机，告诉美国人民，作为宣誓总统的他命令"所有美军立即撤出"越南本应该是"受到欢迎的和容易的"。毕竟，它是"约翰逊的战争"。尼克松继续简要叙述了从艾森豪威尔到肯尼迪到约翰逊的总统决策的历史。他说，美国对南越的"承诺"实际上在 15 年前艾森豪威尔向南越派遣经济和军事援助时就已经开始了；并持续到 7 年前，肯尼迪派遣了 1.6 万"作战顾问"；最后到 4 年前，约翰逊向中南半岛部署了 50 万"作战部队"。（他本可以提到更早的杜鲁门做的事情，但没有）。

尼克松为了强调越南是几十年前两党的"总统承诺"，点了 3 个前任的名字，1 个共和党人和 2 个民主党人。很多人——"我是其中之一"，认为约翰逊的决定是"错误的"。但美国能简单地撤军回家吗？不，尼克松继续说："急促的撤军"将是一个"灾难"，几乎不可避免地导致在南越的"血腥恐怖统治""暴行"和数百万人的"大屠杀"，其中包括天主教难民。这将导致"我们国家历史上的第一次失败。"

所以，他完全拒绝"立即、急促地从越南撤出所有的美国人"，并把他的新战略定义为通过巴黎谈判解决或通过战场上的"战争越南化"方式"寻找我们公正的和平"。他向数百万看着他的人保证，美国"将按照一个时间表从越南撤出所有的部队"，这个时间表由他的巴黎和谈的成功或他的"战争越南化"计划的实现而定。他没有提供时间表。他想利用国内的撤军要求，仍然认为他可以在其任期内继续进行这场战争。

他补充道："这不是简单的方法"，但这"是正确的方法，是一个结束战争和为和平事业服务的计划"。在他准备结束演讲时，他承认："目前谈论爱国主义或国家命运并不时尚"。但他还要这样做。"和平与自由的生存将取决于美国人民是否有道德的毅力和勇气去迎接自由世界领导地位的挑战。让历史学家不要有这样的记录，当美国是世界上最强大的国家时，我们走到了路的另一边，让数以百万计人的最后一点和平与自由的希望被极权主义力量给扼杀掉。"

当时的尼克松如同一个国家交响乐团的指挥，把他所有的主题在雷鸣般的最后高潮中集中表现出来。"你们——我的大多数沉默的美国同胞——我请求你们的支持"，他真诚而平稳地看着镜头说："我在竞选总统时承诺以我们能够赢

第六章 | chapter Ⅵ
尼克松:"没有办法赢得这场战争"

得和平的方式结束战争。我已经启动了一项行动计划使我能够兑现这一承诺。我能得到美国人民的支持越多,这一承诺就能兑现得越快:我们国内越分裂,敌人就越没有可能在巴黎谈判。让我们为和平团结起来。让我们团结一致对抗失败。因为我们明白:北越不能打败或羞辱美国。只有美国人能打败或羞辱北越[21]。"

总统请求"大多数沉默的"美国人的支持,他得到了。他知道,有些支持是共和党全国委员会精心策划的,但那又怎样呢?盖洛普记录的总统演讲支持率为77%。几天后,又报道对总统本人的整体支持率为68%,高于冻结委员会示威活动前的52%。两党国会通过决议表示支持总统的政策:众议院435人有300赞同,参议院100人有58人赞同。5万封电报和3万封信件淹没了白宫,其中大部分是肯定的。尼克松得意洋洋地说:"当涉及我们年轻人的生命时,我们不是民主党人也不是共和党人,我们是美国人。"

几天后,他的脚搭在了椭圆形办公室的办公桌上,尼克松满意地评论道:"我们现在已经迫使那些自由主义的混蛋们四处逃窜了。"

不过,这只是片刻的满意。尼克松始终因批评而烦躁,不论是真实的还是想象中的,他询问了他的11月3日演讲的电视报道情况。他的助手说非常好,但是德怀特·查宾使每个人想到了马文·卡尔布对哥伦比亚广播公司新闻的评论。当时,我是新闻网的首席外交记者,我报道说,许多政府官员曾告诉我,他们认为胡志明实际上在发出渴望认真谈判的信号,而不是像尼克松说的干脆拒绝了总统的提议。在他的演讲中,尼克松报告称,他和胡之间一直有信件往来,胡的信件一直是断然否定的态度。(胡死于1969年9月2日,在信件交换后。)

在这焦急的时候,一个名叫杰布·斯图尔特·马格鲁德的助手为尼克松起草了一份备忘录,题目是"步枪和猎枪"。他的观点是,早些时候捕捉和控制媒体的努力太不集中——那是"猎枪"的方法。现在需要的是一个精心瞄准的"步枪"的方法——举例说明,如给联邦通信委员会下任务去监控"不公正"的新闻报道或威胁要对网络进行反垄断诉讼。正是本着"步枪"方法的精神,演讲稿撰写人帕特·布坎南想出了一个疯狂、有害的恶作剧——为什么不让几乎无所事事的副总统斯皮罗·阿格纽，对美国新闻业发动一次先是电视新闻、然后是报纸报道的重要袭击？为什么不恐吓麻烦电视记者和主持人？更好的是，为什么不威胁广播电视网本身呢？最近，布坎南认为，他们忘记了他们是如何依赖政府的合同施舍和许可的。如果大多数美国人对越南战争的想法和印象来自电视新闻这一点是真的，那么该是政府削弱电视新闻可信度的时候了。

布坎南被分配了给阿格纽写演讲稿的任务。11月13日，在华盛顿举行的下一个大的反战示威游行前两天，阿格纽攻击了3家广播电视网，宣称"数量可能不超过12个主持人、评论员和执行制片人的一小撮人……决定让4、5千万美国人在全国和全世界得知这天的事件是什么。"阿格纽的目的是将这一"小撮未经挑选的精英"与普通美国人孤立出来，使得"这一小撮人"似乎是陌生的、不友好甚至是可疑的。"这些评论家和制片人生活和工作在华盛顿特区和纽约市的地理和智力范围……他们彼此不停地说话，进而人为地强化共同的观点。"他谈到的华盛顿特区和纽约市，仿佛他们是莫斯科和北京。

阿格纽暗示，如果丘吉尔在二战期间不"对付一群评论家"，他就会输掉战争。此外，他接着说，依赖电视新闻的美国人偏颇、扭曲和偏见地看待现实。他说，大多数学生不是真正的"怨恨的激进分子"，大多数"美国黑人"不是憎恨自己国家的愤怒的持不同政见者。大多数美国人没有在首都示威。广播电视网不该改变一下自己"自由主义"的方式吗？他们不该"更多地响应国家的观点和对他们服务的人民负责任吗？"

阿格纽是在划伤暴露的末梢神经。电视例行性地把"坏消息"从越南送到全国各地的客厅里。他问道：但是，如果电视新闻是倾向性，那么美国人民怎么能看到真实的报道呢？电视助燃了愤怒，使它在校园和城市里燃烧。在阿格纽看来，电视是罪魁祸首。如果更有效地驯服、恐吓或控制，电视将无法"扭曲"新闻，"沉默的大多数"就能听到有关越南的"真相"。毕竟，政府有权力通过联邦通信委员会拒绝电视台继续开播的申请，而且这个权力可以用来消减电视的力量和声望。

布坎南意识到有了阿格纽的演讲，他已经有了有价值的发现：在副总统身上，他创造了"美国中产阶级的发言人，沉默的大多数的罗伯斯庇尔"角色。

第六章 | chapter Ⅵ
尼克松:"没有办法赢得这场战争"

他还支持政府对广播电视网和记者进行了镇压,起到了离间他们和他们的公众,迫使他们更加"理解"政府的越南政策的作用。11月15日,50多万美国人在华盛顿示威抗议美国的越南政策,这明显是一个值得直播报道的巨大新闻,尤其是在其他方面新闻平淡的时候。但是电视网曾实况报道过阿格纽的反对电视的演讲,决定不现场直播示威活动,这强烈表明阿格纽的演讲已经对广播电视网的决策产生了影响。如果现场直播,示威会立即在全国范围内造成影响。由于作为正常的新闻而不是实况进行了报道,这场示威丧失了很大的影响力,帮助政府抑制了反战情绪。

11月3日演讲之后,尼克松心潮澎湃。因为有了公众的支持,他决定加大力度再将一部分人员撤出越南。几个月来,他已经有了一个6位数的目标——在他任期第一年的年底前撤出10万多人。他已经撤出了6万人——先是2.5万人,然后是3.5万人。现在,在与莱尔德磋商之后(他也赞同迅速撤军),尼克松决定再撤出5.5万人,这意味着到1970年1月1日,美国将撤出11.5万人,他认为这么大幅度的削减应该会缓解反战狂暴的,但没有。

总统下一次宣布撤军是在1970年4月,一个在华盛顿特别美丽的月份。日本的樱花甚至应该使总统的心情愉悦起来。4月20日,他宣布了一项出人意料的撤军计划:明年撤出15万人。但他先安排诱骗《纽约时报》和《华盛顿邮报》相信和报道,这次撤军的数量非常适中——在4万到5万人的范围。奉尼克松之命,这个误导性的消息同时泄露给了这两家报纸。

但是,这个宣布这所以引人注目还有另一个原因。它将掩饰这场战争的一次重大的升级和扩大。当时,尼克松正在秘密计划入侵柬埔寨,艾布拉姆斯将军需要所有的部队听他指挥来完成这项任务——他不能容忍在至少几个月时间里进一步削减军队。通过宣布削减15万人令公众眼花缭乱的方式,尼克松就不必具体说明军队何时真正离开越南了。效果将是冻结撤军准备进行柬埔寨的行动,同时大肆宣扬其再一次的大幅撤军,一旦最后实现,美军在南越的力量将从43.4万减少到28.4万。

入侵柬埔寨在很大程度上是尼克松的主意。他告诉基辛格:"我们需要在柬埔寨做出一个大胆的举动[22]。"他说的大胆指的是一个决定性的军事打击。这会

战争谎言
——美国总统的承诺与背叛

向美国人民和世界证明，美国在南越将要获胜。至此，他的谈判策略一无所获，他想做些改变。尼克松决定美国将袭击北越在两个边境地区的基地，鹦鹉嘴和鱼钩。来自南越的情报也不一样了，变得肯定了，尼克松决定"狠狠地打击它们。"据说，越南共和军陆军正在扩大和改善其作战效能。美国已经为此投入了数亿美元。共产党似乎处于守势，正在从城市和村庄撤出，避免与南越人和美国人冲突。尼克松本可以利用这个时刻使美国解脱战争。但是，他不是从巴黎和谈的僵局中寻求一个富有想象力的妥协方案，而是决定把战争拖到邻国柬埔寨，希望用这个新的武力展示北越将最终被说服接受他的和平条件——然而他再一次忘了越南人是在为自己的国家、自己的民族自豪感、自己在亚洲的历史地位而战。尼克松似乎从来就没理解越南民族主义的力量，战争仍然在继续。

当最后的准备工作开足马力进行时，尼克松开始酗酒。他的许多顾问说，他大部分时间都在昏暗的办公室里，桌上有一瓶酒和他的黄色带横格的记事本。他开始写另一个电视讲话，向美国人民解释他的战争政策。在打给基辛格的电话中，他的演讲听起来含糊不清。他一连好几天一点觉都没睡。他喝酒、写稿，偶尔从他的自我孤立中露一下面，他会向海德曼、基辛格、他的管家以及任何正好靠近他的人大发雷霆。

4月30日，美国和南越军队越过国际边界，向柬埔寨的共产党庇护所发动了攻击。南越军队打头阵，冲进了鹦鹉嘴庇护所，美国军队攻击了鱼钩庇护所。晚上，尼克松出现在电视上解释和辩护他派遣美国军队进入另一个亚洲国家的决定。尽管他强调美国的目标在范围和持续时间上是有限的，美国无意占领柬埔寨，不过他以世界末日的语言讲到："我们在国外和国内都生活在一个混乱的时代。"在扩展他的"沉默的大多数"讲演的主题时，他谈到"自由文明在过去的500年中创建的所有伟大的机构遭到了愚蠢的攻击。在关键时刻，如果世界上最强大的国家——美利坚合众国，表现得像一个可怜、无助的巨人，那么极权主义和无政府状态的力量将威胁到全世界的自由国家和机构。"

尼克松把自己描绘成一个西方文明的捍卫者，另一个勇敢的总统，他说话算话，履行了美国对南越的承诺，正好他处在背叛那些承诺的过程之中。他经历了一场历史盛会，开始是威尔逊、罗斯福、肯尼迪，接着是第一次、第二次

第六章 | chapter Ⅵ
尼克松："没有办法赢得这场战争"

世界大战和古巴导弹危机，现在是越南。

这位总统在个人记事本上做了总结，即使回顾往事，听起来也很肤浅。尼克松说："我宁愿当一届总统，做我认为正确的事，也不以看到美国成为一个二流国家为代价连任两届总统㉓。"近40年后，参议员约翰·麦凯恩在2008年的总统竞选中将说出同样的一句话。这位亚利桑那州的共和党人一遍遍地重复，他宁愿输掉大选也不愿意输掉一场战争。当然，麦凯恩当时谈的是伊拉克。

基辛格在后台尽力支持总统，同时他在向某些记者传达这样一种印象：他对攻击柬埔寨有严肃的保留意见。《新闻周刊》一个颇具影响力的专栏作家斯图尔特·奥尔索普把与基辛格的一次谈话做了笔录。奥尔索普写道："他担心如果总统动用美国军队反对柬埔寨，一些大学会被烧掉，整个学术界会满腔怒火。"基辛格说，除非总统攻击共产党的庇护所，否则柬埔寨和老挝可能会倒向北越。然后他找借口说，入侵柬埔寨是为美国争取时间。基辛格补充说："我们能非常快地出来……如果我们有两年时间。"

又被打断："亨利，你们没有两年的时间。"

"是的"，基辛格回答说："但我们不得不表现得似乎我们……是上演一个大撤退，另一头还是以一个大国的形象出现，与国内情形合情合理地一致起来㉔。"基辛格坚信"体面间歇"理论，实际上他相信到7、8月份柬埔寨行动会打开严肃谈判的大门。"在与记者交谈中，他一再说到没有兑现的时间范围和将被证明没有效果的谈判。

尼克松和基辛格都生活在自己的世界里，常常脱离现实。他们俩还不说实话。他们宣布在柬埔寨行动中有5千美军。实际上有3.1万多名美军士兵和4.3万多名南越军队。在第一天的作战行动中，有3架美国直升机被击落，机组人员死亡或受伤，列出的伤亡报告只有6个美国人受伤。

5月1日早上尼克松去了五角大楼。他告诉将军们："我想铲除所有的庇护所。制订出任何必要的计划，然后就去做。狠狠地打，把它们全部摧毁，使它们不能再被用来对付我们，永远不能。"尼克松的语言是令人尴尬的粗俗，带有骂人的啰嗦。莱尔德和基辛格坐着一句话没说，他们担心总统似乎"有点失控"。后来，尼克松猛烈抨击了他所有的批评家："他们恨我们、恨这个国家、恨他们自己、恨自己的妻子、恨他们所做的一切——这些自由主义者。它们是'迷惘的一代'。他们没有理由活下去㉕。"

5月2日，海德曼给尼克松带来了"好数字"。最新的民意调查显示这位总统的支持率一次为65%，另一次为51%。尼克松还处在对所有批评家的愤怒之中，特别是国会里抱怨他的柬埔寨行动的那些人。他闯入一个柬埔寨行动小组的会议中，拿出的姿态像现代的巴顿，强硬、大胆、勇敢、坚定。尼克松，每当有丝毫不确定性溜进他的意识中时，就观看1970年早些时候放映的《巴顿》电影并从电影胶片描绘的这位率部进行第二次世界大战最血腥战役的勇敢将军那里得到灵感。

"不要玩温和政策的游戏——这里没有援助和安慰"，尼克松在公共场合即兴发言时冲着发言人罗恩·齐格勒大喊大叫。他说："大游戏就是要把事情做成功，大胆的举动富有想象力，绝不是随便玩玩罢了。"然后，他阐述了应该对国会批评他的人说点什么："国会议员，真的仅供他们参考，他们中的一些人是懦夫——在美国军队的后面捅刀子，不支持总统……'给敌人援助和安慰'——使用这句话。不要担心分歧——已经拔出的剑，不可收回——狠狠地刺……击中他们的要害。"

但从战场上传来的消息令人惊讶和沮丧。北越在西贡有出色的情报机关，它似乎已经得知美国对柬埔寨采取行动的计划。记者说当美国和南越军队进入柬埔寨，突然闯入庇护所时，那里根本就没有人。共产党已经撤到柬埔寨的纵深，庇护所里空空如也。第一天，美军驱车进入柬埔寨二十英里。他们在鱼钩的庇护所里发现了大量弹药和装备，但没有敌军。《纽约时报》的标题写到："在柬埔寨的联合搜索几乎没有发现敌人的迹象。"尼克松表达了不同的说法。他告诉国会的领导人有2千多名敌军在激战中被击毙。

六周后，当美国和南越军队撤出柬埔寨时，悲伤的思绪一下贯穿整个白宫，美国此番行动一无所获。一位美国战地记者认为入侵是一场灾难。"它损毁了一个无辜的国家……它未能鼓励南越的战争越南化，而是加剧了对美国幻想的破灭和厌恶㉖。"

实际上不止"幻灭和厌恶"。入侵柬埔寨再次引起了国会对越南战争的怀疑，

第六章 | chapter Ⅵ
尼克松:"没有办法赢得这场战争"

并引发了全国各地的大规模反战示威,特别是在大学校园里,暴怒的学生打破了窗户,占据了大学储备军官训练团的设施。37所国家一流大学的校长给总统发了一封"紧急"信,警告说其他一百多所大学计划要示威。许多大学由于学生罢课已经关闭。

5月1日,成千上万名愤怒的反战学生穿过俄亥俄州的肯特大学城,打破窗户,与警方对抗。5月2日,他们将大学储备军官训练团的大楼焚烧为平地。大老党州长詹姆斯·罗兹——3天后将为该党初选的参议院提名,发动了背水一战,命令国民警卫队前往俄亥俄州立大学的校园,宣称他们的责任是"消灭共产党"。根本就没有证据表明共产党渗透到了学生运动之中,但受到严厉批评和设法把自己描绘成硬汉子的罗德对事实不感兴趣。他还命令更多的国民警卫队到肯特州立大学。他称那里的学生是"纳粹分子,比纳粹分子还糟糕。"

5月4日,学生的愤怒爆发成了流血冲突。2千名学生在肯特州立大学的校园进行了示威游行。附近聚集了上万人。国民警卫队士兵们试图驱散示威游行。他们向人群发射催泪弹。学生们大声辱骂,把一些热的散弹扔回士兵那里。士兵们跪在那里,举起步枪,但没有开枪。他们显然希望吓唬一下学生。学生似乎毫无畏惧,朝着士兵队伍前进。在几秒钟内,军队向推进的学生人群中开了火,13秒中,扫射了67发子弹。4名学生死亡,9人受伤。

就在下午3点前,海德曼拿着肯特州杀戮的消息冲进了总统办公室。尼克松用平静的语气问道:"这是因为我,因为柬埔寨吗?我们怎么解决这件事?"

几个月来,反战运动已经相对平静了下来。现在,在入侵柬埔寨和肯特州杀戮事件后,反战运动再次掀起愤怒的浪潮。它抓住了国家的良心,提出了深刻的问题。大多数报纸的头版都展示了令一个民族感到痛苦的照片。国民警卫队带着催泪瓦斯面具,他们的刺刀已经出鞘,向学生抗议者逼近。一个学生在流泪,她的手臂展开保护着死去的同伴,她翘首蓝天寻找一个她能够理解的解释。催泪瓦斯的烟幕笼罩了这个校园,很快发生了另外一些事情。一个遇难学生的父亲告诉记者,"我的孩子不是一个流浪汉。"社论作家和电视评论员,也在寻找一个解释,他们对战争的批评更尖锐了。股票市场呈现了自肯尼迪遇刺以来最大的跌幅。经济学家保罗·萨缪尔森在《新闻周刊》中写到:"如果尼克

战争谎言
——美国总统的承诺与背叛

松先生宣布在越南的失败……市场会下跌 50 点。"战争如此不受欢迎,美国国防部担心华盛顿处在被愤怒的抗议者推翻的危险中。这是一个令人惊异的场景,非美国式的概念:第 3 集团军的数百名做好战斗准备的士兵从卡车上跳下来,在行政办公大楼里和周围各就各位;公共汽车组成了白宫周围的防护墙;5 千人的部队占领了政府大楼——所有的措施都在预防数以万计的示威者突然造访华盛顿来表达他们对总统、政府和战争的厌恶。

华盛顿成了一个被围困的首都。基辛格从他的白宫办公室里观看,他后来写到:"有一个冲击波,使这个国家及其领导人接近心理耗竭[27]。"他进一步写到:"就连政府的结构都在分崩离析。"

国会的手指触摸到了民众对政府不满的脉搏,觉得迫切需要采取超出表达对似乎没有尽头的战争不支持的行动。在美国历史上,曾有过许多其他的战时国会表示严重异议的例子,但现在国会达到了一个新的稳定期,实际上这是国会首次考虑并通过立法来限制总统与外国敌人作战的能力。柬埔寨是临界点。5 月 13 日,在参议院,爱达荷州的民主党人弗兰克·丘奇和肯塔基州的共和党人约翰·谢尔曼·库珀——都是战争的温和派批评家,提出了一项对外军事销售法案的修正案,该法案将在 6 月 30 日之后停止资助美国在柬埔寨的所有军事活动。政府强烈反对该修正案。

接下来的 7 周时间,参议院被卷入一场最终被称为库珀——丘奇修正案的情感辩论之中。白宫每天都利用其所有的论坛争辩,这个修正案将让共产党在柬埔寨放手大干,美国在生命和财产上的牺牲将付之东流。然而,许多参议员在更密切地听从他们惴惴不安的选民而不是听从白宫。6 月 30 日,修正案以 58 对 37 的投票数通过,暗示两党认为,如果政府不结束战争,国会会结束它。

这个修正案通过后,对外军事销售法案提交到了众议院——参议院会议上,在那里,这个法案仍然搁置到了年底。通常情况下众议院鹰派更多,也更容易受到白宫的压力,拒绝接受参议院的说法。众议院的共和党议员和保守的"蓝狗"民主党人不想在战争时期绑住总统的双手。基辛格说,这真的不重要。他写到:"到那时,损害是相当大的……参议院在告诉敌人柬埔寨是独立的[28]。"

另外两位参议院批评家认为库珀——丘奇修正案,因为局限于柬埔寨,还

第六章 | chapter Ⅵ
尼克松："没有办法赢得这场战争"

远远不够。他们还有一个更加雄心勃勃的修正案。南达科塔州的民主党参议员乔治·麦戈文和俄勒冈州的共和党参议员马克·哈特菲尔德——都是这场战争的明确和持久的批评者——对国防采购法案提出一项修正案,旨在到1970年底前结束在中南半岛的战争。怎么能完成呢？他们认为,通过完全切断所有的战争资金。该修正案,在初始状态时,还要求到1971年6月30日之前（还有6个月到明年）将美国军队全部撤出中南半岛。到那时为止,国会还没有过如此公然违抗行政当局的其他做法。麦戈文和哈特菲尔德乐观地设想,参议院——众议院的投票将反映在全国上下人们看到和感觉到的广泛的反战情绪上。希望获得更多的支持,发起人修改了修正案,将撤军的最后期限向后推到了1971年底。

但是,这个修正案最终失败了。是的,1970年9月1日,投票结果是59票对39票,当麦戈文清楚了结果后,站起来向其同事讲话,他的语言非常激动,惊得在座的人鸦雀无声。他开始说："在这个会议室里的每位参议员在一定程度上要为把5万名年轻美国人早送进坟墓负责,这里的每位参议员在一定程度上要为在沃尔特里德和贝塞斯达海军（医院）里以及全国各地的那种人类残骸负责。在这些遭受伤害和肢体残缺的孩子中只有少数人认为这场战争是一个光荣的冒险。不要和他们谈论撤退,也不要谈国家荣誉和勇气。一位国会议员、一位参议员、一位总统根本不需要用任何勇气把自己裹在国旗里说'我们将呆在越南'；正在流的不是我们的血。"麦戈文在这里指的是许多保守的参议员,他们把战争说成是一个高尚的事业,旨在拯救越南不落入共产党手中和维护美国的荣誉。麦戈文继续说："我们要为那些年轻人以及他们的生命和希望负责,如果我们不结束这场该死的战争,这些年轻人终有一天要为我们可怜的愿意让行政部门担负起宪法赋予我们的负担而诅咒我们。"因为东京湾决议不再相关,也不存在宣战,所以麦戈文认为总统没有法定权力进行战争,现在是时候由国会履行宪法责任结束他认为是一场非法的战争了。

麦戈文回到座位上时,"你可以听见一根针掉在地上的声音",他的一个越南问题顾问,约翰·霍卢姆回忆说。投票过程开始时,一位参议员慢慢走近麦戈文——他是二战英雄,说他被麦戈文的演讲"冒犯了"。麦戈文答道："那就是我要达到的目的"。

尼克松和基辛格把这些参议院辩论视为"轻率的放弃责任。"河内现在所要做的唯一事情就是"拖延"巴黎谈判,然后"收获我们国内异议的结果。"

"患炮弹休克症"一词是基辛格过去常用来描述柬埔寨事件后政府的心理状态。一天清晨,尼克松无法睡眠,去了林肯纪念堂,在那里他偶遇了抗议的学生。他设法听起来富有同情心,但失败了。他语无伦次地开始了独白:柬埔寨问题、对二战的回忆、旅游的价值和中国,当得知其中一位学生来自雪域大学,他又讲到了雪城足球队。一个学生后来告诉记者,尼克松的独白是"荒谬的"。这位总统不是"真的关心我们在这里的原因。"政府其他部门的官员也无法入睡。50名国务院官员——通常最胆怯的官僚,签署了一封公开信,反对总统的战争政策。毫不逊色的内阁部长沃尔特·希克尔公开抗议战争。卫生、教育和福利部长罗伯特·芬奇(尼克松的私人朋友)私下里也表示抗议,而且数百名官员占据了国务院的大礼堂以表抗议。

基辛格经常会见大学的同事和学生,试图用他过去与学院的关系平息他们对其现行政策不赞成的气愤。有一次,当他欢迎一群哈佛学者到白宫情况室时(他后来呻吟着说"他们中的大多数人一直是我的紧密朋友和同事。"),他碰到了反对战争的障碍。基辛格想设定认真交换意见的基本规则——即不留记录;但是他们拒绝了。他们毫不留情面地把尼克松和战争都推到了他的身上。他们离开后,基辛格决定他永远不会再回到大学生活。他认为他们"缺乏同情心、自负的正义、拒绝提供替代不合情理的政府政策的方案;他总结道,从学术界"我们不会得到帮助"。当然,他的前同事认为如果有人缺乏同情,如果有人患有自负的正义,那这个人就是基辛格。他们确信基辛格陷入了政策的桎梏,只会毁了这个国家。

比他的哈佛大学同事反对战争更令基辛格失望的是他最亲近的助手和分析师的背叛。比尔·瓦茨、托尼·莱克、罗杰·莫里斯和拉里·林恩对他发脾气,他们对表里不一的越南政策和窃听都已经容忍很长时间了。但当让他们帮助提供入侵柬埔寨的人员时,他们抗命并辞职了。瓦茨说:"我反对这个,我辞职。"

基辛格开始失控地在房间里把书扔的到处都是。"你们的观点代表着东部权势集团的懦弱",他尖叫着说。瓦茨决定还是不用拳头狠狠打基辛格的脸,而是冲出了房间。

"你到底对亨利说了什么?"基辛格的副手问亚历山大·黑格问。

"我不处理柬埔寨的事情",瓦茨回答说。

"你不能拒绝",黑格说:"你刚接到总司令的命令。"

瓦茨江郎才尽,大声喊道:"去你妈的,亚尔,我可以,我这就辞职[②]。"

对于基辛格,事情只有更糟。支持他的另一个选区的媒体也背叛了他的政策和他的魅力。6月7日,《洛杉矶时报》可能受到参议院对麦戈文-哈特菲尔德修正案争论的启发,刊登了一篇社论,呼吁立即从越南撤出美国军队。"美国离开越南并且要迅速、毫不犹豫地离开的时候已经到了",社论认为"撤军比总统目前奉行的政策危险要少。"跟风的新闻业本性难移,一个月后,《生活》杂志刊登了一篇专题社论,拥护采取类似的做法——在一年半之内撤出。

白宫听到了批评家的意见,但它并不采纳。海德曼检查了民意调查,发现"沉默的大多数"美国人支持尼克松——没必要改变政策。白宫炮制了一个"向全国人民报告"名为"柬埔寨结论:现在是谈判的时候了。"敌人阵亡11349人,受伤2328人。记者当时就认为,五角大楼的数字越确切,越不可信。在血腥的战场上,美国能去统计每个人吗?这份报告没有提到美国和南越的伤亡,尽管有344名美国人和818名南越人死于此次柬埔寨行动。就在白宫发布柬埔寨报告的当天,参议院投票赞成了库珀-丘奇的修正案,这绝非巧合。

尼克松的将美军光荣地撤出越南战争的希望所寄托的战争越南化,是一个越来越令人失望的靠不住的事情,但它仍然是尼克松的政策的核心,即使在柬埔寨行动之后。他在争取战争中一个珍贵的商品——时间,战争在继续挑战政府最好的计划。艾布拉姆斯将军曾告诉尼克松,柬埔寨行动会争取相对平静的一年,甚至两年时间;并且,在这段时间里,战争越南化将继续,南越军队将发展成为一支可靠的战斗部队,有能力保护国家抵抗共产党的进一步袭击——而且是在没有美军的协助下这样做。如果在一年、两年或三年内,南越没有美国的支持仍然无法保护自己,至少美国那时能够声称它已经完成了光荣撤出的任务——她没有"急忙逃走"。那个逻辑还真的在尼克松的算盘中发挥了作用,他本可以停止或放缓撤军，但他怀疑，如果他停止或放缓撤军，反战运动将蔓延并进一步毒害和削弱美国社会的结构。他真的相信国内风潮将导致社会的崩溃、我们机构的"崩溃"。此外，被他始终放在自己的政治和战略规划核心位置的 1972 年连任竞选将受到不利的影响。不，他说服自己，美国撤军必须继续——实际上，如果可能，还要加速，即使证据表明没有美国的帮助南越军队还不能与敌人进行作战。

那么，该怎么办呢？

1971 年初，尼克松在越南决策方面到达了他的另一个"找到了"的时刻。尼克松穿着内衣，刚刚接受完纽约整骨师肯尼斯·里兰德医生的后背推拿，他走进白宫高级安全官员会议宣布，他已经决定使用南越部队切断老挝境内所谓的"胡志明小道"。当官员们尴尬的局促不安时，总统看着他的短裤和袜子之间的裸露处，摆出了他的推理：柬埔寨行动的要点究竟是什么？是摧毁庇护所，那是渗透到柬埔寨的共产党军队和物资的家。军队和物资是怎么进入庇护所的呢？通过从北越途径老挝进入柬埔寨的胡志明小道。如果在增援进入柬埔寨之前，就切断老挝的这些小道，那么共产党征服南越的计划不得不改变。

当时的情报显示胡志明小道是北越士兵和物资进入南越的一种高速公路。美国中央情报局总结说，从 1966 年到 1971 年，有 63 万名士兵是由这条公路从北越来到南越的。加入这个交通行列的还有 10 万吨食品、40 万件武器和 5 万吨弹药。切断这条路径在西贡和华盛顿看来合情合理——实际上，得看路径能否被切断。

1 月 26 日，尼克松召见基辛格、黑格和参谋长联席会议主席托马斯·摩尔海军上将开一个秘密计划会议。尼克松——至少他自己是那么想的，是一位像巴顿那样的将军，计划巨大的军事行动，打击敌人，然后从战场回到欣赏的人群中。每当这时，他总是最幸福的。他们讨论了来自西贡的最新情报。艾布拉姆斯，通常怀疑扩大战争的合理性，这时对南越军队的战斗力非常乐观——它将证明战争越南化的成功。他说："艾布拉姆斯向我保证他能做到"。国防部长莱尔德说："他告诉了我，在那个基础上我向总统做了保证⑧。"艾布拉姆斯也对行动得到的战略收益很乐观。艾布拉姆斯认为，切断这条路径，哪怕是一个

第六章 | chapter Ⅵ
尼克松：“没有办法赢得这场战争”

旱季，也将"大大地"降低甚至消除河内在前途未卜的南越发动大规模进攻的能力。这种来自通常谨慎的将军的乐观振奋了尼克松的情绪。

被称为"朗宋 917"的老挝行动从一开始就是一场巨大的赌博。它可以证明战争越南化的成功或者失败。这显然是一个复杂的行动，需要时间和适当的计划，但尼克松愚蠢地要快速实施这一行动。据一位美国高级军官说，"计划完成仓促，受到安全限制的阻碍，是由越南人和美国人分开孤立实施的[30]。"艾布拉姆斯没有平等对待他的南越同事。他很少与他们共享行动的秘密。南越共和军陆军打算发起这场战争中自己最雄心勃勃的行动——这是在没有美军的地面支持下入侵另一个国家——而华盛顿或西贡没有人考虑计划不周的行动要造成的后果。他们是不愿合作的盟友。南越共和军陆军真的准备好进入黄金时段了吗？有趣的是，艾布拉姆斯认为是的，他的判断从未受到过挑战。在西贡，他是皇帝。如果事情出现差错能够临时补救吗？情报可靠吗？河内会作何反应？每个人都指望着"亚伯"（人们对他的称呼），他声称绝对相信南越共和军陆军的能力。

这是一件风险很大的事。

朗宋-917 正式开始于 2 月 8 日，结束于 3 月 25 日。在最初的几天里，南越人打得还好，主要因为北越人在一旁观察到了他们的大胆入侵。但是，很快南越共和军陆军在兵力和火力上被超过。那里没有美国人的帮助。北越投入近 4 万人参加战斗，决心击退南越人的攻击并取胜。尼克松不顾来自战场的悲观的报告，对海德曼说："不管结果如何，我们必须赢得胜利。"艾布拉姆斯试图限制媒体进入战斗现场，希望给南越的行动一个令人欢快的报道。有些记者设法进入了老挝南部，要亲眼目睹，其他人则没有这么幸运了。一架载着《生活》杂志的拉里·布罗斯、《美联社》的亨利·休伊特、《国际合众社》的肯特·波特以及《新闻周刊》的岛本町的直升机在 2 月 10 日被击落，没有幸存者。还有《新闻周刊》弗朗索瓦·萨伦伯格几周后被打死。

老挝南部的这段报道与官方倾向性的报道相悖。记者记录了可怕的场景，虽不是所有，但足以削弱艾布拉姆斯的报道和传达战争的现实。他们所报道的就是一场大屠杀，这种头版新闻是尼克松拼命试图避免的。南越共和军陆军遭屠杀。阮总统在美国不断增加的压力下，又把数千名南越部队投入这场战役中，使南越共和军陆军在老挝的数量超过了3万人，但这也无济于事——他们仍然处于数量的劣势，还是被打败了。北越人设了一个圈套，南越人掉了进去。

  阮文绍很快要面临选举，决定采用一种避免耻辱失败的方法。那就是溜进老挝的战略城镇车邦，宣布取得胜利，然后生机勃勃地撤退。艾布拉姆斯赞同这个计划，然后派出近300架直升机到老挝帮助南越人进入并离开这座城镇。这一行动被证明是越南战争中最大规模的直升机攻击。艾布拉姆斯将如此多的直升机投入到已经输掉了的一次战役中去是美国的另一个决定，目的是让军事历史学家们摸不着头脑。他的决定也使基辛格感到了困惑。他写道："冒这么大风险去占领一个废弃的老挝城镇3天时间没有一点意义㉜。"几十架美国直升机被毁，数百名南越共和军的士兵丧生，剩下的部队，被打的精疲力竭、血迹斑斑，绝大部分已不成体统，开始了他们从老挝的决定性撤军。撤军用了3周多时间。北越人把全部火力投入到了南越军队上，把他们的撤军变成了大溃逃。南越60%的坦克和一半的装甲运兵车被炸成碎片。剩下的54门105毫米和28门155毫米榴弹炮，也被美国飞机故意摧毁以防止落入敌人的手中㉝。

  虽然为了公众消费，尼克松说朗宋-917是一次成功的行动，声称胡志明补给线已经被中断，但他心里更明白事实并不是这样。实际上，这是一场伤亡惨重的灾难。无论怎么衡量都是失败的。南越有1529名士兵死亡，另有5483人受伤，625人失踪。美国的伤亡报告是：625人死亡，另有1149人受伤，38人失踪。

  南越人在战役初期打得不错，但很快他们的许多部队就土崩瓦解了。没有美国源源不断的支持，他们显得束手无策，根本不是训练有素的北越军队的对手。"战争越南化"的承诺开始凋谢。那个计划很显然需要多年的时间来进行稳定昂贵的训练，甚至到那时也保证不了"战争越南化"会成功。

  阮文绍显然是在孤注一掷，发布了这样的报道：朗宋-917是"有史以来最大的胜利。"他当然知道这不是真的，但在西贡的政治中从来就不缺谎言和欺骗㉞。胡志明小道遭到破坏——那是显而易见的——但它们仍然有效地发挥着作用。西贡的情报显然被泄露了出去。南越共和军的领导层，至少还剩下点什么，那

第六章 | chapter VI
尼克松："没有办法赢得这场战争"

就是彻底的腐败。尼克松知道南越的缺点但他忽略了它们。

很显然，总统非常渴望成功，他从相反的一面看待南越的政治和军事能力等问题。他陷入了没完没了的简报中，里面都充满了五角大楼的无限乐观。甚至像尼克松这样的总统也打怵在众多的高官面前提出问题。将军们告诉尼克松，到1971年夏天，如果他还想继续"战争越南化"以及对北越实施重大的军事行动，那么美国留在南越的作战部队数量将处在一个危险的低水平上。艾布拉姆斯知道尼克松很快打算宣布再消减10万人，使留下的计划总数到年底达到18.4万人。

事实并没有怎么左右尼克松，4月7日他告诉美国人民："今晚我可以报告说，'战争越南化'已经成功㉟。"当时令我很惊异——现在也是如此——像尼克松这样狡猾的总统竟然也明目张胆地对美国人民撒谎，我知道他总有被揭穿的那一天。或者他只是再一次在进行无助的自欺欺人吗？似乎任何事情仍然忠实于前总统的承诺——美国的诺言。

1972年初共产党执政的北越决定向南越发起一次重要的常规入侵（美国声称的复活节攻势），这是朗宋-917战役的直接后果。当然，他们知道尼克松在1972年要竞选连任㊱。

但如果尼克松不再依靠"战争越南化"以达到及时、"体面地"退出越南，他还有他和基辛格都青睐的另一个选择。这就是三角外交，按照他们的设想，美国挑拨中国与俄罗斯互相争斗。这样在冷漠地追求自己国家利益过程中，两个共产党巨头都会选择放弃或减少支持北越，求得与美国这个第一世界的领导人谈成更好的协议。这是一个不大会成功的尝试，但它迎合了尼克松对外交事件的感觉和基辛格对老的梅特涅体系的信仰——即权力的平衡是国际稳定最好的保证。而且，如果他们的想法转化为现实，它将使尼克松摆脱非常讨厌的越南！

当尼克松在1972年被选为《时代》周刊"年度风云人物"时，人们对这一选择感到惊讶，认为这是对他越南失败的明显记录，总统口头解释了他的政策，暗示了基辛格所写到的："我们必须记住，在世界历史上，我们唯一能享有较长时间和平的时期是权力已经达到平衡的时候。当一个国家变得比其潜在的竞争对手无比强大时，战争的危险就会出现……我认为，如果我们有一个强大健康的美国、欧洲、苏联、中国、日本之间的相互平衡，不挑拨一个反对另一个，达到势均力敌的平衡，这时才会有一个更安全和更美好的世界。"他仍然认为，即使越南悲剧来得很晚，他有能力让美国"体面地"从越南解脱出来。"但是，从"承诺"到解脱的路途是崎岖不平、危险和不确定的。

第七章 | chapter Ⅶ

无论如何要摆脱

"如果我们是被赶出越南的,那么我们的整个外交政策将岌岌可危。"

——亨利·基辛格

"我们在玩俄罗斯游戏、中国游戏、选举游戏。"

——理查德·尼克松

中国一直诱惑着理查德·尼克松,甚至在他成为总统之前。他知道,中国不仅仅是一个笼罩在神秘之中的文明古国。它也是一张在适当的时间要打的牌。

1970年9月,尼克松在接受《时代》杂志采访时暗示,他希望有一天访问中国。毛泽东告诉《生活》杂志的记者埃德加·斯诺,他"愿意与他以旅游者或总统的身份交谈。"

亨利·基辛格持怀疑态度,但同时被中国这张牌的前景所吸引。如何恰到好处地打这张牌呢?

白宫办公厅主任鲍勃·海德曼制订了一个时间范围:"你知道,他确确实实地打算在他第二个任期结束前访问中国。"

基辛格回答说:"希望渺茫"[①]。

但是,1971年初俄罗斯和中国对他们之间的漫长和不安的边境开始了超出愤怒言辞的交锋——他们开始互相射击:这些小冲突在白宫引发了兴奋(和焦虑)的震动。基辛格想知道此时是否是向中国打开大门的时候,自1949年共产党执政,美国就一直在尽力孤立中国。有尼克松的强力支持,基辛格开始忙碌起自己最喜欢的事情,即使三角外交的游戏推迟到了此时。

基辛格始终坚信如果美国想要打中国牌,白宫必须控制所有的外交手段。他不相信外交的常规渠道。例如,他和尼克松做出关键决策时,应该让国务院保持"不知情的工作状态"。他担心泄漏和不信任嘴不严的外交官在他们中间,他认为几千人里也找不到几个嘴严的。可能的话,也要与国会保持一定的距离。

基辛格和尼克松指望巴基斯坦作为他们与中国接触的完美中间人。它外表是一个民主国家,实际上是由一位名叫叶海亚·汗的独裁将军掌权,在他 1969 年 8 月环游世界期间,尼克松如同朋友一般待他。总统向叶海亚·汗吐露他对与中国建立新型关系感兴趣。巴基斯坦可能帮助吗?叶海亚汗说:"当然",但一年多过去了,没有发生任何事情。1970 年 10 月,叶海亚·汗在访问白宫期间告诉尼克松,他要到中国去。尼克松有想让他转达的信息吗?是的,真有,尼克松回答说:中国愿意接受一个美国高级特使访问北京的提议吗?叶海亚·汗把这一信息交付给了周恩来总理并得到一个快速的书面答复,他把这个答复带回到巴基斯坦并交给了一位秘密信使转交给了巴基斯坦驻华盛顿大使。

六周后,12 月 8 日晚这位大使把书面回复交给了基辛格。周恩来写道:"为了讨论从中国××××××的主题(原文如此),北京非常欢迎尼克松总统的特使。"

基辛格迅速在无格的复印纸上起草了一封回函,经尼克松准许后,把它递给了巴基斯坦大使。虽然周恩来已经把议程缩小到台湾地区,但基辛格把它扩大了。美国特使将讨论"广泛的问题",其中包括台湾地区。然后,基辛格用微妙的圆滑方式将台湾地区的问题与越南战争联系到了一起。他写到:"美国政府的政策是,当这一地区(理解为越南)的紧张局势消失,消减其在东亚和太平洋地区的军事存在。"周不需要译文。基辛格在说,你们帮助我们抑制越南战争,这样我们可以光荣地从那个国家退出,而且美国将减少对台湾地区的军事存在,这是中国最终统一的政策所需要的。一个历史性协议的基础就这样奠定了。

1971 年 4 月初,朗宋-917 行动的灾难已成历史,开启对华大门的前景就在眼前,尼克松和基辛格非常激动地看到了中国用乒乓球展开外交的序幕。刚结束在东京举行的一次世界乒乓球锦标赛冠军赛的美国队,收到了一份来北京打球的意外邀请。球队接受了邀请。出乎所有人的意料,中国和美国几十年的对手,围绕一张乒乓球台开始了一个不太可能的求爱比赛,比赛现场华丽壮观,到处都悬挂着美国和中国国旗。周总理在人民大会堂为球队举行了一个特殊的招待会，他用简朴雄辩的语言说："你们翻开了美国人民和中国人民关系的新篇章。"

4月27日，几乎不到一周以后，巴基斯坦大使从周恩来那里给尼克松带来了另一封秘密通信。周恩来总理表示："中国政府重申愿意在北京公开接受美国总统的特使（例如基辛格）或美国国务卿，甚至美国总统本人的来访。"

成功了！

当然，还存在问题：中国和美国以完全不同的方式看世界，一个是共产党社会，另一个是由一位非常保守的政治家领导的资本主义超级大国，他们在越南有明显的利益冲突。此外，更小的障碍仍需被清除：美国国务卿威廉·罗杰斯甚至不知道与中国的来来往往；尼克松不希望他的"特使"受到"公开地"迎接——他想要为自己争得荣耀；他不喜欢这个时机——他想要在1972年，他连任竞选时，出现这个突破。

此外，尼克松还在与莫斯科就开创性的军备控制协议问题进行严肃的谈判，他想在对他来说是最大的政治优势时结束，这还是他的连任竞选期。基辛格向他保证，此举完全可以引起"巨大的轰动"。

当他们在林肯客厅从小口矮腿酒杯里啜着拿破仑干邑时，尼克松和基辛格相当满足地回顾了他们与中国和俄罗斯进行的秘密外交的复杂轮廓，就像两个孩子骑着魔毯来到了北京紫禁城。他们把其超级大国施展的策略与"光荣地"退出越南战争联系了起来。在他们看来，中国人要打开通向美国的大门，因为他们担心俄罗斯攻击或者和美国联手主宰这个世界；俄罗斯人要与美国签署限制战略武器协议，因为他们担心中美联盟反对他们。基辛格一度俯下身低声说："总统先生，我从未说过，但我认为如果我们让这件事运作起来，今年我们将结束越南战争……一旦这事启动——一切都开始各就各位了。"②

问题1：谁应该是"特使"？起初尼克松嘲笑基辛格，当他看到他的国家安全顾问表露出渴望做事的不安时，道出了内心的疑惑。这位特使是否应该是能干的美国驻巴黎大使大卫·布鲁斯（他将使中国人感到"不舒服，"基辛格评论道），或纳尔逊·洛克菲勒（"他不够自律，"基辛格判断说），或乔治·H.W.布什（基辛格认为他"太温和，不够成熟"）或应该是基辛格，按基辛格几乎不客观的判断,他是"唯一一个真的可以处理这个问题的人。""哦,我知道,"尼克松笑了,并做出了决定。基辛格将是"特使"。

问题 2:华盛顿最著名的"秘密赶时髦的人"基辛格如何才会在其任务不泄露给哥伦比亚广播公司和《纽约时报》的情况下到达北京呢?总统亲自负责基辛格的行程安排,草拟了封面报道的纲要,他派他的国家安全顾问到法国、越南、泰国、印度和巴基斯坦进行"实地走访"。在巴基斯坦时,他会"生病",需要几天的停机时间使胃肠炎康复。他将利用停机时间乘坐巴基斯坦的飞机飞往中国,协商尼克松接下来的 1972 年初前往北京的行程细节,然后返回巴基斯坦,在那里"恢复身体",接着进行"实地走访。"

记者本应该知道有什么事情发生了。基辛格的自负永远也不会让他承认他缺乏事实。他以前也从未进行过实地走访。当时也很少有人注意到,尼克松决定了放松对中国的贸易限制——对一个把职业生涯的大部分时间都花在了限制与中国打交道的政治家来说,这是奇怪的一步。尼克松在向周传递信号:他要恢复与中国的正常关系是"认真的"。

这一外交计划,涉及向中国开放和与俄罗斯战略武器谈判,目的是为尼克松的竞选润色和创建一个新的、更安全的世界上的均势。按照这一新的安排,除其他事项外,中国和俄罗斯同意让美国"体面地"离开越南战争,因为这样做符合他们新定义的利益,并使越南回归到全球关注的边缘。

5 月 10 日,尼克松请巴基斯坦大使向周传递了另一个信息,建议对基辛格访华"严格保密",目的是安排总统 1972 年初的访问。6 月 2 日大使带回了周的回复:中国已准备好 7 月迎接基辛格,1972 年初迎接尼克松。基辛格"欣喜若狂"。他冲进椭圆形办公室,"上气不接下气"和"喜不自禁"地用疯狂夸张的语言告诉尼克松:"这是自第二次世界大战结束以来美国总统得到的最重要的沟通。"他甚至说得更深远。他宣称:"我们已经为你和毛主席翻开历史的一页奠定了基础,我们已经开始的这个过程将在全世界引起巨大的冲击波……如果我们能掌握这一过程,我们将完成一场革命。"历史学家罗伯特·达莱克把这种"夸张"描述为"在一定程度上是渴望得到外交政策大收获的结果,在之前的两年半时间里,越南战争、不缓和的苏-美和中东紧张局势、智利无法控制的

第七章 | chapter Ⅶ
不管怎样—最终，摆脱

事件使他们感到非常沮丧③。

尼克松亲自给基辛格下达了最后指示，提醒他的特使不要长时间"谈论哲学"要"直接谈论正题"。在强调他自己与共产党谈判的经验时，尼克松说："我不浪费时间……我对他们很友善，然后我就单刀直入……"尼克松想要基辛格反复说明一点——即总统是一个非常难对付的顾客。"这个人打了柬埔寨；这个人打了老挝；这个人将……不顾及政治考虑来保卫我们的利益④。"

柬埔寨？老挝？尼克松真的认为中国把这些不幸的任务视为成功案例吗？尼克松想让中国人认为他是有点精神错乱，一个领导者就要下令大规模升级在越南的战斗，如果不是随心所欲的话。

1971年7月9日，基辛格抵达北京。他被迅速送到一个隐蔽公园附近的湖畔宾馆，那里曾是中国贵族的乐园。下午4点半，周总理抵达开始谈判，一个明显的迹象是中国对改善关系也是认真的。用外交礼仪的称呼，周总理是一个国家的总理，基辛格是总统的顾问。然而，基辛格的出席证明了美国认可和尊重中国作为世界五大国之一。一位中国官员说出了满腹疑惑，这次，一位美国主要的外交官能否和周总理握手，他提到了在1954年的日内瓦会议上约翰·杜勒斯的著名轻蔑。对中国人来说"最大的问题是民族自豪感和自尊心"，越南问题专家、基辛格的小顾问团成员之一理查德·斯迈泽回顾时称⑤。在接下来的两天，基辛格和周恩来不仅握手，还用了20多个小时一起规划尼克松的访问和探索微妙的美-中关系。对于周总理，关键问题是台湾地区。对于基辛格，关键问题是越南。

基辛格强调美国"体面地"退出越南战争的重要性并称任何其他退出的方式——比如令美国不光彩的撤出或放弃接连几个总统对西贡政权所做的美国承诺，不仅会损害美国的形象和诺言也会伤害中国。另一方面，如果中国帮助美国从越南"体面地"撤军，这将符合中国的和美国的国家利益。基辛格的推理可能是自私的，但它确实传达了他的真实感情。周总理敦促美国从其在亚洲的所有军事基地撤出。

7月11日，基辛格回到巴基斯坦恢复了他的"实地走访。"他向尼克松发了一个单词的电报。内容是"尤里卡！"7月15日，尼克松让世界感到惊讶，他

战争谎言
——美国总统的承诺与背叛

在电视上宣布,基辛格刚从中国回来,作为总统的他将于1972年2月去那里。尼克松强调对中国开放"不针对任何其他国家。"他补充这一点是出于担心苏联可能会因为中-美共谋的可能性而变得非常急躁,以致使用核武器攻击弱小的邻国。幸运的是,苏联没有那么紧张不安,但它确实对中国开放的消息做出了反应,原则上接受了在1972年召开莫斯科峰会以签署《限制战略武器条约》的想法。尼克松就任总统以来一直努力争取召开这样的峰会,但俄罗斯一直欲擒故纵。今非昔比。苏联外长安德烈·葛罗米柯在白宫与尼克松一反常态地热情会见后,邀请基辛格访问莫斯科。基辛格害羞地说:"我已经给了你我能做到的办法",意思是说,如果在越南问题上你帮助我们,我会立刻到达那里。葛罗米柯准确地发表了看法,"总是联动"[⑥]。这场战争会使尼克松偶尔感到阵阵沮丧。他在恼怒,世界上最强大的国家美利坚合众国的总统——世界上最强势的人,怎么可能终结不了这场战争呢?尼克松知道他的"体面地"结束战争的方法与大多数美国民众的意见相冲突。最新的盖洛普民意调查显示,61%的美国人现在认为这场战争是一个错误而且赞同到1972年7月1日撤出全部美军。但是尼克松拒绝改变其从越南撤出美军的方法。

下一轮的巴黎秘密谈判很重要。基辛格带着一个七点和平计划回到了谈判桌上,他警告说这是"最后的努力"。它能够打破僵局,因为里面包含了两个美国的重要让步。基辛格首次承诺,美国军队将在签署一项协议之后的六个月内撤出南越,但他没有要求北越部队撤出。然后他补充到,南越总统阮文绍在公民投票决定南越的政治前途之前30天辞职。至此,基辛格一直坚持双方都撤回部队——现在只有美国人离开,而且通过暗示,北越能留在南越。同时,他从来没有暗示过阮文绍的罢免是可以协商的。如果南越认为他们将要听到隐约背叛的钟声,也是可以原谅的。北越否决了基辛格的让步,这证实了他们的预期,不管怎样到时候他们会赢得这场战争。

将近一个月后的6月底,基辛格正忙着准备起身前往中国时,他被召回到了巴黎。北越提出了一个有趣的九点反建议,包含他们的让步条件。他们提议,如果美国在年底前撤离,美国战俘将同时被释放。河内先前的提议是,只有在美国撤军后战俘才被释放。此外没有要求罢免阮文绍,这点一直是河内所有的

第七章 | chapter Ⅶ
不管怎样—最终，摆脱

建议中标准的内容，这一次北越只要求美国"停止支持"阮文绍。字里行间有一点暗示可以允许阮文绍参与公投，而且如果他赢了（地球上没有一个人认为有这种可能），他可以继续掌权或成为新的联合政府的一分子。河内的反让步条件恰到好处一条好的封面报道，巧妙地设计符合基辛格的含蓄的呼吁——"体面间隔"。基辛格，对突如其来的谈判的严肃性感到兴奋，想象到就要实现的协议，但是他想知道他的总统会不会同意。

这一时刻终于到来，几乎没有明显的花招，只需要语言上的轻微调整。尼克松本可以翻过一页并从白宫的屋顶上宣布，一个体面的解决方案已经确定，美军终于可以回家了。4届政府前开始的战争即将结束，4位总统已经履行了承诺。美国不必放弃阮文绍，至少不是马上，战俘也会在美军离开南越之际被释放。美国人民会非常激动，反战骚乱将会停止，分歧将会结束，越南将成为一个渐行渐远的噩梦———一切尽在1972年，他的预期连任的那年。他本可以组织一场由一系列炫目的外交上的非凡胜利构成的交响盛宴：一个历史性的打开大门的中国峰会、签署武器限制条约协议的莫斯科峰会。最后，在流了那么多的血，花了那么多财富之后，越南战争结束。每一步会在精致细致地编排之中，当尼克松在世界之巅成功地进行皮鲁埃特旋转时，现场实况报道，全世界电视直播，和平和他的连任在安全地到来。

所有这些都是尼克松可以自由拿取的，但是这个怪人走进办公室以后对基辛格说，如果无法赢得战争，美国只能躲避在战争越南化的纸型盾牌后面。他放弃了这个机会，至少暂时不予考虑。看来，在他的内心深处，他非常不信任北越，以至于他现在想要他们投降，而不仅仅是他们同意他离开南越的条件。基辛格在他的回忆录中写到："总统始终比我更怀疑在军事摊牌之前任何谈判将会成功[7]。"尼克松没有理会河内的淡淡伪装的橄榄枝。

相反，他继续乘坐他的情感过山车，生俄罗斯人、自由主义者、《纽约时报》、哥伦比亚广播公司、当然还有北越人的气——现在比以往任何时候都更加决心要把他们炸回到石器时代。"大约在今年11月份，我要非常冷静地审视一下整个牌局"，他有时毫无征兆地就气急败坏地说："我不是谈论轰炸通道（或路径）"，他冲着习惯了他发脾气的基辛格和海德曼大声喊道："我们将炸毁堤坝，我们将炸毁发电厂，我们将炸毁海防市，我们将把这个该死的国家夷为平地。"尼克松几乎没有停下来喘口气。"关键问题是我们不会呜咽着离去，我们不会以失败的结局离去。"

基辛格非常清楚尼克松对巴黎谈判的矛盾心里，他补充说，第二天他要去见苏联大使阿纳托利·多勃雷宁。"我要让他明白"，他说，试图听起来有威胁，同时又让人放心。"告诉他们黄皮肤的小朋友停止这些鬼把戏。我们不会沉默下去。"他们的恫吓似乎只是掩饰他们越来越认识到的事情，随着美国撤军的进程，美国在南越的军事力量在下降，在巴黎谈判的态度也在减弱和下跌，像股票一样在经济衰退期间自由下挫。他们处在越来越站不住脚的位置，尽管河内明白尼克松始终可以命令对北越再进行一次大规模的轰炸。但是北越似乎并不担心这样的威胁。河内的谈判代表曾对基辛格说："我们什么也不怕。我们不怕威胁。延长战斗吓唬不了我们。延长谈判吓唬不了我们。我们无所畏惧[⑧]。"

6月12日，特里西娅·尼克松在白宫的玫瑰园嫁给了爱德华·考克斯，这是在有170年历史的总统官邸举行的第一次户外婚礼。尼克松看上去非常高兴。第二天，6月13日《纽约时报》在首页刊登了一张2列的新娘和她的父亲的照片，这是任何父亲都可以理解的骄傲的事。但是，在这张照片的右边，刊登了一个3列的大标题。内容是"越南档案：五角大楼研究30年来美国日益介入的痕迹，"这令尼克松非常闹心。当他看到这个独家报道时，不宜刊印的脏话在他的脑海里闪过。《泰纽约时报》获得了一份2百50万字的从艾森豪威尔到约翰逊总统期间美国介入越南的"绝密"历史文件，并开始刊登冗长的节选。记者尼尔·希恩写到，这场战争逐渐演变为美国在"培养一种对非共产党国家履行*承诺*的责任感（斜体字是加进去的）。五角大楼文件，最后被称为文件库，主要涉及的是前4届政府的决定，但尼克松勃然大怒。他谴责《纽约时报》的"背叛"行为，声称它损害了美国与中国和俄罗斯之间微妙的谈判。6月15日，他命令检察长约翰·米切尔下达不许进一步出版的禁令。这一案例直接呈送最高法院，法院以不同寻常的速度于6月30日裁定，《纽约时报》具有出版的宪法权利。

泄露文件的丹尼尔·埃尔斯伯格实际上在尼克松政府的初期曾为基辛格工

第七章 | chapter Ⅶ
不管怎样—最终，摆脱

作，但他辞职加入了兰德公司，在那里他发现并看到了一本五角大楼文件。这份文件只有 15 本，其中两本在兰德的保险柜里。埃尔斯伯格已经是一名热情的反战批评者，去了国会山给参议员 J.威廉·富布赖特、乔治·麦戈文和查尔斯·古德尔看了他的那本文件，希望他们中有人会同意将其公开。但是没有人同意。埃尔斯伯格然后又去了希恩那里。他曾报道过越南战争，对越南保留着一个浪漫的依恋。对《纽约时报》来说，这不仅仅是一件是否发表一篇社论的事，它还是一个法律的问题。报纸可以有意地刊登绝密文件吗?《纽约时报》编辑认为《纽约时报》需要出版，而且他们组建了一个秘密的小型记者和编辑团队，阅读整个报告并开始写一系列的新闻报道。实际出版等待出版商亚瑟·苏兹贝格的最终决定，6 月份他亮了绿灯。

尼克松和他的高级助手花了整整 4 天的时间最后得出结论，埃尔斯伯格是泄漏的来源。基辛格对埃尔斯伯格一个前同事的攻击出人意料地野蛮："我很了解他，他完全疯了……他总是有点精神错乱……吸毒……性……在越南向农民开枪。"基辛格担心尼克松将恢复初期时对他忠诚的怀疑，他想把自己和埃尔斯伯格之间拉开明显的距离。作为保护者和顾问，基辛格转向总统，故意激怒他，也许是为了强调自己对泄漏和泄密者的仇恨。他用刺激他的老板的口吻说："这表明你是一个弱者，总统先生，这些泄漏正在慢慢地、系统地摧毁着我们……它可以摧毁我们开展外交政策的能力。如果其他国家感到我们无法控制内部泄漏，他们不会同意秘密谈判[⑨]。"

尼克松怎么回应的? 他能怎么回应? 正如基辛格假定的那样他会回应的。首先，他谴责了官僚主义："我们已经检查并发现官僚机构中的 96%反对我们"，他说的这个惊人的精确数字根本没有支持的数据。"他们是些混蛋，现在想伤害我们。"甚至超过他自己的官僚机构，尼克松真正在鄙视《纽约时报》。他大声责骂："那些狗娘养的要杀死我，我们要面对敌人，面对阴谋。他们将使用任何手段，我们也将使用任何手段。"最后，他下令政府镇压泄漏现象和泄密者，他告诉助手查尔斯·寇尔森："采取一切行动阻止这些泄漏……如果谁都跑出去泄密，这个政府就无法生存，无法发挥作用了。"这种镇压迎合了尼克松政府最糟糕的本能并最终导致"水门丑闻"迫使这位总统自己于 1974 年 8 月宣布具有历史意义的辞职。

战争谎言
——美国总统的承诺与背叛

1/ 在巴黎的最后一推

尼克松，对巴黎谈判仍处于矛盾的心态，准备在1971年夏季和秋季暂停秘密会谈。在每次会议之前，基辛格写到，通常都有"一场拖延的内部辩论"——尼克松对明显需要妥协的情形感到不自在，他的谈判代表也急切做出"最后一次尝试。"但是7月12日会谈，被证明是一个"真正的谈判会议。"双方第一次意识到在他们的谈判立场中实际上存在观点一致的地方。"我们接受了双方文件中的单个观点，并把他们并列地摆出来"，基辛格观察说。似乎最终达成一致是可能的。基辛格说："我和我的同事都陶醉了"。他当时就意识到，与北越谈判后他还得与他的总统谈判⑩。

基辛格劝尼克松允许他向河内提出最后一个"最终提议"。这个"最终提议"很有趣，因为它预示着最终协议的成形，该协议于1973年1月被签署。基辛格写到："14个月后，我们将基本上满足和决定了我在1971年提出的条款⑪。"这个提议承诺协议签署6个月内举行选举。选举将对所有政党开放，包括共产党。阮文绍将在选举前1个月辞职。仍在南越的小部分美国军事力量将无条件撤出，这意味着当时大约有20万的北越人将被允许留在南越，大概是为了当他们希望时做他们所希望的事情。这个提议显然是为了美国撤出和共产党的最终胜利而精心拟定的。逗号后面没有隐藏噱头。意义是显而易见的。尼克松知道，基辛格知道——终于，两人都准备承认在与北越的秘密谈判中，一个独立的、非共产党的南越这个目标不再在美国的议程上。然而，在他们关于这场战争的公开声明中，两人都不会承认美国地位的这种变化。战争在继续，杀戮在继续。

如果当时到达基辛格桌子上的最新情报是准确的，战斗和杀戮很可能在1972年，（尼克松竞选连任那年）年初大幅上升。情报透露，河内劳动党（共产党）政治局已决定在几个月时间内向南越发起一次大规模的攻势。在围绕着继续中国模式低强度的游击战还是转换到苏联模式的主要以坦克、大炮、以及多个师级进攻为主的大规模战争问题上争辩了3年时间以后，政治局决定现在是再赌一次1968年式的大规模攻击的好时机，这种攻击可能摧毁南越共和军，

第七章 | chapter Ⅶ
不管怎样—最终，摆脱

粉碎阮日益减少的支持，重新点燃美国的反战示威游行并最终迫使美国撤出这场战争。河内政党杂志的一篇社论说："战争是快速结束还是旷日持久并不重要，两者都是播下种子的机会；我们要做的就是等待时间收获庄稼。"他们相信，总有一天他们会赢。自1969年以来，河内一直在观察美国地面部队的稳定撤出，他们想知道什么时候在南越的军事平衡将向有利于他们的一边倾斜。1972年被认为是临界点。此外，政治局决定它将以出乎每个人意外的方式发动其攻势并冲过南北之间的非军事区，特别是美国和南越，即使这样一个跨境作战行动被日内瓦公约明确禁止。

迹象随处可见：成千上万的军队被动员并进入攻击阵位，不仅在非军事区以北，还在老挝的胡志明小道一线和在柬埔寨的红色高棉庇护所的多数地方；在河内和海防市内和周围的战略城市正在加固堡垒防御预料中的美国空袭；数百辆坦克和大炮被部署在南越的北部和西部边界；河内电台不间断地播放有关美国计划进一步对北越"侵略"的恐怖新闻报道。

4年来最大的集结引起了尼克松的注意。他认为如果共产党的攻势成功，不仅能够破坏他的中国峰会计划，还能把南越一分为二。他对海德曼说："我简直不能相信你能让他们把我们打得屁滚尿流。"他说的"我们"指的是南越，他从未相信过"一个狗屁小国"北越能打败美国。为了传达力量的印象，尼克松下令在12月份对北越进行5天强烈的空中打击。他确信即使在南越没有大量的美国地面部队，美国用其压倒性的空中力量仍然能够扼杀任何共产党的攻势。静观其变，他似乎在警告。

从他任总统开始，撤军就是他的使美国摆脱越南战略的核心。尼克松认为，只要他继续从南越撤出美国军队，伤亡率就会下降，美国人民就会忍受战场上偶尔的剧变。数字就是证据。1969年1月，尼克松上台后，美国人在越南境内和周边地区死亡的人数是每周350人，由于无法忍耐的愤怒这个国家沸腾了。3年后的1971年12月，死亡人数已下降到每周7人。1972年1月的第一周里没有战斗死亡的报告，这是7年来的第一次。直到此时，几乎没有公众走上街头抗议这场战争。（只有国会，在公众舆论的曲线后面，对结束美国对越南的介入似乎没有耐心。）

此外，尼克松逼迫他的工作人员想出了一项"不征兵到越南"政策。在这方面，数字是令人信服的。1970年，每月超过8千新兵被送往南越作战。到1971年9月，每月数量已下降到2500至5800人。两个月后的11月下降到1200人，12月到500人。白宫希望到1972年中旬被送到越南的应征者数量将降至零，而且尼克松的掌上明珠志愿兵役制，在国会通过相应的法案以后将开始实施。

2月14日，尼克松离开美国参加中国峰会的前三天，北越给基辛格发了一个情人节祝福。他们提出3月11日重启巴黎和谈。基辛格"欣喜若狂"——还是那个词。经过几个月的不确定性，现在他相信战争会在夏季之前光荣结束。总统轰炸北越的决定，他几乎可以肯定的连任，电视将隆重播出的中国和俄罗斯峰会，这些基本事实（没有任何意识形态或者民族自豪感），终于说服了北越，现在是结束谈判、结束战争的时候了。基辛格是这样认为的。但他错了，而怀疑论者尼克松是正确的。原因有两个：第一，尽管战争在持续，北京峰会仍然要举行，这就证明虽然中国在漫长而残酷的反美战争中支持其共产党盟友北越，但为了满足其国家利益，即与美国外交和解使中国能够抵御其在克里姆林宫的意识形态敌人，它仍然会欢迎美国这个敌人走进家门。第二，尼克松认为不管在峰会期间发生什么事北越仍计划攻击南越。河内按照自己的节拍前进。

中国峰会持续了七天，1972年2月21至28日。尼克松得意地宣称，这是"改变世界的一周。"虽然几乎没有什么改变，但正是一个星期的装腔作势结束了几十年的中国和美国之间的敌对状态，开启了问题与希望并存的三角外交时期。这是一个合法的外交突破。峰会期间只有台湾地区问题仍待解决。尼克松对中国的长城发出阵阵感叹，而基辛格和周恩来经过外交较量后，在最后的联合公报中明确阐述台湾地区是中国的一部分，而不是含蓄表明的一个独立的国家。因为共产党和国民党都同意台湾地区是中国的一部分，这句话对谁都不会冒犯。

峰会中的峰会是毛泽东和尼克松之间的谈话，即使基辛格更欢欣鼓舞地描述他们的第一次见面，但对话十分平淡乏味。他称这次会见使"我们见证了历史"。因为两位领导人更愿意避免争议，尼克松建议他们谈论"哲学问题"。

他想让毛泽东把他视为一个实干家[②]。甚至在中国峰会上，当尼克松作为美国参孙出现在电视上时,基辛格还是把他视为一个"孤独的、遭受折磨的、没有安全感的人,独处在其不受干扰的移动办公室里",乞求"确认和保证。"当尼克松回到美国时,如同一位英雄受到支持者和反对者的迎接,他喜欢这种赞美。美国广播公司的霍华德·K.史密斯在电视上说:"尼克松先生的绝妙表现具有政治家风度又恰到好处,值得称赞。"这句话反映了民意。

2/ "最后一搏"

总统的愉悦混杂着对情报报告所说的北越另一次攻势的担忧。这次攻势终于在3月30日开始了。基辛格告诉尼克松:"他们已经越过军事分界线、越过柬埔寨边境向西贡、越过老挝边境进入中部高原,发起了多个师的攻势。"按照基辛格的话说,这是"河内的最后一搏⑬。"

在200多辆苏联T-54新型坦克和许多130毫米无后座力火炮的支援下,北越的3个师冲破了南越和美国人在军事分界线沿线的薄弱防线,进入了广治省。4万名驻扎在该省的韩国军队,通常是凶猛的战士,但大多人拒绝去冒生命危险。大多数美国人已经撤出,他们为什么应该打仗呢?北越的其他师从他们的柬埔寨庇护所里冲出来,穿过南越边界,直奔西贡。老挝也成了新一轮战争的牺牲品,成千上万的北越军队离开了他们的大本营,沿着胡志明小道向南移动。他们的目的地似乎是一直被认为是南越最脆弱部分的中部高原,这一地区一旦被占领和控制,这个国家可能就被有效地一分为二了。

尽管美国和南越都意识到了一场攻击迫在眉睫,但当最终降临时,他们似乎一下子成了被致盲灯照住的两只鹿,呆住了。有一段时间,好像北越可以席卷整个国家。媒体报道了这次闪电战攻击,令人担心地提到,南越共和军在"战争越南化"概念下第一次经历的真正炮火严峻考验中遭到"毁灭性"打击"溃不成军"。

"如果这次攻势成功",尼克松告诉国会领导人:"你们将会有一个更危险的世界……如果我们……失败,没有总统可以去莫斯科,除了爬行。"他想象他的缓和政策将化为乌有。基辛格描绘了一个更为暗淡的情景:"如果我们失去了越南……我们整个外交政策将处于危险之中。"

之后在椭圆形办公室,基辛格担心南越共和军会崩溃,尼克松说:"很多事物将崩溃……我们在玩俄罗斯游戏、中国游戏和选举游戏。"这时的基辛格更像一个将军而不是国家安全顾问,他说:"这就是为什么我们必须把北越炸的屁滚尿流⑭。"尼克松毫不迟疑:他下令对共产党在南越、北越的军队和设施实施大规模空袭。"这次,这些混蛋将遭受他们从来未遭受过的轰炸",他告诉海德曼。他决心击退北越的进攻,否认他们的军事胜利,即使代价是苏联决定取消即将举行的莫斯科峰会。在日记里尼克松指出:"我们把越南搞定了才有可能进行莫斯科谈判。""搞定"是很多解释的主题;尼克松的解释是美国在他执掌期不能输。

3月30日,当共产党发动攻势时,45架准备好战斗的B-52轰炸机处于对北越攻击的距离。两周后,130架B-52轰炸机准备行动。20艘美国军舰已在北越沿海游弋;现在已有40艘,包括两艘航空母舰。海军已有150架战斗机准备投入战区的战斗;现在数量猛增至275架。空军在南越已有445架陆基做好战斗准备的攻击轰炸机;现在又增加了250架。

4月6日,越南南北两方的天气晴空万里,这支强大的舰船和飞机部队投入了战斗,目标是军事分界线沿线的数百个北越的地对空导弹设施和更往南的共产党军队的集中营。北越的2万军队离西贡只有60英里了。他们必须被停止。其他的北越军队正处于广治省的首都郊区。在4月15至16日的周末,自1968年春季以来,第一次一波又一波的美国战斗机轰炸机袭击了港口城市海防(以前曾禁止攻击那里,因为那里停有外国船只)。在这些袭击中,4艘苏联舰船被击中,尽管这些船只不是目标但被击中了,显然莫斯科峰会现在已岌岌可危。几十架海军F-4战斗轰炸机扫射和轰炸了首都河内,击中了码头、仓库以及油库。附带损害不可避免而且范围广泛。

从南到北,战斗在激烈进行——尼克松一直认为这场对决之战是任何最终解决方案的序言。尼克松对北越遭到的空中打击的严重程度特别满意。他告诉海德曼:"嗯,这个周末我们真的给他们留下了我们的名片⑮。"基辛格略带喜悦地侧身走近总统说:"他们投下了一百万磅的炸弹。"尼克松高兴地回答:"该

第七章 | chapter Ⅶ
不管怎样—最终，摆脱

死的，那一定是打得很漂亮。"然后，尼克松回顾了约翰逊总统对轰炸北越不满意的经历。"约翰逊轰炸了他们好多年，可没得到一点好处。"基辛格说了句安慰的话："但是，总统先生，约翰逊从来没有一个战略。他是那种小打小闹的人，他总是投入50架、20架飞机。我敢打赌你一天投入轰炸的飞机数量比约翰逊一个月投入的量都多[16]。"

尼克松想要莫斯科听到这些雷鸣般的爆炸声——他希望俄罗斯能够衡量一下继续支持他们顽固的盟友的成本和一个超级大国与美国和解（包括限制核武器协议）的潜在好处。尼克松似乎快到喜欢这种冒险的外交了。俄罗斯人能取消即将举行的峰会。是真的。中国能冻结他们与美国的新的有希望的关系。也是真的。缓和政策能遭受损失，甚至他的连任（曾被认为是毋庸置疑的事），也可能会失去其一点政治光泽。但是，在大戏高潮的时刻，尼克松这位赌徒准备全力以赴。他再三告诉他的助手，他宁愿失去这次峰会也不要失去战争，但是在他的内心深处，他哪个都不想失去。尽管他攻击了北越，中国不能张开双臂接受他吗？俄罗斯呢？他们在继续准备5月份的峰会。在华盛顿，多勃雷宁大使在4月3日、6日、9日和12日会见了基辛格，他每次都向基辛格保证克里姆林宫想要与美国的良好关系，尽管东南亚战争升级。实际上，他们在中东和双边贸易而不是在越南方面花费的时间更多。在4月12日的会见中，多勃雷宁甚至敦促基辛格去莫斯科与俄罗斯领导人讨论越南问题。大使向他保证这将是值得的，要不是尼克松对河内和莫斯科的深度不信任，峰会的热情支持者基辛格本该在那天晚上前往莫斯科了。他不得不等待绿灯，而尼克松不急于亮绿灯。

这不是尼克松—基辛格分歧公开化的理想时机，但它确实并迅速成为华盛顿赶八卦的东西。几乎天天都有关于尼克松政府高层政策分歧的"独家新闻"。对于外交记者来说，这些天就是人间天堂的日子。国务院高级官员告诉我（大概也有其他记者）："尼克松已经疯了。"他们真的担心莫斯科峰会的希望被他的越南战略给毁掉。一位国家安全顾问说："再也没有人能控制他了——他发狂了。"基辛格故意泄露关于尼克松的"与男子汉异国调情外交"的故事。甚至许多五角大楼官员也加入了批评他们的总司令的行列，不是因为尼克松可能失去他的莫斯科峰会，而是因为南越共和军陆军可能在共产党无情的攻击下崩溃，而且其失败将归咎于五角大楼。情报分析人员告诉我，实际上苏联在向河内施压，以达成一项协议——但被拒绝了。河内不想屈服于俄罗斯或美国的压力。尼克松有酒壮胆，也拒绝让步。这是一个棘手的时刻。

4月15日，尼克松令基辛格感到惊讶，这不是第一次。尼克松改变了他的立场，告诉他的国家安全顾问接受多勃雷宁的邀请于4月20日飞往莫斯科。在执行这个秘密任务上，基辛格将几乎没有自由行事的余地。他将传递尼克松对峰会、对改善与俄罗斯的关系的渴望，但他还要强调，不是以越南失败为代价。虽然尼克松本人渴望莫斯科峰会——他想成为第一个访问苏联首都的总统——他强烈地感到，美国的信誉、诺言和承诺在越南正处在危险之中。他想要俄罗斯能安排他们的盟友河内政权在巴黎接受一个合理的妥协。尼克松准备在签署协议后接受就地停火、立即返回美国战俘和撤出所有美军。基辛格认为尼克松的条件是非常慷慨的。就地停火意味着入侵北越军队仍将留在南越。俄罗斯人不明白他的信息吗？

基辛格在莫斯科与苏联领导人列昂尼德·勃列日涅夫和外交部长安德烈·葛罗米柯谈判了两天，但他无法得到苏联的承诺以传递给河内。莫斯科峰会的命运前途未卜。俄罗斯将取消峰会吗？基辛格认为，俄罗斯非常想要这次峰会，所以他们会容忍美国对北越的继续攻击。尼克松认为俄罗斯"直接与河内勾结。"副国家安全顾问亚历山大·黑格认为总统"拘谨死板"并"越来越焦躁不安"，他下令基辛格中断在莫斯科的会谈回国。基辛格几乎直接在违抗总统的旨意："不，我们正在接近政策的最后成功，我们一定要为了急于轰炸目标而把这件事给搞砸吗……"⑪尼克松的回答是："全都是废话……全都是废话。"

4月25日，基辛格回到华盛顿后，立即开始恳求尼克松批准实施两个相互关联的方法来结束越南战争：第一，继续筹备与俄罗斯的峰会，其次，5月2日再次会见驻巴黎的河内谈判代表黎德寿（被美国人称为"鸭子"）。基辛格认为此次峰会最终会迫使北越同意一个妥协的解决方案。尼克松不相信任何人，他想知道：基辛格是不是一直在被狡猾的勃列日涅夫"欺骗"。更重要的是，苏联领导人的真正目标是以在最后一刻取消峰会和暗中破坏他连任的方式来"羞辱"他吗？

第七章 | chapter Ⅶ
不管怎样—最终，摆脱

尼克松和基辛格的谈判与基辛格和勃列日涅夫的谈判一样经常是冒险性的，而且在这个微妙的时刻，两个谈判又都在北越要在南越再发动一次攻势的背景下开始的。

4月24日，正当基辛格和黎德寿打算同意在5月2日再见面时，北越数千人的精锐部队攻入中部高原。坦克和大炮开路，军队随后向省会首都昆嵩和波来古挺进，南越共和国军陆军第22师的一半被歼。南越的南半部处于军事崩溃的边缘。在广治省，数千名北越军队包围了省会，同时歼灭南越共和军陆军第3师。这一地区其他的南越共和军陆军部队惊慌失措。许多南越共和军陆军部队被他们的指挥官抛弃，不能有秩序地撤退，他们加入了逃离广治的成千上万的平民行列，沿着一条主要高速公路前往顺化。这种情形很快就被称为了"死亡的高速公路。"

约翰·巩特尔·迪安，驻该省的国务院高级官员和弗雷德里克·Z.布朗——驻岘港的一位年轻的领事，登上了一架美国航空公司（中情局）的直升机前往广治以帮助撤离美国人和给南越人提供有关岘港难民设施的建议。回过头来看，鉴于战斗的强度，他们的这一决定非常冒险。当他们接近广治时，遇到了敌人的地面火力——他们的直升机被击中开始漏油，但是幸运的是它摇摇晃晃地安全降落到了附近的一个美国重火力点。几分钟内，他们被一架美军直升机空运送走，快速到达了广治南部的一个地方，在那里他们可以观察到刚刚从广治和顺化之间的高速公路上的大屠杀中幸免的成千上万的难民。迪安和布朗都无法进入广治，但他们听说了在高速公路上发生的事情。布朗记得"成千上万的越南难民、家属、妇女和儿童试图离开广治，他们往南去岘港。人行队列前后各有一辆坦克。北越人首先把前后的坦克干掉，然后从高速公路两边的侧面位置向人群开火。这是一场杀戮，一场大屠杀。无数人被杀⑧。"基辛格估计的数量为2万人，其中"大部分是平民。"当天晚些时候，迪安和布朗在回岘港的途中又遭遇了一次程度不大的危险，他们乘坐的直升机再次被敌人的地面火力击中。

布朗在这个地区呆的时间足够长，完全可以欣赏到B-52轰炸机在南越的复活节攻势中发挥的至关重要的作用。要不是在战术上使用了这些战略轰炸机，对敌军实施了"弧光攻击"，他认为"北越可能已经冲到了顺化"，然后威胁到南越的其他部分。布朗说，这是战争中一个"非常危险"的时刻。

5月1日，基辛格打算恢复他与黎德寿在巴黎的秘密会谈的前一天，经过一场残酷的战斗，广治落入北越军队之手。南越共和军的海军陆战队勇敢地作战并遭受了重创，但是他们无法阻挡北越人。帝国首都的顺化，充满了数万惊恐的难民，南面离北越的进攻只有15英里远。国家在颤抖。如果北越当时认为他们已经处在最后胜利的阶段，他们的判断没有多大偏差。尼克松被这一消息震醒，指示其前往巴黎的谈判代表："他们会因此得意洋洋，所以你必须用你的方式挫败他们。没有废话。没有友善。没有调和。"后来，他在给基辛格的一份备忘录中补充说："现在是打他们的最好时机。我们已经破釜沉舟了，我们必须赢……本总统已经忍耐够了，现在你只有一个信息给他们——坐下来和谈，否则[19]！"在基辛格前往巴黎时，白宫正在紧急考虑对河内和海防进行更强烈的轰炸，对海防和其他港口进行更多的布雷，而且，如果有必要，取消莫斯科峰会入侵北越。

遗憾的是，5月2日的谈判一无所获，就是互相侮辱和交换了一些陈词滥调。气馁的基辛格很快回到华盛顿，听任越南战争的进一步升级，但仍决心保持莫斯科峰会正常进行。尼克松不可能把越南从他的全球考量中分离出去："如果这次峰会的代价是在越南输掉战争，那就一点都不值得开"。他告诉基辛格："我的本能告诉我，这个国家可以失去峰会，但不能输掉这场战争。"尼克松无法想象在克里姆林宫与苏联领导人举杯时，苏联援助的坦克正在为取得胜利的北越军队进入西贡当先锋。"不，"他轻蔑地说：这是"荒唐的"，"不可思议的[20]。"

实际上尼克松在进行一次历史性的赌博，用B-52轰炸机打击军事分界线和南越各地的北越军队的集合地，造成北越人大量的伤亡，南越共和军才能够推迟共产党的胜利，形成一种足够持久的军事僵局，以便使尼克松能够实施他的三角外交并最终达到光荣地退出越南战争的目的。这是一场充满复杂性、不确定性和阴谋的赌博。南越共和军可能随时崩溃，阮文绍可能被暗杀，美国可能不仅失去一场战争，还有一个与俄罗斯和中国关系取得重大进步的机会。

5月8日，尼克松又在电视上宣布，美国不得不在与北越的战争中再一次采取重大步骤，他决定阻断武器和弹药流入北越。他仍然赞成与苏联改善关系，

第七章 | chapter Ⅶ
不管怎样—最终，摆脱

包括举行莫斯科峰会，但当时对尼克松更重要的是"体面地"结束这场战争。他要"对所有港口进行布雷，最大限度地"封锁所有的铁路、公路和其他交通设施。"为了给其国内的批评家一点甜头，他补充说：一旦美国战俘被释放和"国际监督下的停火"确立，美军将撤出南越，所有人。他再一次没有提及允许北越部队驻留南越，他在巴黎谈判的主要让步[21]。

尼克松讲话时，海军的200架飞机开始向海防的港口和其他6个北越人的小型港口投掷水雷。水雷定时在57小时后被激活，这段时间足以使苏联和其他货船离开港口。尼克松在战争逐渐升级的梯子上，他希望能够来回走，这是这场战争的一个奇怪的异常。

"他们蔑视我们在巴黎谈判"，尼克松后来大怒："我们把50万士兵带回了家，他们蔑视我们。我们还能做什么？"第二天，在给基辛格的一份备忘录中，尼克松回答了自己的反问："我认为我们应该全力以赴……既然我已经做了这个艰难的分水岭决定，我打算不惜一切代价迫使敌人屈服。"他以巴顿、麦克阿瑟和丘吉尔作为生死豪情的例子来规范自己。尼克松写道："我们有力量，唯一的问题是我们是否有使用这种力量的意志。我和约翰逊的区别在于，我肯定有这种意志[22]。"

在其他方面，对尼克松布雷决定的反应是能够预测到的。参议院民主党党团会议以29对14的投票谴责战争升级。《纽约时报》呼吁切断战争拨款"把总统从自己那里、把国家从灾难中拯救出来。"《华盛顿邮报》宣称尼克松"已经失去了与现实世界的联系。"全国不同城市的街头再次出现反战示威活动，但每个地点的抗议人数只有数百人或近千人。尼克松的一位白宫幕僚约翰·迪安给总统写了一张便条说："预期的上周末反战示威与许多反战活动人士所希望的相差甚远。"1969和1970年的那种大规模、狂暴的反战示威活动早已退去，因为越来越少的年轻人被征兵到越南，伤亡报告也越来越少。从这个意义上说尼克松的国内战略奏效了。反战情绪已经基本上离开了街头，主要变成了一场国会以立法形式结束这场战争的运动。

俄罗斯将如何应对海防的布雷和河内的轰炸呢？中国呢？正如尼克松——一位玩世不恭的人，为他们的行为所假设的那样。随着时间一天天过去，苏联没有取消峰会，基辛格、多勃雷宁的准备工作在继续，说得通的假设是俄罗斯人忍受了自己意识形态上的傲慢，把改善与美国的关系的希望摆在他们与北越联盟的前面了。基辛格后来写到：他们已经"摆脱了（他们的）地球另一边的难驾驭的小盟友。"不见得。俄罗斯再一次曲解了河内的长期战略。

5月9日，苏联通讯社塔斯社对尼克松总统的讲话进行了概括，突出了总统的保证——对海防的布雷不针对任何国家。同日，中国通讯社新华社抗议美国攻击了中国航运，但语言却令人感觉很温和。5月10日，多勃雷宁向基辛格递交了一份抗议照会，然后询问总统是否会接见来访的苏联贸易部长，暗示俄罗斯和美国一样愿意继续保持正常的贸易关系，尽管有布雷一事。

基辛格心花怒放——一个多月的时间，他一直认为就算俄罗斯人不取消峰会，至少也会推迟它。5月11日，尼克松和苏联贸易部长尼古拉·帕托利切夫会面，"温暖"和"友好的"形容词是官方用来描述这次会见的。之后，电视记者问帕托利切夫莫斯科峰会是否继续。他答道："我们从来没有任何怀疑。"5月12日，基辛格和多勃雷宁讨论了峰会协议。交换什么礼物呢？例如多勃雷宁建议给尼克松水翼船，给勃列日涅夫凯迪拉克车。很快意见一致。基辛格向尼克松报告："我们已经度过了这场危机。我认为我们将会做到布雷轰炸和召开峰会两不误。"

3/ 莫斯科峰会，河内轰炸

全球瞩目的头版头条大事件莫斯科峰会，对尼克松的连任竞选活动来说是非常完美的一笔。5月22日当空军一号前往赴会时，基辛格高兴地突然闯进总统的私人客舱里。他自豪地宣布："这必须是有史以来伟大的外交谋略之一，3个星期前，每个人都预测它将被取消，而今天我们在赴会的途中㉒。"的确，他们是：总统，从一开始就带着一种固执的决心，要以被人们认为的那种光荣的方式结束越南战争——他恪守了美国的承诺；总统的国家安全顾问，他相信尼克松的战争政策并赋予学术的光泽。

尼克松和基辛格回顾了即将召开的峰会的关键要素：一份军备控制协议、

第七章 | chapter Ⅶ
不管怎样—最终，摆脱

一份重要的贸易协定和一份概述"美苏关系基本原则"的协议，最后这份协议会使俄罗斯人感到激动，尽管里面充满了缓和之流的陈词滥调。他们还花时间谈论了作为普通的人和作为领导者的勃列日涅夫。基辛格向尼克松做了后者并不需要的汇报，他是"一位顽强且精明的苏联领导人，注重自己的地位和利益，对轻蔑非常警觉。"勃列日涅夫憎恶战争——他永远不会提及俄罗斯二战期间可怕的损失。他还是一位真正的俄罗斯民族主义者，他不喜欢中国，只有那些拥有强大的种族主义观点的人才会那样，他把美国人和俄罗斯人描述为"欧洲人"，是高尚和文明的，相比之下，他把中国看做"东方人"，是落后和野蛮的。基辛格准备的非常完美，他要在峰会上利用勃列日涅夫的种族主义倾向：如果俄罗斯领导人不信任中国，他可能会更适应尼克松。这是三角外交游戏中完美的一杆击球。"勃列日涅夫现在有重要的生意与你做"，基辛格以回顾历史结束了他的思想表达。"莫斯科不得不牢牢记住日耳曼人的过去，这样它就能够处理蒙古的未来了[20]。"

下午 4 点整，尼克松抵达苏联首都，实现了他的竞选希望并成为第一个踏进苏联的美国总统。作为副总统，巡游的尼克松曾在 1959 年 7 月去过苏联，当时正在准备第二年的总统竞选。关于 1959 年和 1972 年的这两次访问，他觉得正确宣传对苏联共产党国土的访问能够向美国人民证明：他比任何其他的候选人都知道如何打败这个敌人。1959 年 7 月，他参与了一个著名的"厨房辩论"，与苏联领导人赫鲁晓夫就有关他们的竞争性的政府体制的相对优缺点问题进行了辩论；作为一位报道副总统访问的新闻记者，我认为尼克松赢了。1972 年 5 月尼克松回到了莫斯科，寻找与外交胜利一样的另一个政治胜利。

50 辆摩托车队沿着荒凉的林荫大道向克里姆林宫飞驰，俄罗斯人民被公交车组成的路障挡住不能显示其真正的热情。这是苏联安保发疯的一个例子。大皇宫的整个一层楼都预留给总统，表明苏联奢侈的好客。几分钟后，尼克松和勃列日涅夫在克里姆林宫附近的一个办公室里开始了他们一周的峰会。在两个小时的会议中，首先谈论的问题是苏联对美国越南政策的抱怨，双方曾经表达了各自的看法，此后没有再提起。然后谈到了美苏二战期间的关系，那时他们是反对希特勒德国的盟友。勃列日涅夫表达的信息是：复兴过去战时盟友的精神和承诺的时候到了。

5月23日,峰会在洋溢着热情、友好的气氛中继续,尼克松和勃列日涅夫对各种贸易协定都表达了自己的看法,他们还讨论了限制核武器问题。

5月24日,勃列日涅夫"绑架"了尼克松——用基辛格的动词来讲,并迅速将他送到了莫斯科郊外的一处别墅。在那里,一个好玩的勃列日涅夫带着尼克松在莫斯科河上乘坐了一个小时的疯狂的水翼艇航行。当他们回到别墅后,总理阿列克谢·柯西金和国家主席尼古拉·波德戈尔内加入了进来。然后每个人轮番攻击尼克松的越南政策,称其为"纳粹一般""残忍""非法"和"纯粹的侵略。"

勃列日涅夫似乎很得意他的诽谤,一度警告尼克松,河内有一天可能会邀请"其他国家"的军队加入到斗争中去。他提到1965年中国就准备使用军队介入越南。这是一个约翰逊反复出现的噩梦。尼克松反击道:"那种威胁一点也吓唬不了我们,还是做一下看看吧。"勃列日涅夫尝试另一种方法:他说,美国从越南撤军将提高美国在世界上的威望,1969年戴高乐就提出了类似的政策建议。尼克松没有回应勃列日涅夫的话,却引用了基辛格的"体面间歇"的理论。"基辛格博士告诉我,如果有一个和平解决越南问题的方案",他关联地说:"你将同意越南人在一段时间后,大约18个月,做他们想要做的任何事情。如果这确实是真的,如果越南知道这一点,而且也是真的,在此基础上他们将会赞同(达成协议)"。勃列日涅夫接着问了那个关键问题:如果你真的准备在18个月以后让西贡落入共产党手中,那么为什么现在不结束战争呢?

尼克松再一次没有回应。在大多数情况下,他安静地坐着,经受着苏联接二连三的攻击。然后,俄国人迅速升高外交温度又迅速将其降温,他们显然意识到,现在已经有了他们需要的东西:他们激烈抨击美国的政策和坚定捍卫其北越盟友的文字稿。毫无疑问,这篇原稿会立刻发往河内。

5月26日晚上11点,峰会的最后实质性的一天,美国和苏联最终达成了限制反弹道导弹发射场数量和暂时冻结短期和远程导弹数量的核武器条约协议。这是军控历史上一个重大成就,是值得基辛格特别向随访的美国记者团通报的事情——情况通报会开始于5月27日星期六凌晨1点,地点在离红场几百

第七章 | chapter Ⅶ
不管怎样—最终，摆脱

码的苏联国际旅行社的《满天星》夜总会。夜总会对顾客进行了临时清场。会场的布置是超现实主义的，一个彩色玻璃的摩天大楼的轮廓作为基辛格讲话的几乎感觉不到的背景，他站在记者面前，手里拿着麦克风，犹如一个丰满的歌手正要演唱一首情歌。记者围坐在小桌子旁，就有关战略武器、中东问题、贸易——还有越南等问题做着笔记。基辛格将这次会谈描绘为"时间长、有时艰难、非常详细的[35]。"

几小时后的周六早上，当尼克松要离开莫斯科到列宁格勒——即圣彼得堡，以彼得大帝的"西方窗口"命名——进行旅游时，基辛格恢复了他与葛罗米柯有关越南问题的对话，再次聆听了苏联领导人恢复巴黎谈判的呼吁。基辛格坚称："那不是问题，我们想要的是一个具有早日结束战争前景的谈判。"

峰会期间，基辛格一直监视着在越南的令人烦恼的共产党攻势，在那里，南越共和军的崩溃可能会迫使尼克松返回华盛顿从而使峰会流产。但随着峰会的进行，南越没有传来灾难性的新闻，基辛格有理由相信，也许局势可能会稳定下来。不论何种解释，北越的攻势似乎已停滞不前。对顺化的预期攻击一直没有进行。还拥有的省会昆嵩和安禄一样被围困了数周。西贡似乎不再受到直接的威胁。B-52的战术应用给共产党军队造成了毁灭性的巨大伤亡，似乎暂时削弱了共产党攻势，给南越共和军一个重整队伍并就地继续进攻的机会。所以当葛罗米柯回到苏联一贯坚持的建立一个联合政府时，基辛格表示坚决地拒绝。他再次强调，协商结束这场战争的唯一基础是河内接受就地停火、美国撤军和立即返回美国战俘。勃列日涅夫、葛罗米柯和其他人似乎真的对尼克松政策的一个方面感到困惑：如果美国愿意接受共产党在其撤出南越一年或两年后的胜利，为什么现在不接受相同的结果和避免继续战争所造成的损失和破坏呢？

基辛格和葛罗米柯在奇怪的周六早晨的情况通报会和谈判后才最终敲定了峰会结束后的联合公报，尽管内容有很多对美苏关系新出现的希望的赞美，但对苏联支持河内的简短和抑制的表述也是值得关注的。对于俄罗斯人来说，越南战争似乎是在正式的公报中要承认的难以忽视的真相，但在大多数其他方面，基本上要推到谈判桌的一方那边，而且在可能的情况下，还可忽略掉。

经伊朗和波兰的停顿后，尼克松于6月1日返回华盛顿，直接向国会联席会议得意地报告其莫斯科峰会情况。他说："人类最古老的梦想，一个所有国家都能够享受和平幸福的世界"现在真的有可能实现了。他说，峰会标志着两个主要核大国之间相互同意约束和限制军备的"新时代的开始"[27]。民意调查表明，他比可能成为民主党总统候选人的参议员乔治·麦戈文领先19个点。他的连任看起来十拿九稳。现在尼克松的工作是结束战争，这意味着基辛格的工作是恢复巴黎谈判，而且他是带着一股新鲜的乐观走向这个责任。"我认为我们将在今年夏天结束越南战争"，他告诉检察长约翰·米切尔。基辛格推断，现在任何一天北越都会接受美国的就地停火建议。可以肯定，会有一个突破。

7月19日，基辛格再次会见了黎德寿，这次有6个半小时的时间，超过了他们任何其他的会议。黎德寿一次次返回到一个主题、一个问题上：如果有一项协议，美国能尊重它吗？如果在不确定的一段时间之后，北越控制了南越，那么美国会决定重返中南半岛吗？基辛格向黎德寿保证一旦撤出南越，美国将远离。他强调华盛顿是"诚心诚意"的。峰会后的俄罗斯现在是在威胁北越要更愿意接受协议吗？基辛格认为，可能。他回到华盛顿告诉多勃雷宁："北越的语气比以往任何时候都更可接受了……随时都会讨论最终和解的可能性。"多勃雷宁像佛陀一样微笑着，什么也没说[28]。

受到鼓励的基辛格安排8月1日再与黎德寿见面。这一次持续了8个小时，时间空前的长，北越似乎还想有下次会谈。双方同意8月14日再见面。虽然在如何处理阮文绍的问题上仍然存在尖锐的分歧——放弃他、把他包括在联合政府里还是安排优雅的退休——双方的心情很好。也许是因为在南越的血腥战场上，此时的交战国已经没有了输赢——战争出现了奇怪的僵局，可能由于莫斯科向河内施压要他们更适应达成一个协议的缘故。基辛格认为，北越必须面临一个重要决定：在美国大选之前和解，然后拖延政治游戏时间直到政变的时机成熟，或等到选举之后，尼克松能够轰炸北越以满足心里的喜悦。基辛格忽略了另一个可能性，一位外国人在以计取胜一位越南民族主义者时常犯的错误：北越早就决定奋战到最后，统一自己的国家，其他的都不重要。基辛格从政府战略家和学术的角度分析河内的战略，结果是他绝对相信北越会在大选前和解。

第七章 | chapter Ⅶ
不管怎样—最终，摆脱

尼克松认为并非如此。尼克松告诉海德曼："亨利从未正确过。"尼克松在日记中写道："我往往这样认为，我们争辩问题的更好时间是紧跟在选举之后而不是之前。"

在计划他8月14日与黎德寿会见的同时，基辛格决定在西贡停顿一下。虽然阮文绍一直处在巴黎谈判棘手的中心，但基辛格从没有觉得有必要向他通报他与黎德寿谈判的情况，即使正在决定的事情也涉及阮文绍的未来。驻西贡大使埃尔斯沃思·邦克从亚历山大·黑格那里得到一些有限的情况介绍，由他负责向阮文绍提供一些有价值的情报。但是现在，随着谈判的步伐加快，尽头的曙光终于就要出现，甚至可能更快出现。基辛格不情愿地得出结论，必须让阮文绍进入圈内。8月14日的巴黎会议没有突破性进展，但基辛格尽力说服黎德寿在选举之前达成协议，而且他认为他已经取得了一英寸的进展。也许两英寸，因为黎德寿已经表明北越可能会考虑一个包括阮文绍在内的联合政府。

8月15日当基辛格前往西贡时，他给尼克松发了一封"仅供专人阅"的电报，电报中他大胆地下了结论："我们已经比以往任何时候都更接近一个协商解决的结局。我们仍然有机会创造一个光荣的和平。"有机会吗？这些话没有完全给老板留下深刻印象，他在电报上潦草地写了几句话，把它送给了黑格，"……这意味着我们在15次会谈中没有任何进展……没有进展也期待不到什么进展[29]。"实际上基辛格的观点是，已经取得了进展，还可以期待更大的进展。

到这个时候，阮文绍终于有机会遇到了基辛格，他过去一直是彬彬有礼，令人感到愉快的，可能是因为他曾以为黎德寿是不会同意基辛格的任何建议。但是现在黎德寿似乎倾向于协商结束这场战争的想法，阮文绍决定反对协商结束战争；现在他与尼克松站在了一起，并说他也更喜欢一个军事解决方案。他曾对西贡的观众说："只有一个办法迫使共产党谈判，那就是完全摧毁他们的经济和战争潜力。"在与基辛格的谈话中，阮文绍不仅对巴黎谈判持否定态度，而且要求再进行6个月的密集轰炸。

但是基辛格，正如他后来说的那样，"带着一种已经达成一致想法的错觉"离开了西贡，实际上他完全误解了阮文绍。这位南越领导人根本无意同意北越军队留在南越，也不允许共产党成为国际委员会中的一员来监督新政府的选举。

为什么基辛格认为阮文绍会接受他与黎德寿协商的这两个关键问题是令人无法理解的。有趣的是，尼克松没有这样的问题。他立即明白，阮文绍决心在美国的帮助下使北越遭受军事失败。他还明白，阮文绍是一个自豪的民族主义者，他不喜欢被当作美国的傀儡。

数年后，阮文绍告诉作者沃尔特·艾萨克森："基辛格没有努力去平等地对待我们，在这方面他太傲慢。我们想成为谈判的一部分，但他总是背着我们做事，而且几乎不让我们知道。"基辛格突然发现自己在与两个越南对手较量。谁将被证明是更为可怕的敌人，黎德寿还是阮文绍？

9月15日，离尼克松假定的连任只有7周时间，基辛格回到巴黎与黎德寿进行再一次的秘密会谈。他对达成停火协议持乐观态度，部分是因为阮文绍的海军陆战队刚刚夺回广治。这个省会城市曾居住3.5万人，经过几个月共产党的野蛮占领和美国的沉重轰炸，留下的是空旷废墟。自从复活节攻势开始以来，北越第一次感到似乎精疲力竭了。他们遭受了重大人员伤亡，在美国的轰炸和布雷阻碍下，他们已经无法取得单一的重大胜利了。

在一次谈判会议中，黎德寿暂停下来问基辛格："你现在真的想结束这一切吗？"

"是的"，基辛格回答说，这个问题引起了他的兴趣。

"好吧"，这位共产党高级谈判代表说。他站起来，绕过桌子，握了握基辛格的手："我们终于同意了一件事：我们将于10月15日结束战争吗？"

"这很好⑳。"

对于谈判代表基辛格来说的确很好，但对总统尼克松来说却未必很好，他一直担心10月份他的民主党对手麦戈文或他的敌人河内突然冒出一个惊奇来。更糟糕的是他们俩共同搞出个惊奇：北越在11月7日大选之前邀请麦戈文访问河内，然后给他一份引人注目的政治礼物，即一半以上的美国战俘获释。在尼克松的疯狂神经质但又精于盘算的脑海里，这种情形能够将选举从板上钉钉的事情变成一个大问号。此刻他认为一切都没有他的连任重要，不允许任何事情破坏它。基辛格能继续在巴黎谈判（为什么不呢？），但美国将继续支持阮文绍，至少直到选举前。尼克松公开嘲笑政治民意调查，私下却是民意调查的热心读

第七章 | chapter VII
不管怎样—最终，摆脱

者，由哈里斯公司组织的一个民意调查尤其吸引他。它报道，根据一个 55 对 32 的百分比多数，美国人民赞成把继续轰炸北越作为达到光荣结束这场战争目的的方式。力量是和平的前奏，这一直是尼克松的策略。现在把它转化为总统竞选的策略，这意味着对北越的轰炸和布雷将继续直到选举结束后，假设巴黎会谈没有突破，这些攻击将在适当的时候加剧，直到北越最终接受尼克松的停火和释放战犯的条件为止。

在接下来的几周里，基辛格在华盛顿和巴黎之间不停地穿梭。每一次会议，他都看到了令人鼓舞的迹象，河内正朝着接受停火的方向前进，但他也看到了危险。阮文绍反对将北越部队留在这个国家的停火，尼克松也不愿在这个时候接受妥协的解决方式。选举结束后也许可以，但现在不行。

10 月 8 日，黎德寿听起来反常的乐观，一位谈判者，裤子后面的口袋里装了一份协议草案。一些细节有待商定，但协议已基本上达成。基辛格给尼克松发电报说，"我们正处于一个关键时刻。"第二天早上，黎德寿给了基辛格一份协议草案。黎德寿不诚实地说，这份协议是以美国的提议为基础的。基辛格立即注意到，北越不再要求以阮文绍政权下台作为停火的先决条件。他"欣喜若狂"，但希望他没有表现出来。在外面，当基辛格和他的首席助理温斯顿·洛德单独在一起时，他们握了握手。他们都低声说"我们成功了。"那天晚上，基辛格给海德曼打电报："告诉总统，在今天的第一次会议上已经有了一些明确的进展，他能够有了一些自信：结果将是积极的。"接下来的三天，基辛格和黎德寿斟酌着细节。再一次有了明确的进展。他们的心情是阳光明媚的。黎德寿原以为基辛格得到了尼克松的批准，阮文绍被认为是一个盲目的附庸，很快也会遵从主子的愿望。有一段时间，基辛格想直接从巴黎飞到西贡，向阮文绍通报情况，希望获得他的同意，然后飞往河内签署草案。尼克松则有不同的行程。基辛格将立即返回华盛顿。

10 月 12 日下午 6 时，基辛格高兴地告诉尼克松："总统先生，看起来我们是 3 局 3 胜"，3 场游戏是：对中国开放、缓和与俄罗斯的关系、结束越南战争的协定。

基辛格讨论了协议的要点：

——就地停火；

——60 天后，美军完全撤离；

——同时交换战俘；

——建立"全国和解与调和委员会"，包括阮文绍、越共、中立派在内，以一致同意为原则，这意味着阮文绍对所有决定具有有效否定权；

——美国将向一个统一的越南提供不指定数量的援助。

尼克松确信北越会在协议签署后的第二天就违反它，但这个协议确实提供了他所说的光荣退出越南的条件。总之，看来只能如此了。他下令白宫食堂把牛排和一瓶 1957 年的拉菲葡萄酒拿到他的办公室，这证明尼克松此时很高兴。当然，他在玩游戏，鼓励他释然的谈判代表相信他已经接受了这个协议，同时还指望阮文绍去否决它。那么失败的过错就不能落在他的头上。他所有关于国内和国外的算计的核心是他的连任。

10 月 13 日，基辛格给仍在巴黎帮助拟定最终协议的洛德发了一封电报，上面写着："总统接受了'结束战争，恢复越南和平的协议'的基本草案"，除了一些技术上的问题还需要阮春水部长（黎德寿的副手）和基辛格博士在 10 月 17 日讨论。"这一信息送给了黎德寿，这时他可能已经收到了河内的消息，美国对北越的轰炸已经大幅减少。5 月 8 日以来美国向北越投下了 15 万吨的炸弹。尼克松想用河内肯定会注意到的一种方式发出他对巴黎草案满意的信号。他甚至进一步策划了基辛格曾设想的和平情景。基辛格将去西贡，通报阮文绍，然后在河内签署协议。10 月 26 日，尼克松在华盛顿和范文同总理在河内同时宣布战争结束，10 月 31 日，在巴黎，美国、北越、阮文绍政府和越共将签署协议。

10 月 17 日，基辛格回到巴黎的谈判桌上。他和黎德寿同意了草稿文件中几乎每个细节。他向尼克松发去了一份乐观的报告，尼克松想首先确保阮文绍接受它。黑格警告基辛格说："我们的领袖坚持下一段（河内）……不会发生，除非保证有一个阮文绍全力支持的不可撤销的协议。"这是一个大问号。

10 月 19 日，基辛格抵达西贡，他担心会发生最糟糕的事情，但他相信能说服阮文绍接受协议草案。尼克松明确地指示他："你的任务绝不应该被他（阮

第七章 | chapter Ⅶ
不管怎样—最终，摆脱

文绍）理解为是在施压。"如果战争在大选前结束，阮文绍和他的将军们必定是"平等的伙伴"。这是使人消气的诡辩术。尼克松认为阮文绍会反对这个协议；他还认为战争不是谈判能结束的，除非北越在新的无情的闪电战中先被打屈服。因此，尼克松允许基辛格打耶稣基督这张牌，先飞到巴黎，然后到岘港，而他自己真正在玩奸诈的游戏，误导每一个人（包括美国人民）去相信和平指日可待。

上午10时，基辛格抵达总统府。阮文绍从前一直准时。这一次，他异常无礼地迟到了15分钟。基辛格递给阮文绍一封尼克松的信，信里面充满了赞扬阮文绍、南越共和军以及南越的话语，同时指出了严酷的现实，美国已经与河内达成了和平协议的"基本协议"。尼克松宣称："我认为，我们没有其他合理的选择只能接受这一协议[32]。"基辛格概述了协议的条款并递给阮文绍一本英文版本的协议。后来阮文绍告诉一位助手说："我想给他的嘴一记重拳。"阮文绍生气了。自1969年开始战争越南化以来，他就一直害怕背叛。现在他有了证据——美国和他的死敌北越之间的一份协议草案。

10月20日，基辛格和阮文绍之间的会议原定上午9时开始，但在最后一刻推迟到下午2点，又在故意冷落。接着再次推迟到下午5点，没有道歉和解释——这违反了外交礼仪，又提议他们在第二天早上8点见面。对于不耐烦的基辛格来说，这是一个"极其"过分的"不公平"。他后来写到："任何盟友都没有权利这样对待美国总统的使者[33]。"

晚上9点，明显疲惫的阮文绍打电话给邦克大使，用"歇斯底里"的语气指责美国试图组织一次针对他的政变。他当时没有提供证据，此后也没有揭露出什么。阮文绍谴责的起因可能是尼克松信中的关于美国和越南的关系更早的惨败的一句话。尼克松写到："我反复敦促你采取一切措施避免一种氛围的发展，它可能导致类似1963年发生的我们憎恶的事件。"尼克松是在间接威胁阮文绍不要忘了可怕的政变和吴庭艳总统遭暗杀的事情吗？阮文绍一直是政变策划者之一，虽然他没有扣动扳机，但他参与了计划，他知道政变一直受美国政府怂恿。尽管邦克断然否认了这一指控，但是这毕竟是南越领导人提出的，很显然，想到在没有美国直接的地面支持下面对北越的可怕前景，他开始恐慌了。他一直有美国的支持。现在这种支持即将结束。基辛格解释说："这不是阮文绍的错，我们只是结束了自己的路[84]。"

当他们在第二天早上会面时，阮文绍提出了 23 条反对协议草案的具体意见。他还要求"澄清几点。"例如："这 3 个'中南半岛国家'是指谁呢？"这个措辞在英文版本里出现了 3 次。这意味着老挝、柬埔寨和一个越南。但如果有一个越南存在，那么南越算什么呢？基辛格立即加以掩饰。他说："啊，一定是印刷错误。"阮文绍敦促弄清他的问题。在英语文本和越语文本对照检查后，他向基辛格解释英语单词"委员会"在越语中可以翻译成"政府结构"。在协商中，"政府结构"最终可能意味着"联合政府"，对此阮文绍完全反对。换句话说，在英语中单词几乎不带有政治意义；然而，在越语中单词获得了真正的政治意义。语言问题只是加深了阮文绍的忧虑，一种解释是基辛格在巴黎几乎完全依赖北越的笔译员和口译员。他不信任美国翻译，认为他们会对记者泄露协议内容。现在他为此付出了代价。

如果阮文绍需要另一个原因阻碍协议，那就是《新闻周刊》专栏作家阿诺德.德-伯世格雷夫曾被邀请到河内采访范文同总理。这份邀请令他惊讶不已，因为他是"一个众所周知的关于战争的鹰派人物"——正如他形容自己那样，而且河内一直是邀请那些"众所周知的反战分子。"因此，他没有申请签证，也没有要求采访。但河内想传达一个重要的信息并生动地表明一位像阿诺德.德-伯世格雷夫这样的著名评论家将成为完美的鸽子。他已经去过河内 3 次——1952 年，1953 年和 1954 年。基辛格，听到河内的邀请时，告诉德-伯世格雷夫："他们让别人用你对这场战争的看法写有关炸弹破坏堤坝和损伤平民的新闻报道，想要从中得到一些有价值的宣传素材。现在，在他到来的几小时内，阿诺德·德-伯世格雷夫被告知采访将于第二天上午在一个不显眼的办公室里进行，他只记得"楼距稀疏"和"房体破旧。"采访持续了两个小时，结果表明这次采访不仅在实质上而且在时间上都是一个"大的独家新闻"。

这次采访在《新闻周刊》刊登后，在全世界引起了轰动，这时基辛格正在西贡试图说服阮文绍接受协议草案。采访成了西贡的即时畅销书。范文同对协议草案的解读似乎故意冒犯阮文绍，把他说成是一个"事过境迁"的遗物，除

第七章 | chapter Ⅶ
不管怎样—最终，摆脱

此之外，强调建立"过渡的3方联合机构。"这位北越领导人，准确反映了协议草案的真谛，也谈到了在协议签定后有"两支军队和两个政府"仍将留在南越。对阮文绍来说，这"两支军队和两个政府"是危险的信号，是他多年来一直担心的美国背叛的修辞表示，在他的心目中这是基辛格和黎德寿在他背后签署的背信弃义的协议的证明。按照这份协议，据统计，将有14万到30万的北越士兵留在南越，而且还将创建一个新的联合政府。无意中，德-伯世格雷夫对范文同的采访成了一场外交游戏。

10月22日——在每个人的日历上都是关键时刻的一天，基辛格接到尼克松令人困惑的新指令。他现在要去对阮文绍施压，但只是到"一定限度，不能闹崩了。"那是当然，基辛格认为，但如何做呢？他想起了一个杜撰的第二次世界大战的故事。如何解决敌人潜艇的问题呢？很简单，一个海军上将说："我们把海洋加热，把他们都烫出海面上来。"一位军官又问："但是我们如何做到这一点呢，先生？"这位海军上将驳回了这个问题："我已经给你这个想法了，技术上怎么做取决于你。"基辛格也打算把尼克松新写的一封信交给阮文绍，只能被看做是施压，尽管他指示过基辛格。尼克松写道："我认为你的决定会最严重的影响我为你和南越政府提供支持的能力。"这是艰难的谈话。如果阮文绍打算拒绝协议，他不得不提醒这样做的后果。基辛格在字里行间明白了尼克松决定将最终协议推迟到选举日之后（不知何故），同时保持越南的交战方处于相对静止状态。

令人惊讶的是，阮文绍心情比较好地来参加了上午的会议。他重申自己反对协议，特别是北越军队继续驻扎在南越，不过他几乎是以哲学家的语气重申这些的。他说，你的问题是结束了参与一场战争然后回家；而我们（阮文绍和他的同伴）的问题是生死存亡。他想与他的高级将领和国民大会商量。让我们再次见面吧，他建议在下午5点。基辛格又一次误解了阮文绍。基辛格向尼克松报告说："我认为我们最终取得了突破。"邦克共享了基辛格瞬间的那点乐观，他给国务院拍电报"我们俩离开会议更受鼓舞，阮文绍将会尽力想办法解决自己的问题的[⑥]。"

下午5点，阮文绍接见了基辛格和邦克。这一次，他心情不好。他指责基辛格与俄罗斯和中国合谋出卖他的国家。他说:"我不欣赏这样做事,你的人在城里四处走动,告诉每个人说我签署了。到目前为止我没有签署任何东西。我不反对和平,但我还没有从你那里得到任何令人满意的答案,我是不会签署的。"

基辛格被阮文绍生硬的拒绝惊呆了。他回答说:"我们已经奋斗了4年,把我们整个外交政策都抵押到捍卫一个国家上来了,你是和平的最后障碍。如果你不签字,我们将签我们自己的。"尼克松所担心的"闹崩",现在正在西贡上演。

基辛格补充说,平白无故地:"我是不会回到南越的。"

阮文绍反击道:"什么?你急着去拿诺贝尔奖吗?"

邦克用冷静和适宜的态度问:"那是你最后的立场,不签署,总统先生?"

"是的,这是我最后的立场",阮文绍直率地回答:"我不会签字,我希望你把我的立场转达给尼克松先生[37]。"

基辛格回到美国大使馆,电告尼克松这个坏消息。"阮文绍刚刚拒绝了整个计划和任何的修改。他坚持,任何解决方案都必须包含绝对保证军事分界线、完全撤出所有的北越部队、南越完全民族自决……很难夸大阮文绍的强硬立场……他的要求接近精神错乱。"

不过,10月23日他离开的当天,基辛格请求再和阮文绍见一次面,在某种程度上是为了向记者转达这样一种印象,两个盟友仍然在密切的磋商。阮文绍同意了。他说,就五分钟,没有更多的时间。基辛格带有一种浓重的悲伤说:"如果我们继续对抗,你将赢得胜利,但是最终我们俩都会输。这是一个事实,在美国所有的新闻、媒体、知识分子在我们的失败中都有既得利益。如果我在最后几天有些不耐烦的话,那是因为我看到机会在溜走。这就是为什么我带着这样的悲剧感离开的原因。"他补充道,如果战争再持续6个月,国会肯定会切断资金,南越将成为受害者。失望的阮文绍回答说:"如果有必要,我们将单独作战……这不是一个好的协议。如果我签了它,6个月以后越南会出现杀戮。"说到这,他转身背对基辛格看墙上地图,然后,又转过身来,仔细斟酌了自己的话,继续说:"我们再战斗6个月,耗尽我们的剩余资源,然后死去,也比签署这个协议,现在就死要好[38]。"

第七章 | chapter Ⅶ
不管怎样——最终，摆脱

在机场，当基辛格正在登机时，一位记者喊道："这是一次富有成效的旅行吗？""是的"，基辛格回答说："我来这里总是这样。"

在飞往华盛顿的航班上，基辛格回顾了"戏剧性的和令人疲惫的一周"，满怀希望开始，痛苦失望结束。后来他认为，双方"注定要碰撞。"阮文绍受孤注一掷的民族主义所驱使，使他有责任阻止协议，争取全胜；按照他自己的是非判断能力，他没有其他的选择。尼克松既受选举政治又受疲惫的认识所驱使，至少对于美国来说，战争除了结束没有别的选择。

10月25日的《纽约时报》报道：停火可能会很快。华盛顿分社社长马克斯·弗兰克尔写道："只有西贡或河内的最高的愚蠢行为"可以阻止它。基辛格已经向弗兰克尔通报了情况。巴黎也刊登了另一个头版新闻报道。弗洛拉·刘易斯援引法国消息来源详细说明了协议的条款。那天下午晚些时候，河内电台中断了正常的节目，宣布"一个重要的声明"即将播出。在第二天早上的1点46分，河内电台开始播放一个2500字的官方声明不仅揭示了协议草案的文本，还有协议草案形成的秘密谈判的细节㉒。北越耍了个花招，广播内容取自尼克松自己做的事情。1972年1月，这位总统已经违背了保密宣誓，披露了基辛格与黎德寿在巴黎的秘密会议。现在，为了自己，河内电台广播了协议的条款并要求按照基辛格和黎德寿约定的那样于10月31日签署它。通常如此神秘的河内竟把秘密公开了出来。

尼克松一门心思在他的连任上，现在只有一个星期，他意识到他还有一个巨大的公关问题。他知道到选举日协议是不可能签署的，但他仍然想看起来像一个和平的商人，无论有选举还是没有选举。他指示他的发言人罗恩·齐格勒在谈协议时要听起来乐观，但不透露任何细节。这是一个"不可能完成的任务。"白宫记者团变得越来越好战，因为世界各地的记者似乎都知道协议的情况，不过他们只靠齐格勒的消息来源，而他无论如何也不太知情。他们向白宫施压来披露他们对谈判的说法。尼克松终于屈服了，他这样做打破了他自己的一个牢不可破的原则：从不允许基辛格在电视上露面，因为他说英语带有德国口音，尼克松的白宫应该永远发出纯正的美国声音。但在这件事上除了基辛格还有谁能解释基辛格的谈判呢？（基辛格已经做过几十个背景通报，但至此他从未被公开听到或看到过——他只是被认定为是一位"白宫高级官员"。)

10月26日上午10时,基辛格带着他的口音和他的声誉来到白宫讲台解释发生在巴黎和西贡的那些事。他后来解释说:"我出席新闻发布会的目的是从越南的仇恨中拯救一份将结束长达 10 年痛苦的脆弱协议⑬。"他想要河内和西贡明白美国仍致力于协议。他说:"我们已经听到来自越南南北两边的声音,很明显,疯狂了10年的战争正在走向终结,这对于所有的参与者都是一个惨痛的经历。

然后,他使用一个他后来后悔的表达法:"我们相信,和平即将到来。我们相信一纸协议就在视线内。在这样复杂的一场战争中,是不可避免的,在达成最终解决的过程中,偶尔出现些困难也是应该的。但是我们认为到目前为止最长的那段路已经走过,与我们已经解决的那些重要问题相比,现在协议所遇到的阻碍是一些相对次要的问题⑭。"

他结束时,对河内和西贡都发出了警告。对河内:"我们不会匆忙去签署一份协议直到其条款是对的。"对西贡:"我们不会放弃一项协议,如果其条款是正确的。"

基辛格后来在回忆录中承认"和平就在眼前"这句话成了在持续的战争问题争论中表明"政府言行不一的随手就用的一个标志。"基辛格写到:"这是一个精炼的信息——虽然过于乐观,如结果表明的那样",但这句话对厌倦了战争的国家来说确实有一种"震电效应。""对我来说,是异常骄傲的一刻,不是谦虚所致。"这句话本身此前没有得到尼克松的批准,"如果我再做一次,我会选择一个不那么引人注目的短语。"但是,基辛格坚持说:"声明实际上是真实的。"和平即将到来,它只需要再走几步,其中最有意义的是把河内重新拉回到巴黎的谈判桌上。

10月28日,西贡再次对这项协议发动了其强烈的反对,除此之外,还谴责设立一个"伪装的联合政府。"阮文绍有时直接、有时暗示地在散布美国在整个亚洲的背叛和虚伪的故事,这让尼克松总统感到怨恨。他又给阮文绍写了一封私人信件,首先谈到基辛格10月26日的新闻发布会准确地反映了他自己的意见,然后使用了异常严厉的语言(对总统的信件来说是如此),他无疑是在直接威胁阮文绍。他警告说:"如果我们两人之间的分歧继续放任自流而不加制止,美国支持你和你的政府的至关重要的基础将被摧毁。"他引用了南越外交部长陈文林令人不安的言论,美国在和一个"投降者谈判"。尼克松坚称这不是真的,他补充说这句评论是"破坏性的""不公平的"和"不正当的"。⑫

10月30日,在外交的阴云中露出了一缕阳光。北越向基辛格保证正在考虑对他重启巴黎会谈的呼吁做出官方回复。基辛格认为这将是积极的。

11月4日,大选的前三天,河内接受了美国恢复谈判的提议,并建议11月14日或"美方可能提出的另一个日期。"基辛格建议在11月15日。黎德寿请求在11月20日。基辛格同意了,他很高兴谈判再次步入正轨。

对尼克松来说,11月7日可能是他漫长的政治生涯中最令人满意的一天,他以60.7%的选举票赢得了第二个总统任期的连任——尼克松的47169841票对麦戈文的29172767票,这个差数比美国历史上任何其他选举的结果都大。他赢得了50个州中的49个,只失去了马萨诸塞州。他甚至赢得了35%的民主党选民。美国全国广播公司的约翰·钱塞勒对选举结果进行了总结。他说:"这是美国政治历史上最壮观的压倒性的选举。"尼克松看电视的选举结果报告一直到凌晨4点,8点回到了他的办公桌旁;他不是在沐浴他的非凡胜利的阳光,而是转向海德曼,要求起草一封要求他的整个内阁和他的白宫高级职员"辞职的公式化信"。他解释说:"我们需要新鲜的血液,新鲜的想法。"如果共和党抱怨它的候选人没有像总统做得那样好,尼克松告诉海德曼"将他们拿下,确保我们先开始对党不敬而不是等他们开始对我不敬。"

第八章 | chapter Ⅷ

"体面退出"或"体面间歇"

"我们轰炸他们让他们接受我们的让步。"

——约翰·内格罗蓬特

"越南和平协议签署,美国最长的战争停止。"

——纽约时报大标题

现在,随着选举落下帷幕,尼克松再次关注没有结束的越南问题。他不想在战争仍悬而未决的情况下开始第二个任期。然而在许多不同的方面,他发现自己处在越南的一个死胡同里。首先,他确信,到 1973 年 2 月,国会将开始削减战争经费。这意味着,不管他以新当选的总统的身份想做什么或者他承诺阮文绍他将做什么,他都将无法实施他的政策或遵守他的诺言。他不会得到资金。尼克松认为亨利·基辛格的"和平即将到来"的新闻发布已大大减少了他的选择。梅尔文·莱尔德和尼克松意见一致。在与国会其他老伙伴们磋商后,国防部长得出了不如意的结论"现在保持那件事正常运转"已经变得不可能——"那件事"就是整个越南的事。

此外,就战争本身而言,南越不会获胜也不会输。复活节攻势已经慢慢导致了另一个脆弱的僵局。南越共和军陆军,虽然仍然充满腐败,但还是挺过了夏季并进入到了秋季,很大程度上是因为美国空中力量给北越军队造成了重大人员伤亡。血迹斑斑和筋疲力尽的共产党决定,就目前局势,他们会走出隧道和庇护所,只是寻找遇到意外目标的机会,攻击村庄或伏击军队车队,但是他们不会进行高代价大规模的交战。结果是战场基本上变得安静了,犹如停战的可能性在逼近,除非双方抑制不住发起蚕食军事行动。美国情报部门认为北越正处于困境,所以正把他们的战略从战场上转移到谈判桌上。

巴黎和谈最大的障碍仍然是阮文绍拒绝接受北越军队驻留在南越。虽然有几十个其他方面的异议,但是就导致交易破裂这方面来说,没有什么比这个更重要。11月13日,副国家安全顾问亚历山大·黑格向尼克松和基辛格回顾了阮文绍曾经对他说过的话。他曾经说:你,黑格将军是一个将军,我也是一个将军,你在世界历史上见过任何和平协议里允许侵略者呆在他们已经入侵的领土上吗?你会允许俄罗斯军队留在美国,还说你与俄罗斯达成和平协议了吗?简言之,问题只有一点:北越认为自己不是南越的侵略者和在南越的外国人。他们把越南的南北方视为一个国家,而且还想统治它。阮文绍认为这是两个国家,而且带有充分理由指出,一个又一个美国总统曾无数次"承诺"美国恪守这一观点,直到尼克松改变了美国的政策时为止。也就是说,在巴黎谈判的过程中,竟然在这个关键点上向北越让步了。一旦美国正式承认北越能够滞留在南越,他们不仅将给共产党在战争中的一个巨大的优势,因为在签署了协议后必定还会有一种形式或另一种形式的战争,他们还接受了共产党一个越南的观点。

11月20日,基辛格撞到了两堵墙上,一堵墙是聪明和耐心的黎德寿,另一堵是一家杂志的采访,这严重损害了他与尼克松已经脆弱的关系。让我们先看看采访吧。基辛格的10月26日的新闻发布会使他的自我一下子升到了平流层的弧度上,之后不久他两次与意大利记者奥莉娅娜·法拉奇坐下来,狂热地叙述他的丰功伟绩——是我和记者有过的"最灾难性的谈话",他后来写到。采访在《新共和》杂志上刊登。最有纪念意义的也使尼克松勃然大怒的是一句引语。基辛格说:"我一直都是单独行动,美国人非常钦佩那样。美国人钦佩牛仔独自骑着马带领商车队前进,牛仔独自骑马进入村庄或城市……这种浪漫、令人惊奇的性格适合我,因为独立一直是我的风格的一部分。"

或许这种性格适合基辛格,但它激怒了尼克松。白宫办公厅主任鲍勃·海德曼曾经与黑格商议:"还不该打发亨利回家吗?"黑格说:基辛格是"完全的偏执狂。"他告诉海德曼,后者告诉了尼克松,基辛格"真的把北越和南越的事情搞得一团糟……并需要一个非常好的、长时间的假期。"黑格显然觉得批评基辛格没有什么可犹豫的,有老板在支持他。尼克松的自我无论如何都是脆弱的。

第八章 | chapter Ⅷ
"体面退出"或"体面间歇"

基辛格传达的这种印象——他单独"骑着马"负责巴黎会谈的进程,是一个大错。尼克松永远不会原谅这个错,这个错误使基辛格进行谈判结束战争的余地变小了。

黎德寿是否知道这次采访和这次采访在他的后续谈判方法上所起的作用不得而知。黎德寿在 6 个小时的会议期间只字未提采访,而在此期间他赞扬北越的善意抨击美国的表里不一。基辛格那天几乎不在状态,也许是因为法拉奇采访,在回话时提出了许多阮文绍对协议的反对意见———一个"主要的战术错误",基辛格后来承认。他无意为阮文绍的反对意见辩护,那么为什么还提出来呢?他立刻意识到,他已经破坏了谈判气氛。黎德寿是一位始终镇定不慌的外交官,温柔地答到,如果基辛格对阮文绍的反对意见很认真的话,那么战争将再继续 4 年,也许更长时间①。

第二天,11 月 21 日,会议时间比较短,很明显前面的路将崎岖不平。黎德寿驳斥了阮文绍大多数的反对意见,开始提出自己新的异议。11 月 22 日,在 3 个半小时的会议期间,基辛格试图把美国和南越之间拉开一些距离。黎德寿还在耍他的猫捉老鼠的老把戏,给出一个小的让步,然后提出一个更大的要求。尼克松听说基辛格在巴黎受挫后,指责了基辛格。然后他让海德曼给基辛格发了一封"绝密"电报,称"本总统非常失望",并警告谈判中断,恢复"军事活动。"

11 月 23 日感恩节,黎德寿和基辛格会谈了 6 个小时。基辛格试图加强有关非军事区的条款,但只取得了最低限度的成功,而黎德寿试图调整有关撤军的说法,但也只取得了最低限度的成功。

现在的结果是:10 月份时似乎已经接近签署的这份协议草案正在被撕碎,先朝一个方向上接着又朝另一个方向,使双方之间的相互信任大打折扣。那天晚上,提前知道了阮文绍很可能破坏这个协议,基辛格电告尼克松说以他的判断总统现在只有两个选择:中断谈判,恢复重型轰炸,或者接受一个不完美的文件②。他们通信的语气明显表明他们的个人关系已经变得如基辛格后来所描述的"谨慎和紧张"了③。

11 月 24 日,基辛格和黎德寿只谈了一个半小时。他们决定以冷静的语言讨论他们的差异，但即使是退到了模糊的地步，他们也毫无进展。对谈判感到沮丧和日益不安的基辛格给尼克松发电并建议休会一周——他希望一周时间足够说服西贡加入进来并向河内表明美国的谈判立场是坚定的。基辛格认为西贡会在本周改变主意的理由是他那些不切实际的想法中的另一个。而为什么尼克松却接受这个建议也是一个谜。

11月25日，谈判者再次会谈了两个小时。基辛格建议休会。黎德寿同意了。谈判双方需要休息。他们将在12月4日复会。

基辛格在回华盛顿的航班上，回顾了他与黎德寿6天的会谈，得出结论：北越正在从10月份那个协议中退出。基辛格后来写到："所有的迹象都是相反的，他们把解决这个目标总是保持在诱人的遥不可及处……更糟糕的还在后头。"

结果是，"更糟糕"的事将以多种形式到来。基辛格在返回后几乎立刻感觉到尼克松躁动不安和不开心，他的白宫助手们，总是嫉妒基辛格更能接近总统以及他的公众声望，也做好了准备要抓住巴黎会谈明显失败这件事。"即将发生灾难的前奏总是先从交织在一起的流言蜚语、透露秘密和含沙射影开始……在华盛顿的失败需要祭祀。"基辛格得出了不可避免的结论："我是逻辑学的候选人。"懂行的记者等待着事情发生那天的提问：尼克松会解雇基辛格吗？

实际上，事情并没有发生，可能是因为尼克松最后断定他需要基辛格超过了对他的嫉妒和怨恨，但真正发生的事情是有启发性和有害无益的。河内的西方外交官传来的消息是，北越现在感到时间站在了他们一边：为什么在巴黎做出任何让步呢？西贡的美国大使馆传来的消息是，阮文绍实际上喜欢关于尼克松和基辛格分裂扩大的报道。阮文绍决定利用这一点建立与尼克松的个人联系，用这种方式进一步孤立基辛格。

阮文绍派他最亲近的顾问之一阮德成到华盛顿。如果阮文绍的国家安全顾问阮德成预期得到尼克松总统欢迎的话，那么他是要失望了。尼克松拒绝了阮德成的许多希望理解的呼吁并敦促阮德成说服阮文绍接受协议草案。他强调他相信国会将切断对南越的经济和军事援助，时间可能到1973年2月，除非阮文绍同意协议草案。阮德成没有做出使人感到有一点鼓舞的回声①。

第八章 | chapter Ⅷ
"体面退出"或"体面间歇"

就这样，在国会要切断资金现在被广泛预测、南越的两个对手在仇恨和不信任中彼此决斗和尼克松显然对谈判生气和不满的情况下，虚弱的基辛格于12月4日回到了巴黎，他没有抱着取得突破的实际期望，他一无所获。的确，外交气氛令人感到非常寒冷。黎德寿在会谈一开始就激烈谴责美国的政策和行动，结尾再一次叙述了河内面对外国侵略所表现出的坚韧。基辛格感到失望但同样固执，回应说如果他们不能达成协议结束战争，这将是"一个历史悲剧，一个历史荒谬"。他向黎德寿保证美国的真诚并承诺在谈判桌上尽"最大努力"，他还补充说："我们有两个计划：一个为战争、一个为和平。"为战争的那个计划有理由众所周知；为和平的那个计划不是解决剩余问题的路线图而是一个会议、行动和旅行的时间表，旨在劝说阮文绍美国仍然决心要达成协议。

首先，在接下来的两天里，黎德寿和基辛格将不再卷起袖子致力于解决所有剩下来的问题。第二，黑格将军，由副总统斯皮罗·阿格纽陪同（这被视为对阮文绍的同情），要带着协议草案飞到西贡说服阮文绍接受它。第三，对北越的所有轰炸将停止。最后，将不晚于12月22日签署协议。黎德寿带着那种故意的无动于衷表情在听基辛格的演讲，片刻，他看上去像一尊雕像，脸上一点赞成或不赞成的表情都没有。他对基辛格说，北越已经做得比期望多得多了，现在也该美国付出"大的努力"了。他们分开吃了午饭。会议在下午晚些时候恢复，黎德寿在外交细节上不浪费一点时间——他开始了对美国的政策和行动的又一轮激烈谴责，他拒绝了基辛格的几乎所有的建议。

那天晚上尼克松在日记里没有掩饰对基辛格的失望。他写到："亨利回到巴黎，坚信一两天内，他会很快达成协议……北越用湿鱼给了他一记耳光令基辛格惊讶……人们怀有的预期那么高，所以我们未能终结这场战争会对这个国家造成可怕的影响。"实际上尼克松是在说，基辛格"和平就在眼前"的言论严重误导了美国人民。现在谈判破裂似乎迫在眉睫。

基辛格在给白宫的每日晚间报告中表示，在他看来，北越以"我们与西贡的分裂"和"国内崩溃"为基础"正在玩一场清楚的胜利游戏[⑤]。"他的报告的语气是"拘谨"和正式的；他承担10月份操之过急和12月份失败的全部责任。实际上这是为尼克松提供在基辛格认错后采取行动的机会。尼克松现在可以解聘基辛格了：他在负责和平谈判这项工作上出现了一连串的误判和错误。有几天，尼克松甚至不愿意跟基辛格说话。他会让海德曼接听基辛格从巴黎打来的电话；他甚至会让海德曼向基辛格电告谈判指示，这深深冒犯和激怒了总统的这位谈判代表。的确，总统与基辛格的关系已经变得非常尖刻，以致尼克松让海德曼起草一份关于基辛格的"思维过程"和"自杀倾向"的全面备忘录。有时候，尼克松会威胁"解聘这个混蛋。"

12月5日，基辛格请求黎德寿推迟24小时。很显然谈判桌上什么收获也没有。他能忽视有前途的细节吗？基辛格和他的高级助手以及黑格仔细阅读了会议的记录和抄本，"寻求从晦涩难解的简洁陈述中提炼出一丝希望之光。"但是，他总结到："我们找不到任何希望。"

巴黎陷入僵局，基辛格再次转向莫斯科和北京，希望他们可以诱导河内更加灵活和通融。中国基本上没有理会基辛格的呼吁，俄国人私下建议基辛格要有更多的耐心并向他保证河内仍然想要一个几乎以10月份的草案为基础的协议。

12月6日的会议还是交换枯燥无味的老立场。经过几个小时的毫无意义的侮辱，基辛格用尽其所能的认真态度提议，第二天双方重回谈判桌上，拿出他们绝对最终的立场。黎德寿点了点头，显然不是因为他想修补河内的草案，而是因为他不想成为中断谈判的人。基辛格后来电告尼克松，谈判已经成为"一个风险非常高的行动。"越南人彼此的仇恨比他们恨美国还甚，即使有一个协议——现在他认为是不可能的，基辛格预计"也很有可能破裂"，因为它连"最小的信任基础都没有[⑥]。"基辛格不只一次地敦促尼克松在电视上——如他以前多次做的那样，告知美国人民最新的关于越南谈判正在破裂的现实；尼克松也不只一次对基辛格的建议置之不理。尼克松向海德曼解释说："基辛格试图掩盖自己的错误，他无法回头面对媒体，因为他知道这次他们会攻击他。很明显，他希望总统出来扫清障碍。尼克松想要这段"历史记录"来显示是北越人而不是美国人对谈判的破裂负责。他指示基辛格无论有什么挑衅都要保持对话，这样一旦谈判破裂，将由基辛格（而不是尼克松）去解释10月26日和12月初之间所发生的事情，前者是基辛格的"和平即将到来"，后者是尼克松的和平似乎只

第八章 | chapter Ⅷ
"体面退出"或"体面间歇"

是一缕摇曳的希望。

多年以后基辛格会写到，12月7日的4个小时会议"标志着真正僵局的开始。"河内是故意拖延时间，他们相信时间现在是其盟友，"我们被西贡令人发狂的不妥协和国会对结束战争的日益不耐烦逼到了绝境。""他的演讲中渐渐出现了一种恃强欺弱的语气，表明他认为河内在心理上占了上风⑦。"黎德寿是给一点，然后要一点，"逗引美国感到就要达成协议，使我们（在巴黎）纠缠，使我们不使用军事力量。"在基辛格给尼克松的《晚间报告》中，他再一次听起来悲观，但这一次不仅是对谈判没有进展而且对和平协议本身的价值。"就是在签署了一个协议以后，我们也不能期待有持久的和平，那只是河内的一个变换手法⑧。"换句话说基辛格现在认为协议本质上没有意义了，因为河内永远不会放弃将越南统一在共产党统治下的终极目标。谈判是河内体面外交的一块遮羞布，结果对美国来说也是如此。唯一的区别是，河内是决心赢得战争——不管以何种方式；美国要孤注一掷"体面地"退出战争。基辛格认为只要共产党选择不违背协议，这个协议才能够生存。这就是为什么他总是坚持认为，美国在协议签署和协议几乎肯定破裂之间需要一个"体面间歇"，间歇时间的长度要足以使美国在看到下面的事情发生之前宣布胜利并逃避国内的政治报复：要么因为美国的不作为和不关心而导致的江河日下，要么被北越在压倒多数的军事横扫下赢得胜利。

12月8日经历了令人恼火的黎德寿的给予和索要的一致性。他将做出一个重大让步，然后立即就提出对老问题的新反对。例如，他终于同意撤销他早些时候坚持的"政府结构"的提法，阮文绍已正确地翻译成"联合政府"，但是，他接着就坚持要修订非军事区的语言表述，以便故意对异议解释保持开放。黎德寿不希望非军事区被视为严格的法律上的在两个独立国家之间的分界线，这正是黎德寿和基辛格都想要的。黎德寿想要非军事区的释义裹上外交纱布，这样就存在法律上的模糊性，可以继续用来作为军队和物资渗透的路径⑨。

虽然如此，基辛格该怎么做呢？他不可能真的终止谈判，因为他知道尼克松想要继续。他不可能真的拿出诚意来对待黎德寿以解决悬而未决的事宜，因为黎德寿的言行已经证明他在拖延时间。但在基辛格的内心深处，出于完全无

战争谎言
——美国总统的承诺与背叛

法解释的原因以及对自己谈判技巧可疑的乐观，他真的认为与黎德寿的一次良好的和富有成效的会谈可以破解两个剩余的障碍：非军事区的语言表述和帮助南越共和军的美国文职顾问的语言表述。但是，再一次，他误解了他的对手。他派黑格回华盛顿提出了错误的假设：黎德寿和他一样渴望在 12 月 9 日有一个快速突破，这一假设将使黑格能够与阿格纽一道前往西贡以得到阮文绍对协议的同意。

当基辛格和黎德寿在巴黎绞尽脑汁地完成找到可以接受的托词语言以结束战争这项令人沮丧的任务时，尼克松在戴维营会见参谋长联席会议主席托马斯·摩尔海军上将，筹划新一轮对北越的大规模空袭。尼克松正在认识到在他的任期结束战争比进行战争难得多。国会正在坚定地朝着切断资助战争的方向前进，最早也许在 1973 年 2 月。许多民意调查显示美国人民将果断反对战争。他们已经受够了谈判的烦琐和军事的僵局。似乎没有人能再来为一个美国士兵的死亡进行合理的辩解。尼克松本可以授权基辛格签署最初 10 月份的草案，以谈判成功的形式退出越南。然后他可以在巴黎出席签字仪式的庆典；他可以在网络电视上宣布光荣地赢得和平的秘密——当时除了阮文绍有谁真的反对呢？尼克松可以向一大批怀疑的记者解释巴黎谈判一波三折的微妙并向富有同情心的记者提供独家或两家新闻；通过各方面的调整，他可以作为一个恪守自己的诺言和履行美国承诺的伟大总统出现在越南。虽然他的许多批评者还是会抱怨，但世界上大多数人会欢呼他最后决定终结美国在越南的战争。

但那不是尼克松的方式。他得像哥利亚那样离开越南，在好莱坞西部片中，哥利亚从一个沙龙的摇动门退出时双枪怒射，震慑住了他的敌人。因此，他指示基辛格继续做"一些"让步（从未明确）和继续保持谈判。

12 月 9 日来了又去。基辛格在非军事区语言表达方面提出了一个妥协方案，实际上是添加一句话，建议南北越南双方对整个非军事区范围内"民事活动的授权"问题进行讨论协商。出乎意料的是黎德寿中断了谈判，抱怨头痛和高血压并建议他需要一天或更长时间来恢复。黎德寿真生病了吗？基辛格表示怀疑，但又不能反对。

12 月 11 日，黎德寿回来，显然健康状况良好，并提出了已经解决了的问

第八章 | chapter VIII
"体面退出"或"体面间歇"

题。黎德寿虚伪地声称河内需要更多的时间。基辛格痛苦地明白，河内没想达成协议，至少不是在这一轮谈判。他认为黎德寿的行为是令人"愤慨"和"双重侮辱"。他在那天《晚间报告》中把这种行为描述为"自以为是的傲慢"。黎德寿的锦囊妙计是什么呢[10]?

谈判代表复会时，黎德寿提出他不得不返回河内并将于12月14日离开巴黎，他以一种没有结论的口气结束了这一轮会谈。他认为没有明确的表述就不会有协议，因为政治局反对这笔交易，除非他有时间与怀疑政治局的人面谈。基辛格感到失望但不完全惊讶。当天早些时候，还有华盛顿和西贡之间存在分歧的例子，阮文绍已经在他的国民大会上宣布他不会签署一份将北越军队留在南越的协议。

12月13日，黎德寿又讨论了数天、数周和数月前已经解决了的老问题，好像这些都是谈判的新问题。他重弹批评美国侵略的老调，赞扬自己国家的坚韧和勇气以及自己诚实和有逻辑性地追求自己的国家利益，即使外交新手都可以看出黎德寿不想达成协议，至少那时不想。再三思考后，基辛格数年后写到：没有棘手的实质性问题将双方隔开，而是北越明显决心"不让这个协议签署成功"。

当基辛格12月4日抵达巴黎后，他接到指示要达成协议，他认为他可以在两天内做到。12月13日，当他离开巴黎时，他才知道，河内已决定暂停会谈——协议的最后确定可以等待。河内有其原因：也许政治局内的异议冻结了谈判；华盛顿和西贡之间的明显分裂；美国政府内部尴尬的分歧；国会致力于结束战争的行动即将出现。尼克松对巴黎谈判破裂有他自己的原因，这个原因就是基辛格。尼克松告诉海德曼和另一个高级助手约翰·艾利希曼："南越认为由于他的新闻发布会，亨利现在没有什么影响力了。"再次提到基辛格在10月26日的新闻发布会上的表现，他大发雷霆："这个该死的'和平即将到来'！北越已把它捏在了手里；他们知道他要么达成协议要么丢脸。这就是为什么他们已经转换到了更强硬的立场[11]。"海德曼报告，基辛格一直"得到关照……并在做一些奇怪的事情。"对于基辛格来说，这是一次漫长和"忧郁的回家旅行"，使人"孤立"和"身心憔悴"。途中他一次次地回到一个旧的主题——越南，在他看来,似乎这个问题"注定要打碎美国的心⑫。"

回华盛顿后,基辛格直奔白宫。使用他知道尼克松不会感到讨厌的语言对总统说:"他们就是一堆粪便,低级肮脏的粪便。"他把北越比作他们的共产党盟友。"在用一种负责体面方式的谈判方面,俄罗斯人欣赏他们,相比之下,中国人欣赏俄罗斯人。"但是,该怎么办?基辛格认为北越已经变得"贪婪",所以导致他们犯了一个"根本错误"——他们把尼克松"逼到了绝境",一旦他感到他已经无路可走他"比谁都危险"。

当时,尼克松最主要的想法是在他的第二任期开始前结束"我们国家的创伤"——战争。他又转向了自己的军事选择,只是这次他决定,除了核武器以外其他均可使用。他几次发泄对战争的沮丧情绪,提出选择核武器,但没人把他当回事。1972 年 4 月,他恢复轰炸北越时,他阻止使用 B-52 大型战略轰炸机攻击河内和海防。现在,12 月 14 日上午,他下令取消了所有限制:他命令摩尔和联合参谋部继续在越南港口布雷并准备 B-52 轰炸机对河内和海防实施打击。基辛格后来写到,这是"他最后的骰子。"莱尔德反对重新发起空战,这激怒了尼克松;当摩尔提出了一个关于轰炸的问题时,尼克松大发脾气。他喊道:"我再也不想听这类没有用的事实:我们不能打击这个或那个目标,这是你有效地使用军事力量赢得这场战争的机会,如果你没有使用好,我会考虑你是否有责任心⑬。"此外,尼克松向河内发了一封紧急电报,警告说:"认真的谈判"必须在 72 小时内恢复,否则就签署协议或援助中断。最后,他用一种顽皮但扭曲的快感,告诉基辛格再召开一次新闻发布会,解释一下在第一次预测的"和平即将到来"后,现在为什么又希望渺茫了。

12 月 16 日上午,基辛格出现在白宫讲台后面,他的语气极其严肃。他意识到,他的工作岗位处在危险中——尼克松解雇基辛格肯定是总统最亲近的助手们猜测的一个热门话题。10 月 26 日,基辛格 3 次提到尼克松。现在,在强调尼克松的"一致、镇定、坚定、耐心和远见的严格命令下",基辛格尽职尽责地 14 次提到总统,并可预料到地指责河内对谈判僵局负责。基辛格选择了"更谨慎"的提法说:"和平能够接近",但美国不会被"勒索……冲动行事……(或)诱骗签署一份协议直到它的条件是正确的。"基辛格并未提及尼克松恢复轰炸的

第八章 | chapter Ⅷ
"体面退出"或"体面间歇"

决定[14]。

尼克松从来没有指望河内接受甚至回复他的3天最后通牒。12月17日，他第一次下令B-52轰炸机攻击河内和海防。12月18日清晨，第一波B-52轰炸机，总共129架，以及数百架的F-111和A-6战斗轰炸机，开始攻击北越首都和主要港口以及周边的机场、发电厂、铁路场站和通讯中心。据五角大楼称，那里是"世界上防守最严密的防空区域"。B-52轰炸机以3架为一个编队飞行，以大约一英里长，半英里宽的范围投弹。每架飞机携带24枚500磅重和4750磅重的炸弹。尼克松频繁得到有关代号为《后卫-II》行动的通报，处在一种焦虑、期待和喜悦的奇怪状态中。他对基辛格说："现在这么做是最美的一件事，我们不存在必须和国会磋商的问题"，他们已经休会去过圣诞节和新年假期了[15]。

不言而喻，1月3日是假期的最后期限，国会的安排是恢复工作。尼克松像一个教练在鼓励他的团队，他向黑格表示："马上行动，行动、行动、行动——让这该死的事情发生。"基辛格提醒尼克松，100架B-52轰炸机"如同二战中的4千架飞机进行袭击。这将打碎河内的每一扇窗户[16]。"

它打碎的何止那些。代号"圣诞节轰炸"的空袭持续了12天，具有讽刺意味的是，为了庆祝圣诞节中间停止了36小时。这次空袭受到了雷霆般的批评、厌恶和困惑，令情况更加糟糕的是，不管是尼克松、基辛格还是任何高级官员都没有站出来解释一下正在实施的这次行动的缘由。怪异和可怕的沉默笼罩着政府，但媒体、国会和世界的其他地方并没有沉默。《华盛顿邮报》将其描述为"由一个主权国家对另一个主权国家……施加的最野蛮的和毫无意义的战争行为。"一个典型的标题是"以和平名义的恐怖轰炸"。

瑞典总理奥拉夫·帕尔梅打破外交礼仪，强烈谴责尼克松实施的是"一种酷刑和残暴，与下列名字的这些地方所发生的事件相似，如格尔尼卡、利迪策、波斯神亚拉、沙佩维尔和特雷布林卡。"苏联领导人列昂尼德·勃列日涅夫不仅给予雄辩的谴责，还考虑推迟访问美国的时间安排，他指责美国应该为这些"野蛮的行径承担"严重的责任"。周恩来总理警告称，空袭使中美关系"陷入了危机"。教皇保罗六世表示"无法预料事件的日益恶化已经加剧了世界舆论的痛苦和焦虑。"法国和瑞典外交官和记者报道，河内的居民区被当成了目标轰炸，变成了一片瓦砾。据说附带损害非常大。基辛格找到一个富有同情心的学者写到，只有1300到1600人死亡，这样的数字"肯定不是恐怖轰炸显示的数据。"

基辛格摇着头告诉我说："这是一个非同寻常的时期"。

在河内遭到 B-52 轰炸机轰炸时，西贡也遭到尼克松的具有 B-52 轰炸机威力的外交、政治和经济的最后通牒的轰炸。12 月 19 日，黑格有一封信要交给阮文绍，这封信是基辛格起草的，在这封信里尼克松强硬到了"残忍的地步。"该信件是要在 12 月 20 日上午 11 时送交西贡领导人的。黑格很准时到达，但阮文绍再一次故意让总统特使等待也不解释理由。最后，在下午 3 点 30 分，他来了，信交到了他手里。信的内容包括尼克松的"最终"和"不可撤销的"决定，如果共产党满足了"我规定的解决问题的要求"，我们将与越南签署协议。毫无疑问，这是最后通牒。

尼克松写到："我已经要求黑格将军得到你对我提出的绝对最终的想法给予答复，我希望我们共同努力按照我已经同意的路线寻求解决方案或我们分道扬镳。我强调的是……黑格将军不是来西贡和你谈判的。我们觉得在与敌人谈判方面结成统一战线的时机已经成熟，现在，你必须决定你是想继续我们的联盟，还是你想让我只为了美国的利益寻求与敌人和解⑰。"

阮文绍不是傻瓜，没有忘记几乎 10 年前发生的吴庭艳总统被暗杀的事。他看了尼克松的信——最后的通牒和隐含的威胁。回复时，他耐心和有礼貌，使用非常谨慎的外交语言，告诉黑格，他不可能"接受"北越军队继续驻扎在南越，但他并没有说如果协议达成的话，他将不签字。他预测河内将恢复游击战的战术，但保持在足够低的水平不至于遭致美国的报复。阮文绍传达的印象是，如果他不得不屈服于美国的压力，他最终会这样做，但是，在西贡他想要指出，决定签署一项有缺陷的协议的人是尼克松而不是阮文绍⑱。

返回华盛顿后，在黑格向尼克松和基辛格报告阮文绍的答复时，他对阮文绍表示了一定程度的同情，建议尼克松继续轰炸北越直到河内同意从南越撤出所有部队。否则，河内将在停火后肯定会出现的政治和军事冲突中得到一个巨大的优势。尼克松没有接受这个建议。到这个时候不用了，总统已经下定决心：

第八章 | chapter Ⅷ
"体面退出"或"体面间歇"

如果他能得到一个可接受的与河内达成的协议，无论有或没有阮文绍他都会接受的。基辛格和尼克松的意见一致。他说：阮文绍"似乎让我们别无选择，只好签署一个双边协议。"基辛格抨击阮文绍是"一个彻头彻尾的畜生"，南越是"疯子"。

现在的问题是河内是否会决定回到谈判桌上，这将是在二战轰炸以来没有见过的密集轰炸情况下做出的一个决定。8 来年，美国一直断断续续轰炸共产党在越南南北方的目标，在此期间对越南投下的炸弹吨位比二战期间在所有战区内投下的炸弹吨位都多。虽然这么多的炸弹严重破坏了越南基础设施和夺走了成千上万越南人的生命，但是，胡志明的共产党运用军事和外交武器仍然为争取国家统一在共产党领导下顽强地斗争。河内决定，现在是换档的时机，这意味着黎德寿将返回巴黎，达成一份协议，该协议仍打开着对南越采取重大军事行动的随时随地的便利选择。

河内的反应来得很慢，有时是间接的。12 月 20 日，在巴黎继续进行技术谈判时，北越外交部副部长阮基石对轰炸提出了"抗议"，但按河内的标准看来语言比较温和，然后他提议休会到 12 月 23 日。他没有中断会谈。在华盛顿，基辛格很好奇。凭直觉，他给河内发了一份密报向他的谈判伙伴黎德寿提供了一个选择：要么我们继续滑进更深更糟糕的冲突之中，要么我们做"最后认真的努力在离协议签署如此接近时达成一致的意见。"后来基辛格在与尼克松协商后提出，如果河内同意恢复谈判，美国将于 12 月 31 日停止轰炸，基辛格和黎德寿的会谈于 1 月 3 日恢复。

在巴黎，阮基石部长如他承诺的那样于 12 月 23 日露面，虽然会议几乎没有取得什么结果，但至少双方见了面。12 月 26 日，36 小时圣诞节轰炸停顿后的第二天，美国向河内和海防发动了特别严重的空袭。有趣的是，在同一天，北越直接回应了基辛格的提议，语气令人惊讶得没有任何争辩。回复称，黎德寿将于 1 月 8 日不是 1 月 3 日返回巴黎"与美方一起解决剩下的问题。"健康被说成是延迟的原因。值得注意的是，河内特别强调"其一贯严肃的谈判立场。"

经尼克松批准，基辛格立刻给河内的听起来积极的新答复回话。他建议 1 月 2 日重启技术会谈，还接受了 1 月 8 日恢复他和黎德寿的会谈，但坚称会议

战争谎言
——美国总统的承诺与背叛

持续时间不超过 3 到 4 天。同时,他补充说轰炸将继续。

12 月 27 日,河内回复了基辛格。在这个历时长时间的谈判中,北越从来没有表示出这种速度和这种达成和解的明显渴望。1 月 8 日可以,1 月 2 日也行,河内说,但是会谈一开始轰炸就必须停止。

12 月 28 日,基辛格电告了河内,尼克松接受了建议的日期并承诺在宣布重启和平谈判的同时结束轰炸。当天晚些时候,速度再创记录,河内同意了。

12 月 29 日,与基辛格—黎德寿新的乐观的交流节奏相符,尼克松停止了轰炸。他通知了河内他的决定并严厉地说,美国正在"做出最后一次大的努力"达成一个"快速和解"。他强调,基辛格将在巴黎"呆不超过 4 天时间"。那天下午,当尼克松准备前往戴维营庆祝新年时,他把查尔斯·寇尔森——一位绝对忠诚的助手,召到他的办公室。他说:"我有件事要告诉你,但不是这个建筑里其他任何人可以知道的。北越已经同意按照我们的条件回到谈判桌上,他们再也承受不了轰炸了。"

尼克松或许已相信圣诞节轰炸使北越回到了谈判桌上。当然基辛格也这样认为。他在回忆录中写到:"我们赌赢了,下一轮谈判(将)成功。"许多外交官和记者表示了不同意见,指责美国政策的两位制定者自私虚伪。他们说服了自己,轰炸摧毁了河内战斗的意志或加速其重回谈判桌是忽略了越南民族主义的力量和越南人民的韧性。外交官约翰·内格罗蓬特打趣道:"我们把他们炸的接受了我们的让步。"中央情报局当时私下表示:"10 月份的协议草案没有被轰炸改变。"很显然,北越在受伤,它准备暂停一段时间;但没有理由相信北越认为谈判达成的协议是一个商定的停火协议。他们认为战争真正的结束将是南越被征服。

尼克松对结束战争的这个阶段有自己的观点。他一直说,高潮的战役后敌对才会停止,美国将从中出现,看上去像一个罗马百夫长,站在被他打垮的敌人身上;他是这样认为的,美国给北越造成了可怕的损毁,所以使他们接受了 10 月份起草的那份和平协议。更接近现实的是:顽强的北越决心将美国踢出中南半岛,不管哪种方式,如同 20 年前他们对法国那样。

河内和尼克松都以不同的方式知道,美国已经失去了在中南半岛继续战斗

第八章 | chapter VIII
"体面退出"或"体面间歇"

的欲望。如果还需要证明的话？下面就是：1973年1月2日，在巴黎技术谈判恢复的前一天，众议院民主党党团会议以154对75的票数赞成切断所有的用于在越南境内、上空、周边地区军事行动的资金，直到美国军队和所有战俘被允许离开越南，安全回家。两天后，参议院民主党党团会议以36对12的票数通过了本质上相同的决议。

这些是一系列国会决议案中最新的，追溯到1970年，这些决议案不仅用来表达大众对战争的反对——还限制为实施战争提供资金，到1973年底，在里程碑性的《战争权力决议案》中，国会阐明并试图限制总统的发动战争的权力，这是美国历史上的第一次。尼克松否决了许多早期的限制总统权力的尝试，但是，在1973年11月7日，国会两院在一份联合决议中最终推翻了他的否决，该决议案成为了法律。总统在没有国会特定批准下再也不能进行类似朝鲜和越南那样的战争。从今以后，总统必须在把军队投入战场后的48小时内通知国会，然后在60天内（特殊情况90天内）结束战斗，除非国会授权继续战斗。

1月3日，在"深深忧郁"的气氛中技术会谈在巴黎重启。北越迅速利用这一时刻谴责圣诞节轰炸，但只这一次，以后再没提及。两个代表团很快言归正传，几天之内8个悬而未决的问题就解决了4个。

1月5日，尼克松又给阮文绍写了一封信，指责国会两个决议证明"南越的生存……（陷入）严重危险境地。"他敦促阮文绍支持谈判并向他保证如果北越违反协议，"我们会全力回应。"他不必提及圣诞节轰炸——每个人都心知肚明。阮文绍回复说，他不支持谈判并重申了他主要反对的事情，不过他再一次没说他不会签署协议。基辛格只能在这个遗漏中找到点安慰。

1月6日，在白宫继续吹嘘总统的力量、耐心和决心时，尼克松悄悄地指示基辛格"以任何可能的条款签署协议[20]。"他的形象创造者已经构建了一个公共的尼克松，一位美国巨头横跨全球，一只脚下是中国，另一只脚下是俄罗斯。真正的尼克松已经秘密告诉了他的谈判代表以任何"可能的"条款结束战争。他极其需要在其第二个任期开始前结束美国在战争中扮演的角色，所以他可以容忍一切，甚至阮文绍发出的遭到背叛的刺耳尖叫。毋庸置疑的事实是：作为协议的结果，美国人将离开南越，北越人会留在那里。

战争谎言
——美国总统的承诺与背叛

1月8日,基辛格和黎德寿返回到了巴黎郊区的吉孚苏尔—伊维特的谈判地点。令基辛格非常失望的是,他们毫无进展。黎德寿又会像去年12月那样阻挠吗?或者他在策划冒出另一个惊讶吗?在他给尼克松的那篇《晚间报告》中,他推测也许轰炸刚结束,黎德寿还不能马上表现出一种容纳的风范。

但是,第二天——后来被基辛格描述为"突破日",黎德寿在会议一开始就提出了一个有益的建议:参与技术谈判工作的外交官要"全时"工作完成剩下的四个悬而未决的问题。然后,换了一种非常受欢迎的语气和策略,他对基辛格说:"我们应该充分考虑到对方的态度,相互之间理所当然应该互让互惠。如果一方坚持自己的立场,那么就不可能达成一致。你同意我的这些观点吗?"

基辛格点点头,但很谨慎。非军事区问题是现在阻碍协议的两大问题之一,他决定提出有关非军事区的折衷性语言,当场检验一下这位焕然一新的黎德寿。黎德寿没有争辩接受了这个折衷。另一个障碍是签字仪式。4方——美国、北越、南越和越共,怎样事实上签署最终的文件,如果4方中的2方,南越和越共,拒绝承认对方的存在呢?当谈判于1968年开始时,最大的障碍是谁构成这个谈判桌,5年之后,类似疯狂的障碍是:谁会签署这份文件,以什么样的顺序,在一张纸上还是两张?西贡不会签署有越共签字的文件——这是问题的核心。基辛格和黎德寿花了几天时间来打破这个僵局。他们安排北越和越共签署这份文件的一个副本,美国和南越签署一份相同的副本,每份副本都被看作是原始文档。

巧合的是,1月9日是尼克松的六十岁生日,基辛格在他给总统的《晚间报告》中,献上了一个非常特别的生日祝福。"今天我们在谈判中取得了重大突破,以此来庆祝总统的生日",基辛格在报告的开头说。"总之,我们解决了协议文本中的所有剩余问题,在签署协议的方法上取得了重大进展,在相关的谅解上有了一个建设性的开头。"接下来就是记住他与黎德寿走过的这条漫长坎坷的谈判之路,基辛格补充说:"以前越南几次打碎了我们的心,一切确定下来之前,我们根本就不能成功,但我们所经历的这种情绪和采取有效做法的时间是从10月份开始接近10月结束[21]。"

到1月13日,一切实际上都已确定下来了。双方代表第一次在一起进餐,

第八章 | chapter Ⅷ
"体面退出"或"体面间歇"

基辛格和黎德寿举杯祝愿越南不再有日复一日的战争。他们意见相同。在基辛格要离开巴黎的机场上,他措辞谨慎,给显示尼克松的荣誉保留了一个特别的地方。他说:"特别顾问黎德寿和我刚完成非常有用的谈判",跟随谈判多年的记者注意到了"完成"这个动词的意义。基辛格补充说:"我将回去向总统报告。总统将决定应采取的下一个步骤以实现公正的和平与和解的和平。"

基辛格在华盛顿停下来搭起黑格,然后飞往比斯坎湾。尼克松正在享受佛罗里达的阳光,他兴高采烈和"奇怪的温柔"地接见了基辛格。基辛格回忆到:"我们用几乎深情的语言彼此交谈,犹如惨烈战役后的退伍军人在进行最后一次的团聚[22]。"他们面前还有最后一个障碍,不知何故,就是要赢得阮文绍的批准。在基辛格与阮文绍10月份令人不愉快的相遇之后,西贡的文件托付给海格负责。1月14日,听取了尼克松和基辛格的指示之后,他动身前往西贡,带着另一份最后通牒。通牒称,除了别的以外,对北越的所有轰炸将于1月15日停止,基辛格将于1月23日回到巴黎"完成协议",即签署协议,然后尼克松将在电视上向全世界宣布并解释这个协议。在给阮文绍的信件中,尼克松用鲜明的语言总结到:"我因此不可逆转地决定继续做下去……如果有必要,我单独这样做。"如果阮文绍不同意这份协议,尼克松会宣布"你的政府阻碍和平。"接下来的将是"不可避免的和立即终止的美国经济和军事援助[23]。"最后通牒,用基辛格的话说,是"灼热的"。

不过,阮文绍有自己的立场。1月17日,他请求尼克松重新谈判协议的条款。尼克松没有同意,并要求阮文绍最终接受的日期为1月20日就职典礼的日子之前。如果阮文绍再次拒绝,他将不得不对"后果"承担全部责任[24]。在白宫的鼓动下,西贡政府的坚定支持者民主党参议员约翰·斯坦尼斯和共和党巴里·戈德华特公开警告阮文绍,如果他不参加签字仪式,美国和南越之间的关系将会受到严重损害。在1月20日,最后的期限,如基辛格所说,阮文绍"的态度有尊严地缓和了下来"并接受了协议,只要求美国发表一个声明,承认西贡是南越唯一合法政府[25]。他向其助手解释说:"美国人真的让我没有别的选择——要么签字,要么被切断援助。另一方面,我们已经得到了尼克松捍卫国家的绝对保证。我将同意签署并让他兑现诺言。"那位助手问道:"你真的相信尼克松吗？"阮文绍无可奈何地回答说："他是一个守信用的人。我要相信他㉘。"总统承诺的力量正是体现在这里。尼克松已经发话，阮文绍的回应是这样的假设，总统说的话就是美国的话，所以他接受了。除此之外他还能做什么呢？

阮文绍派了他的外交部长到巴黎参加协议的签署。1月23日，基辛格和他一起在那里草签了协议草案，"结束了"谈判任务。1月27日，国务卿威廉·罗杰斯——实际上一直没能参加谈判，这令他很不满意——参加了两个结束仪式，签署了协议、会谈记录、以及所有其他附带文件，数量达62次。如此多的签名后，他的右手肯定会痛的，但是，他受损的自负心里能够得到宽慰。

第二天早上，巴黎签约在《纽约时报》获得了通栏标题：两行一英寸大的字母写着："越南和平协议签署；美国最长的战争停止。"弗罗拉·刘易斯从巴黎报道指出，"怪异的寂静"和"冷漠、几乎阴郁的气氛"成了结束"美国历史上最长、最具争议的对外战争的仪式的标志。"没有部长发言。刘易斯报道，协议的正式名称是"关于结束越南战争和恢复和平的协议"如同冲突本身那样"模糊不清"。尽管名称说"结束战争"和"恢复和平"，但实际上是越南人之间的冲突在继续，只是没有了美国人的参与。另一个头版新闻报道——由福克斯·巴特菲尔德从西贡报道的——重点不是结束战争，而是在1月28日上午8时"停火"应该已经生效，但双方从一开始就违反这个协议。一架运载越共外交官的没有武装的直升机被击落，新山机场遭到共产党军队火箭弹的袭击，西贡军事指挥部告诉记者，北越和越共军队在前24小时内已经在全国发起了334次"事件"，是战争开始以来有记载的最多的事件㉙。头版还刊登了一张尼克松总统和妻子及一个女儿的照片，他们低着头祈祷，闭着眼睛，因为他们在履行尼克松曾在比斯坎湾宣称的每天都是"祈祷日"的话，这时罗杰斯正在巴黎签署文件。尼克松称，他正在从越南再撤出2.3万名美军，只留下2500人，而且这些人也将在两个月内撤回。这是美国对世界做出的肯定会退出战争的额外保证。对他来说，越南战争已经结束，但是"水门事件"已经咬住了他的痛处，很快将他和其政府彻底压垮，他已无力去帮助南越，即使需要这种帮助。

但是，在他所谓的"祈祷和感恩"的这一刻，尼克松能够从另一个成就中获得很大程度上的满意度，从他的总统任期的开始，这个问题就一直是他的"战

第八章 | chapter Ⅷ
"体面退出"或"体面间歇"

争策略"不可或缺的一部分：第一，结束美国对越南战争的军事介入，第二，结束征兵。在尼克松的策略中，两者相连交织在一起。通过减少应征入伍士兵的数量，同时，从越南撤出士兵从而降低伤亡，他能在国内营造足够的宁静环境去协商光荣地退出战争。这是积极宣传的最佳时间，尼克松安排国防部长莱尔德在尼克松宣布结束战争的当天宣布结束兵役制。自1940年世界大战的前夕以来，美国人第一次免于服兵役。莱尔德说："今天随着巴黎和平协议的签署……我想告诉你们，今后的武装部队将完全依赖志愿的陆军、海军、空军和海军陆战队。兵役制已经结束。"志愿者的军队诞生了。

当尼克松于1969年1月就任总统时，大约40%的美国军队由应征入伍者组成。19到26岁之间合格的男性都将被应征入伍，随着美军介入越南的扩大和深入以及伤亡人数在1967至1969年攀升至令人担忧的水平，一个月有多次征兵[8]。尼克松立即敦促国会和莱尔德改革兵役制。1969年11月19日，国会强制并批准了"抽签征兵法"，极大地改变了资格规则。当时，只有19岁的男性以抽签的方式决定被应征入伍，不再是所有从19到26岁的人了。1971年4月1日，该选择性服役体制将年龄又延长了两年。至此，在越南服役的美军人员中近50%是应征入伍者。反战示威活动遍及美国，一度令尼克松非常担忧，他担心基本的国家机构的凝聚力受到威胁。现在随着美国"体面地"从战争中出来，莱尔德的发言人能够向美国的年轻人保证"我们将不征召任何人。"

因此，尼克松的第一任期结束时"越南和平了。"他的第二个任期开始，征兵制也结束了。他许下的两个承诺都实现了，但是付出了可怕的生命、财富和声誉的代价，人们会永远质疑在战争前和战争中的总统承诺的可靠性。

在巴黎协定签署后的几周内，很快出现了一个问题。阮文绍曾警告过尼克松，共产党不会遵守协议，尼克松也曾向阮文绍保证，如果北越违反协议，他会像圣诞节轰炸那样再次痛击他们。然而他的第二个任期才几周，事情就已经发生了，协议不仅被违反而且被践踏的一文不值。中情局得到它自认为可靠的情报，北越在派了一支精锐部队后又在派一个旅进入南越，兵力或许多达3.5万人。这是发人深省的情报，特别是有这样的背景：仅仅几个月前的12月下旬，美国对北越实施了毁灭性轰炸。显然，北越仍能够从灰烬中站起来，凝聚意志和决心向战场增派军队,而且不仅仅是军队。北越还投入了 30 多万吨的军事设备,400 辆坦克,300 门重型火炮——证明了基辛格所说的"停火只是一个策略,一个几乎不加伪装的掩饰,一个朝着他们凭武力接管整个中南半岛的目标前行的中转站㉒。"对于北越来说战争无疑没有结束。

基辛格和参谋长联席会议强烈建议尼克松美国应该轰炸胡志明小道,那里再次挤满向南越进发的卡车、军队和物资。战争最艰难的时期,北越经常在夜里使用小道避免美国的空袭。现在,基辛格对尼克松说:"他们是在大白天里行动,交通量非常大,造成了拥挤。"美国年复一年地轰炸小道,但从未杜绝渗透。为什么 1973 年再次轰炸就能成功而更早以前一直失败,这一点基辛格从不解释。起初,尼克松不想轰炸——他坚称,直到更多的美国战俘被释放以后再说。在 3 月底,更多战俘被释放,他考虑批准一个对北越进行大约一个月的轰炸战役,但奇怪的是他一直没有下达最后的命令。他知道到 4 月份,北越已经在南越境内或附近把其作战人员和装备增加到了比前一年更高的水平,只是为了发动复活节攻势,但是他一直在拖延。基辛格回忆到,他看起来"不能把精力和思想集中在越南。"阮文绍局促不安,大声疾呼,但是他的抱怨似乎坠入一个黑暗、听不到动静的深坑。尼克松不想听,基辛格试图让尼克松关注中南半岛的新危险,但发现他的思想已经转移到了其他地方了。基辛格后来写到:"他以一种奇怪的断断续续的方式接近这个问题,专心致志几乎是他天生的特点,可他没有把精力集中于决定上来。"此时,尼克松已经全神贯注于"水门事件"的掩盖正在被揭露的事宜,他无法专注于越南,似乎也无法处理任何其他的主要问题。他花了大量时间与埃利希曼讨论政治策略,听椭圆形办公室的秘密磁带或独自一人坐在旧行政办公大楼他的昏暗办公室里,他想知道他走到这种困难的境地的原因和是否还能拯救自己的总统任期。越南不再是他极为关注的问题。

4 月 14 日,基辛格第一次得知水门丑闻可能涉及尼克松本人。一个白宫律师,伦纳德·加门特告诉他,尼克松可能参与了掩盖,这意味着他可能犯有"妨碍司法公正"罪。基辛格写到:"得知这一消息我感到震惊,第一次清楚地看到,水门事件的挑战如何直抵总统职位的心脏和摧毁所有的权力。"没有总统的权力,美国对北越的另一个轰炸战役就会流产。一位虚弱的尼克松不可能领导一

第八章 | chapter Ⅷ
"体面退出"或"体面间歇"

个分裂的政府和一个沮丧的国家,而就在几个月前,它曾被告知,战争结束了。基辛格承认,"我们的越南战略彻底破产了。"

基辛格会及时得出自私的结论,"水门事件"超出了其他任何问题,摧毁了美国的政策,损害了美国拯救南越最终不被共产党征服的前景。基辛格的回忆录长达1521页,一项繁重和令人印象深刻的工作,他在里面回忆了尼克松的第一个任期,人们本认为他会至少用一整章的篇幅来说这个核心问题,但是他用了一个修辞不对称的奇怪例子,他在986页的一个脚注里谈到了"水门事件"在越南悲剧中起的作用。他写到,他和尼克松已经预见到了进行战争和谈判结束战争的每一步的最终结果,却没有想到"水门事件的失败"。他继续说:"在北越违反和平协议的情况下,是行政权力的腐蚀、对南越大规模援助的被扼杀以及禁止强制实施协议的立法最终导致了南越的命运[31]。"

尽管基辛格治学严谨,但他似乎从未认识到许多其他因素也注定了南越的命运:

——美国的势力和金钱宠坏了西贡的机构,使其腐败成风;

——阮文绍的无效率的、自我为中心的领导;

——他的军事指挥官的自私和地方主义;

——美国驻越南的傲慢的军事和政治机构,他们本来对越南情况知之甚少,却傲慢地以为知之甚多;

——美国开始实施战争越南化计划并开始培训南越人以组成一支现代化军队,例如能够飞行战斗直升机,但为时已晚;

——总统一叶障目看不到替代策略,总统固执地把胜利或其一种形式看作是冷战斗争唯一可以接受的结果;

——驻越南美国军事指挥官或者在华盛顿的高级外交官从未完全理解或体会到北越人坚韧的民族主义;

——在国会切断了美国对南越的武器供应之后,俄罗斯和中国的武器源源不断地流向北越;

——对越共的一种蔑视厌恶的傲慢态度,称他们是"穿着睡衣的小矮人;"

——这些"小矮人"在追求他们把越南统一在共产党领导下的目标过程中

愿意面对任何艰难困苦；

——他们对西方殖民主义的根本不信任，归根到底，这意味着巴黎和平协议是一份不值得他们签名的文件。

正如基辛格在 33 章结尾部分所说，不只是"由于'水门事件'导致行政权力的崩溃。还有更多因素，而且这些因素都以不同的方式在起作用，直到 1975 年 4 月 30 日，北越看到他们的历史性机遇，一路横扫直抵西贡，控制了政府，统一了自己的国家。在这条胜利的路上，他们本可以在 1974 年 8 月 9 日停顿片刻，向一位令人敬畏的敌人表示一下祝贺。正是在那一天，尼克松离开白宫，成为美国历史上唯一的不光彩辞职的总统。

在尼克松不体面离职之前，如果他有时间看看对战后越南战争的国家情报评估，他会对越南局势有新的了解。美国中央情报局在 1973 年 10 月 12 日的评估报告中认为，北越正在准备发动一次"大的攻势"。虽然行动的时间还没有"最终决定"，但如果选择了这样做，北越有能力在"不到一个月"的时间里开始行动。中情局认为"有利于共产党的大规模攻势的机会将在 1974 年的旱季大大增加"。如果不是那时，那么一定在 1975 年，事实上的确如此。国家情报评估的另一个情况是，即使不能确定 1974 年 5 月 23 日为预料的攻势日，但进攻似乎更有可能在"毫无警示"的情况下发生。国家情报评估称："在某一时刻，河内将转回到大规模的战争上。"结果正如所料[②]。

接连几个美国总统已经承诺支持一个独立、非共产党的南越。许多承诺得到了遵守。在华盛顿特区，低矮的庄严肃穆的越战纪念碑足以向那些持怀疑态度的人展示证据，在那里，5.8 万多人的名字被刻了在花岗岩的墙壁上。但是他们最终的承诺还是被背叛了。由于从国家精疲力竭到水门事件等诸多因素，当南越需要美国的帮助来阻止它倒向共产党时，援助并没有出现。

第九章 | chapter|X

以色列模式——史无前例与不可预知

"以色列不会孤立,除非它决定自己干。"

——约翰逊,1967 年

如果美国与韩国的关系一直是以共同防御条约为基础,并且有 2.85 万美军部队驻扎在那里,1991 年以前还部署有核武器的支持,如果美国和南越的关系是基于一系列总统的庄严承诺和国会的联合决议,那么你可能想象到,美国与以色列的关系,美国中东外交政策的真正核心,将至少基于一个共同防御条约,国会的联合决议,甚至大量的美军驻扎在以色列境内或周边。但事实并非如此。

美—以关系主要基于总统给以色列总理的私人信件,包含经常遵守但有时背叛的承诺。还有一些其他因素,包括强大的、重叠的政治、宗教和文化关系。的确,正如记者彼得·格罗斯说:"美国人和以色列人结合在一起好像不是其他两个主权民族似的[①]。"

但是,当谈到国家安全问题时,当以色列的命运安危未定时或美国的利益可能受到直接威胁时,这两个国家既不能指望一个有约束力的共同防御条约,也不能指望一个国会的联合决议去进行失约的制裁。例如,无论美国和以色列对伊朗的核计划磋商多少次,华盛顿也永远无法确定以色列的下一个步骤:一旦美国的国家利益受到影响,以色列会自己出兵打击伊朗吗?未必,但也有可能。以色列也不可能轻易地相信美国一定会实现它的决不允许伊朗发展核武器的诺言。

总统总是可以改变他的想法的。而且美国总统和以色列总理之间的个人感情关系使这种不确定性在加深。在巴拉克·奥巴马总统和总理本杰明·内塔尼亚胡之间,信任已经成为一种紧俏的商品。他们只依赖于交换私人的信件来保持一种真正独特的关系是不够的。

1/ 一个总统承诺的具体例子

1975年9月1日晚是一个在美国—以色列—埃及关系的历史上值得纪念的日子，杰拉尔德·福特总统的私人信件在深夜里被送到了总理伊扎克·拉宾在耶路撒冷的办公室里。它阐明一些美国对以色列安全的秘密承诺，如果没有这封信，拉宾将不会在当天早些时候签署第二个以色列和埃及之间的撤军协议。这封信似乎具有一个正式的双边防御条约的能量和可靠性[②]。

拉宾的协议是国务卿亨利·基辛格用前所未有的美国提供经济援助、提供武器、保证外交上的支持等一系列承诺换来的。他作为总统的个人代理参与了协商，双方都认为这项协议有利于美国的国家利益。此事没有咨询国会，尽管基辛格认为如果问及，国会也会接受这一协议的。和现在一样，那时两国之间许多最敏感的协议都是基于类似的总统承诺。对于美国总统和以色列总理来说，这一直是一个独特的经历（因为两国都是民主国家，国内政治在制定公共政策方面起着关键作用）。

2/ 拉宾、贝京、福特的信

两个人的性格本来是可以一样的。在拉宾总理收到福特信件的那天早晨，他就把反对党利库德集团的负责人梅纳赫姆·贝京请到了他的办公室。拉宾希望得到他的支持。这位总理曾是一位将军，长时间的谈判使他疲惫不堪，有点衣冠不整，嘴里还叼着一支香烟。贝京一如既往的衣着举止一丝不苟。他的典型着装是，一套深色西装，白色衬衫配上蓝色的领带，新擦过的皮鞋闪闪发亮。这个戴眼镜的、非常保守的律师从一开始就高度怀疑拉宾与基辛格的谈判。他认为拉宾软弱。贝京奚落这位总理，"人必须做的事情就是施加压力，这样我们就会改变自己的主意了。"贝京还认为拉宾过分屈身于华盛顿的意志。两人都理解美国对以色列安全的重要性，但是与贝京不同，拉宾认为"只要有可能，我

第九章 | chapter|X
以色列模式——史无前例与不可预知

们必须把我们的最佳利益与美国的同步起来。我相信为了推进和平，美国必须保持我们在军事上的强大。这个新协议在两方面的意义上巩固了我们与华盛顿的关系。它为美—以关系打下了一个全新的基础③。"

贝京不赞同拉宾的乐观判断，仍持怀疑态度。在美国奉行的战略中，他不是唯一感到不舒服几乎幽闭的以色列领导人。像大多数自豪的犹太复国主义者一样，他珍爱以色列的独立和绝对的行动自由，如果有必要，甚至发动攻击来保护自己的国家。这是他们的坚定信念，毕竟，只有以色列才能保护以色列。美国是一个亲密的和有价值的盟友，是以色列在世界上唯一真正的朋友，这一点得到了一次次证明。但是贝京认为，以色列不能把自己的安全与其他任何国家拴得太紧，即使是友好的国家如美国，而且作为以色列的总理不应该完全相信一个美国总统。

两国之间的差异是巨大的：以色列是个犹太族小国，坐落在一个大的，通常怀有敌意的阿拉伯人的邻域里，而美国是一个超级大国，自信地生活在大洋之隔。以色列人可能认为的一个事关生死存亡的威胁在美国人看来可能只是一个严重的问题。

拉宾感觉到贝京的立场不会改变，就像变戏法似的找到了解决的办法（或是他认为他找到了）。作为礼貌，拉宾把协议草案送给了贝京而不是福特的信，他认为那封信很特别——这是一封给"首相先生"的私人信件，它包含美—以新谅解的核心。拉宾认为，如果他作为总理不能说服他的政治对手支持这份协议，也许美国总统能够说服。贝京调整了一下眼镜，读到福特"决心先通过提供先进的装备"，包括F-16飞机和潘兴地对地导弹"来继续保持以色列的防御力量"，然后，要求国会提供"军事和经济援助，以帮助满足以色列的经济和军事需求"，最后在敏感的外交方面永久地消除拉宾认为的"以色列对大国强加解决方案的长期担忧"。福特承诺"如果美国将来渴望提出自己的建议，就会尽一切努力与以色列协调其旨在避免提出以色列感到不满意的建议④。"贝京认为这是一件奇妙的事。但是总统的具体想法又是什么呢？福特在下段里回答了这个问题，就好像他预料到贝京能问这个问题。"美国还没有制定出关于边界的最后定位。如果那样做了，会把很大的负担压在以色列的立场上——与叙利亚的任何和平协议必须以以色列仍然保持在戈兰高地为基础。"这就是福特的承诺,美国支持以色列占据戈兰高地,这是中东谈判中最微妙的问题。多年来担任美国高级中东谈判代表的丹尼斯·罗斯认为,这是"总统通过信件承诺的一个例子⑤。"

"是的,这很有意思",贝京承认。还没有过美国总统在边境争端问题上如此坚定地站在以色列一边。但是不要误解——他仍然反对与埃及的协议——他像律师一样补充了意见。他对拉宾说:"支持我们保留戈兰高地几乎不是具有约束力的承诺,不过仍然很重要。"他没有再说什么,但在离开之前,他转向拉宾说:"你明白,总理先生,我要从以色列国会的角度和我能感觉到的每个角度表达我反对你所谓的过渡协议。"拉宾面带无可奈何的微笑答道:"贝京先生,我并没有期望什么,你不是习惯说反对派的工作就是反对吗?是的,没有关系,反对,我会回答。"

福特的信——许多美国总统写给以色列总理的信件之一,内容包含一些美国对以色列安全的具体承诺。奥巴马把这些信件称作"对以色列安全的装甲承诺",但承诺不等于条约,也不代表国会的决议。从这个意义上说,以色列不是一个"法律上的盟友",如同外交官约翰·内格罗蓬特所说,即使在1987年的国防授权法案中,作为美国支持以色列的一种安抚,以色列被命名为一个"主要的非北约盟国。"我相信,这些总统在做出承诺时,是把以色列的利益放在了心上,但条件在改变,今天做的承诺明天可能会改。

还有的总统,能有3、4届政府处于当时合理的政治或外交原因,或许根本就不同意福特对戈兰高地的承诺。作为现任总统也有权违背那个承诺。当然,以色列可以抱怨,可以提醒现任总统有关前任总统的承诺,出示签了名的信件。以色列可以向媒体泄漏其强烈的不满,这一战术几乎肯定会引发一阵抗议,来自许多美国犹太社区、亲以色列游说者、美国福音派(感到与圣地有一种强大的宗教关系)以及国会控制钱袋的朋友们。美—以关系一直充满争议和不确定性。这是真正意义上的独一无二。总统签名的一封信就有了的权力,他的话就会产生后果,但这些话再也不能——或许以前有过——从山顶上喊出来。

当奥巴马这位语言的工匠,讨论其政府对以色列的政策时,几乎总是用他

第九章 | chapter IX
以色列模式——史无前例与不可预知

最喜欢的形容词——"装甲"来描述它。（2011年12月16日，总统的发言人杰伊·卡尼添加了几句他自己的形容词："绝对""坚决""不可动摇的"和"空前的"。）奥巴马也能用其他形容词。华盛顿近东政策研究所的执行主任罗伯特·萨特罗夫表明"牢不可破"这个词在总统的上下文中用了92次，"不可动摇"用了226次，"坚定的"用了312次[⑥]。但是，萨特罗夫问到，以色列应该从奥巴马的"装甲"承诺中得到安慰吗？他回答说："不。"他指出，虽然林登·约翰逊经常谈到美国对南越的"坚定"承诺，但国会却一下子停止了提供附加的金融支持，最终美国输掉了战争。

经验丰富的马丁·迪克是前美国驻以色列大使现任布鲁金斯副总裁和外交政策主任，当我向他提出类似问题时，他回答说："他们（以色列人）将永远怀疑美国的承诺。"在他与以色列领导人的许多对话中，我想知道，他们谈论美国承诺的可靠性。迪克说："哦，是的，很难让他们摆脱这个话题。"很明显，对话总是以"他们说'我们只能依靠自己'"开始和结束，那是旧犹太复国主义者自立信条的老话[⑦]。

在奥巴马执政期间，在美—以关系中出现了令人感兴趣的具有讽刺意味的事情，两国关系在某些方面已变得比以往任何时候更密切了，特别是在国家安全与情报共享事宜上。两国走得越近，以色列就越依赖美国，就越担心以色列前总理埃胡德·巴拉克所说的总有一天"以色列"丧失了"行动独立性"的情况成为现实。以色列珍惜至关重要的美国支持，但他们更珍惜自己的"行动独立性。"在任何一位以色列总理心目中，一直有这样一个令人感到不安的问题：如果我太相信这位总统，我会被背叛吗？还有呢？以色列会被背叛吗？

可能的背叛这个问题可以追溯到约翰逊政府，当时总统感到他不能履行艾森豪威尔对以色列的承诺，因为他全身心在处理其他更紧迫的事情，如他心爱的伟大社会的计划和他的越战噩梦。从那以后，以色列总理欢迎总统的承诺，同时，在他们隐蔽的心中，怀疑其可靠性。

以色列人的这些怀疑源于艾森豪威尔政府对1956年的苏伊士运河危机的处理方式，这一事件之前已酝酿了一段时间。1950年的三方协议保证美国、法国和英国支持20世纪40年代末确定的现有的阿拉伯和以色列停战线，自从签署了这个协议以来,以色列就一直反对阿拉伯人再三侵犯其边界,但似乎没有人听。1955 年 9 月,当埃及成了与苏联进行巨大军火交易的受益者时——虽然武器经由捷克斯洛伐克——以色列领导人急于找到一个富有同情心的军火商。总理大卫·本-古里安后来向以色列国会报告称:"我们孤注一掷地去努力获得阻止敌人所需的最低限度的武器供应,我们彻底失败了。"权力的天平似乎突然转向有利于阿拉伯人。本-古里安哀叹:"现在他们可以选择时间消灭以色列了,敌人的剑不仅悬在我们头上,而且直指我们心脏⑧。"

本-古里安描述了当时是怎样的情景,以色列将军们,紧张地扫视着西奈半岛,开始考虑发动一场先发制人的战争。拉宾,当时是一位将军,说:"现在是我们国家生存的问题即存在还是不存在的问题。"这句话是他在 10 年后的 1967 年 6 月"6 日战争"开始前所重复的⑨。在 1956 年一段相对短的时间内,拉宾经常看到一艘艘苏联船只到达,运载了 250 辆坦克、500 门远程火炮、150 架米格战斗机和 50 架伊尔轰炸机。潜艇也是交易的一部分。至此,这是进入中东的最大一批外国武器,莫斯科以醒目的方式告诉美国和世界其他国家,现在它也是中东游戏的一个球员了。中东不再仅仅是西方展示雄心的一个操场,还是石油和动力的发源地。以色列大使历史学家迈克尔·奥伦将苏联武器的交付描述为"对以色列的存亡威胁。"本-古里安和国防部长摩西·达扬认为埃及在大约 6 个月时间内就能"消化这种武器",也就是说,在这段有限的时间内埃及人能够"学会驾驶飞机和坦克⑩。"以色列内阁开会时,部长们只讨论一个问题:以色列应该向埃及发动先发制人的攻击吗?如果发动,应该在什么时候?

中东总是能给世人带来惊奇。1956 年 7 月 23 日,埃及炫耀的领导人贾迈勒·阿卜杜勒·纳赛尔将苏伊士运河进行了国有化,这件事震惊了美国、法国、英国和其他的运河使用者。他们开会并考虑给这一挑战同样的回应。美国国务卿约翰·福斯特·杜勒斯对国际法和海洋权益问题大发雷霆,但没有人真正相信美国会进行军事干预。法国和英国自行决定采取行动,些许秘密的勾结很快就把以色列卷入进去。他们制定了代号为"火枪手行动"的计划,奥伦后来把这个计划说成是一个"疯狂的阴谋,回想起来非常诡异。"该计划也是前所未有的,极为危险。以色列将充当挑衅者,时刻准备加入两个西方强国的行列中,

第九章 | chapter IX
以色列模式——史无前例与不可预知

并在对埃及进行先发制人的战争中发挥作用——总之以色列在盘算着。以色列将把伞兵空投到离运河25英里处西奈半岛的米特拉隘口。毫无疑问，这是一种战争行为。埃及人肯定会做出反应，派遣军队进入西奈半岛与以色列人交战。这时，按照预先的安排，法国和英国先谴责爆发的敌对行动，然后宣布苏伊士运河处境危险，最后派遣部队进驻埃及保护运河。

如果按计划行动是没有问题的，但事与愿违，英国和法国那边的行动搞砸了，他们没有能够按时进攻埃及。结果是：纳赛尔幸存下来，运河仍在他的手中。法国和英国的成功仅仅是激怒了艾森豪威尔总统，他在忙于总统竞选事宜（其连任竞选还有一周时间），而且他不喜欢在战争与和平的问题上被蒙在鼓里，尤其是关系到美国的关键利益。他对其国务卿约翰·福斯特·杜勒斯大吼："福斯特，你告诉他们，该死的，我们要进行制裁，我们将把这件事提到联合国去，我们将要采取一切手段，这样才能阻止这种事⑪。"与此同时，以色列人充分利用了喧嚣和混乱，摧毁了埃及3个陆军师，缴获了小山般的军事装备，使纳赛尔在阿拉伯世界里曾经高傲狂妄的形象一败涂地；但是他们也听到了一位愤怒的总统发出的吼叫。艾森豪威尔极不耐烦以色列不停地争辩纳赛尔的表里不一。他要求以色列立即撤出西奈和加沙地带，但以色列故意拖延，声称它会撤出，但只是在获得联合国（和可能是美国）保证其安全以后。

在历时5个月的喧嚣中，很大一部分时间是艾森豪威尔和本-古里安在难解难分地打嘴仗。信件来来往往，艾森豪威尔的信件是"紧急呼吁"和"严重警告"，而本-古里安的信件是个人恳求对方理解和同情。谈判地点在联合国走廊的安静角落。本-古里安有两个基本要求：（1）"自由通行"亚喀巴湾的蒂朗海峡，由此以色列将得到伊朗出口的宝贵石油；（2）埃及不再从加沙发动袭击。本-古里安坚持说："无论怎样，以色列绝不同意遣返埃及的入侵者⑫。"此时，艾森豪威尔有一个要求：在以色列的需求得到满足之前，它必须将其军队撤出阿拉伯人的土地。本-古里安想要担保，艾森豪威尔想要服从。僵局出现。

对以色列来说，这是一个令人痛苦而难忘的时刻。本-古里安一直把他的安全思考基于一个首要的考虑因素：如果可能的话，以色列绝不该单独行动，它应该始终有一个大国的支持。在苏伊士运河危机期间，他认为有了法国和英国两个大国,但他误判了他们。他们不再是第二次世界大战的巨人,而是现在美国和苏联之间冷战斗争边线上的小卒而已。本-古里安也许是第一次明白,一旦战争开始,以色列基本上是靠自己。他在美国有朋友,但在战争中没有同伴。艾森豪威尔是不会为了以色列去与俄罗斯或阿拉伯人打仗的。而且这位总统也会认为,如果他站到了以色列那边,他可能危及石油供应并把阿拉伯世界扔进了苏联的势力范围。

在联合国,许多国家极力要对以色列进行经济制裁,艾森豪威尔决定支持他们,但是在最后一刻,他改变了主意。原因是令人叹服的。首先,他的国务卿反对强行制裁,认为那样等于给以色列判"死刑"。第二,国会绝大多数的人站在以色列一边。参议院多数党领袖林登·约翰逊(德州民主党人)警告称,如果艾森豪威尔加入联合国制裁以色列的行列,他将切断总统的中东政策资金。最后,美国公众支持以色列,报纸社论越来越多的在批评总统的政策。艾森豪威尔不得不想出一个更好的政策来推动美国的利益[13]。

1957年2月20日,一个沮丧的总统试图打破僵局。他出现在黄金时段的电视上,抨击了以色列拒绝将军队撤出蒂朗海峡和加沙地带。这是他使用严厉的言辞掩盖他的下一步外交行动的方式。"这是一件令我们非常失望的事",他说以色列"仍然不愿意撤出。"然后他强烈暗示,如果以色列不立刻撤出,联合国包括美国将不得不对以色列采取行动(不具体)。艾森豪威尔说如果美国必须把以色列在埃及的行动与苏联在匈牙利的行动进行比较的话,这将是"悲伤的一天",实际上那正是他正在做的。俄罗斯刚刚入侵匈牙利以镇压反共产主义的起义。艾森豪威尔补充说,联合国成员(以色列)没有权力攻击另一个联合国成员(埃及),然后为撤军设定条件。他把自己总统的声誉都投入到了这场争论中,他说,如果他允许以色列"有条件的撤军,"我感觉我不会符合你们把我推选到的总统职位的标准[14]。"还从未有过美国总统在电视上严厉斥责以色列,从那以后再也没过。

艾森豪威尔说,这是一个"重大的时刻",确实是。艾森豪威尔大胆而直白地警告以色列,如果以色列不符合他的愿望,以色列将得不到美国的支持。实际上,这会更糟糕。他再次威胁本-古里安,美国将加入联合国对以色列的制

第九章 | chapter IX
以色列模式—史无前例与不可预知

裁行动中。对美-以关系来说，这是一个危机的时刻。

艾森豪威尔在他对全国做的电视报告中，小心翼翼地公开暗示美国官员已经在私下里向本—古里安政府做出了承诺。换句话说，即使总统在公开场合指责以色列，他打算提出一个秘密协议，打破外交僵局。如果以色列从加沙和蒂朗海峡撤军，这位总统承诺他将确保"联合国在某种程度上参与"对加沙地带的管理，这是满足以色列主要要求之一的第一步——不让埃及取得加沙地带的控制权。艾森豪威尔也"坚信海湾（蒂朗海峡）是国际水域，任何国家都无权阻止自由和无害地通过。"

他说，美国准备"行使这一权力本身并与他人一起得到对这一权力的一般承认。"那是向着满足以色列其他关键需求迈出第一步，也是"自由和无害通过蒂朗海峡的权力"。实际上艾森豪威尔走得更远，他宣称如果埃及再次阻止以色列通过海峡，以色列将有权根据《联合国宪章》第五十一条来保卫自己。杜勒斯明白艾森豪威尔对以色列请求与他人相同的权力"自由和无害通过权"所表示的支持是比"书面条约上的红色丝带和印章更有价值[15]。"在此期间，杜勒斯在两方面受到了很大的折磨：一方面是其保护美国利益和与以色列达成协议的敬业精神，另一方面是其个人的感受——犹太人使他为了他们所付出的公正和明智的努力遭到失败。他常常抱怨"犹太人的压力"在国会山营造了"一个非常令人不愉快的局势"，"犹太人对媒体的可怕控制，"使公共舆论出现了"非常严重的麻烦；""我们所得到的是怎样受到犹太人的连续打击"以及"这个国家新教元素的反对[16]。"

本-古里安很快就对艾森豪威尔的努力和保证表示了感谢，同时明显地屈服了压力。2月24日，他授权其外交部长阿巴·埃班告诉杜勒斯，如果美国和其他海洋国家公开表示支持以色列在亚喀巴湾自由通行的权力，以色列将撤出控制着蒂朗海峡的沙姆沙伊赫，而且如果联合国紧急部队（而不是埃及人），进入并占领了两个有争议的区域，它还将撤出加沙。几天来，杜勒斯与埃班一方面成功协商协议的细节，一方面为每个逗号而争论。3月1日正式通知联合国大会按照联合国决议以色列将撤出沙姆沙伊赫和加沙。这是一个突破。

这个秘密的创新的谈判结果包含在艾森豪威尔（1957年3月2日）和本-

战争谎言
——美国总统的承诺与背叛

古里安（1957年3月7日）的往来信件以及杜勒斯和埃班起草和谈判的秘密备忘录中。信件是明显的外交代码语言的例子；备忘录即便冗长无味，但细节令人印象深刻。艾森豪威尔向本-古里安保证，他"没有理由后悔"决定撤出加沙和沙姆沙伊赫，但他补充说，为了效果明显，撤军必须以"极限速度""干净利落地"的完成。以色列将顺从"国际社会的强烈情绪"（指艾森豪威尔的白宫），将证明对他给予的和平"希望和期望"不是"徒劳的"。本-古里安向艾森豪威尔保证，尽管他对撤军有强烈的保留意见，但他还是会那样做，因为他确实相信艾森豪威尔的"高尚的道德人格"，"他的话以色列可以信赖"。他还说，他"相信用你的话说，我们没有理由后悔"，杜勒斯和总统的"声明"（指承诺与保证）"将在不久的将来成为一个持久的现实"。

以色列总理可能一直过于牵强地理解艾森豪威尔的保证，但他始终是一个现实主义的人，他认为他没有选择的余地。世界其他国家会这样帮忙吗？以色列只是在地球上占据一个偏僻的地方，它几乎没有经过考验的朋友。

当本-古里安亲自把他写的"亲爱的总统先生"那封信于3月7日交给美国大使爱德华·劳森时，耶路撒冷的时间已经很晚了，总理和大使享受着简短聊天那一时刻的快乐。本-古里安想向劳森表明，他并非完全满意这个协议，但他相信总统能够兑现诺言。他表示，具体而言"虽然没有清晰的理解，我们仍觉得总统给了我们保证。"那些"保证"对以色列总理来说意义非凡。本-古里安后来回忆说，"在他还只是一个将军时"，曾见过总统，他是一个"可以依赖的人⑰。"

本-古里安向他的同事解释说，尽管艾森豪威尔的计划并不代表一个理想的解决结果，没有达到双方更加满意的境地，但它代表一个可接受的妥协，毕竟没有危及到以色列的安全。同样重要的是，对它的接受阻止了美-以友好关系的破损。本-古里安把艾森豪威尔逼到了极限，但又聪明地在水边停了下来，认为以色列有一个超级大国的朋友对于国家利益总是至关重要的。谁比美国更好呢？

10年后，艾森豪威尔的保证包含在他的结束美—以僵局的妥协计划中，再次占据了中心舞台，提醒以色列领导人他们接受的是一组非常特殊的支持——

第九章 | chapter IX
以色列模式——史无前例与不可预知

以色列安全的总统承诺。尽管艾森豪威尔的保证没能缓解他们为应付1967年初另一场中东战争而进行紧张集结中的忧虑，但消除了可能出现的相反效果：是否遭到背叛的不确定性所激起的对美国的担忧。

这个故事既迷人又令人沮丧。1956年的战争没有解决任何问题，这一点对于研究中东的人来说并不奇怪。许多阿拉伯人继续质疑以色列住在他们附近的权力。不仅他们的报纸，而且他们的教科书充满了憎恨的社论、报道以及疯狂嘲笑以色列和犹太人的漫画。

他们似乎得到了一种变态的快感，他们傲慢地吹嘘正在准备一场将消灭以色列的大战，将把"以色列赶入大海"。他们的宣传和行动几乎没有暗示阿拉伯世界有与以色列和平共处的政策。同样令人不安的是，被称为阿拉伯突击队员的巴勒斯坦极端分子向以色列发动的袭击，这扰乱正常的生活和杀害无辜的平民。以色列人需要安全，他们的政府，即使只是出于政治原因，也觉得有必要进行反击。

1966年11月，巴勒斯坦人在游击战的袭击中打死了3名以色列士兵，之后不久，以色列政府决定该适可而止了，他们派了一支陆军分队进入了在约旦的艾斯萨姆村里的一个巴勒斯坦难民营，打死14或21名（确切数字仍在争论）巴勒斯坦人，打伤37人。这是自1956年战争以来，以色列在一个阿拉伯国家实施的最大的行动，这引发了全世界的谴责，联合国安理会也做出决议谴责以色列的侵略。整个地区的紧张局势骤然上升。到1967年春，阿拉伯和以色列领导人开始行动，好像另一场战争就要出现在地平线上。军队被动员了起来，国境线到处是警告的枪声，联合国安理会听到了沉闷的警钟声。

叙利亚在戈兰高地附近举行了令人印象深刻的军队演习，暗示它将随时打击以色列。以色列非等闲之辈，在戈兰高地以南动员了军队，举行了过境打了就跑的攻击演练。叙利亚在挑衅性地咆哮，促使联合国秘书长吴丹在1967年5月11日谴责了叙利亚。通常，他的谴责是预留给以色列的。他谴责叙利亚在这场经济危机中所扮演的角色是"可悲的""阴险的"，是一种对"和平的威胁。"数天后，显然是为了展示他的公平性，他对以色列同样进行了严厉的批评。

叙利亚的主要赞助商和武器供应商苏联利用了这场危机，他们在易受影响的阿拉伯媒体中植入了一份以色列即将入侵叙利亚的假报道,对已接近燃点的局势煽风点火。5月16日,埃及总统纳赛尔假装很担心他的盟友叙利亚,向西奈半岛发兵16万人,并派了近1000辆苏制坦克作为支持。3天后,在没有明确警告的情况下,他毫不客气地从加沙和沙姆沙伊赫驱逐了联合国维和部队,这直接违反了1957年达成的联合国协议。纳赛尔似乎在一场战争的路上,他宣称其政府的"基本目标将是摧毁以色列。"担心有人错过他的信息,他补充说:"阿拉伯人想要打仗了。"很明显,纳赛尔喜欢听自己的声音。

5月22日,纳赛尔在战争路上迈出了决定性的一步。他向以色列航运关闭了蒂朗海峡,他知道对于以色列来说这是开战的原因。1967年3月1日,以色列外交部本着10年前艾森豪威尔向本-古里安保证的框架和精神,对纳赛尔提出了警告,对以色列在海湾航运的"武装力量干涉将被以色列视为攻击行为","根据《联合国宪章》第五十一条之规定"以色列具有"固有权力进行自卫。"纳赛尔公开藐视联合国并挥手拒绝以色列保卫其进入海湾的海事"权力",他明白地走向战争。以色列领导人,在总理列维·埃斯科尔——一个谨慎的政治家的领导下,知道他们很快就会与埃及进行另一场战争。埃斯科尔告诉其国防部副部长兹维·汀斯坦:"将会有一场战争[18]。"虽然谨慎,他还是在南部将以色列后备队的人数增加了一倍,并命令300辆坦克穿过内盖夫向埃及边境运动。

总理的军事顾问赞成尽快先发制人地打击埃及,但是埃斯科尔像本-古里安一样并不急于走向战争。以色列总理要再一次寻找一个超级大国盟友,只有美国可以胜任这一角色。他认为,在1957年艾森豪威尔的保证中能找到安慰,保证中明确承诺美国支持以色列有权在海湾自由,如果自由通行被否认,根据《联合国宪章》第五十一条,以色列有权为争取权利而战。以色列很快学到了关于总统承诺的惨痛一课。埃斯科尔曾天真地以为,一位总统所做的承诺后任总统将一直履行。正如历史学家奥伦解释说:"由于美国国家体制构成的方式,总统在外交事务中享有特权,我们必须依靠总统的承诺。我们的期望是,一位总统做的承诺将由他的继任者履行。这是具有条约效应的……我们必须相信那些(承诺)具有某种签字条约的效应[19]。"只可惜到1967年时,艾森豪威尔对以色列的承诺碰到了约翰逊对南越的承诺,而且约翰逊的承诺更胜一筹——不是

第九章 | chapter IX
以色列模式——史无前例与不可预知

因为约翰逊不想帮助以色列（他总是认为自己是真正词汇意义上的"朋友"），而是因为他很恼火地陷入了南越正在扩大的战争中。他不能在东南亚和中东同时打两场大规模战争，而且他正在国内奉行昂贵和有争议的伟大社会计划——所有这些都在同一时间。

当以色列人提醒约翰逊有关艾森豪威尔的保证时，他起初宣称，他对此一无所知。有信件吗？有备忘录吗？好像没有人能在白宫找到任何东西。档案保管人疯狂地搜索白宫和国务院文件，但无济于事。最后，国家安全顾问沃尔特·罗斯托不得不前往宾夕法尼亚州葛底斯堡，从艾森豪威尔那里得到相关信件和备忘录的副本。以色列驻美国大使亚伯拉姆·哈曼，也前往葛底斯堡敦促艾森豪威尔公开 1957 年他和杜勒斯对以色列所做的私人承诺。当时在生病的艾森豪威尔同意提供帮助。他向哈曼保证："我不相信以色列会被丢下没有人管的⑩。"约翰逊真诚地想帮助以色列。但如何帮呢？艾森豪威尔认为组织一个国际海军特遣部队为所有的人打开蒂朗海峡，包括以色列。这种事从未有过，但约翰逊喜欢这件事的政治起源，他想再试一试。这种方式既能帮助以色列，也不会使美国卷入另一场战争。但是，如同艾森豪威尔，即使他不能组织一支特遣队，至少他可以争取时间，发挥外交的魔力——如果中东确实存在魔法。

约翰逊在与以色列人的谈话中一直表明一个观点：不要先开第一枪。5 月 26 日，约翰逊欢迎以色列的首席外交官阿巴·埃班来到椭圆形办公室见面，这次会见被证明是非常重要的。历史学家奥伦做了最佳的叙述。埃班受其总理之命来问一个问题："你（约翰逊）有意志和决心打开海峡吗？我们是单打独斗还是你和我们在一起呢？"约翰逊认为他发现埃班的面部有一种"折磨的样子"。虽然约翰逊同情以色列，但他仍然不能将美国投入到军事行动之中，直到他在联合国黔驴技穷为止。为什么？埃班想知道。联合国将怎么帮他们呢？

"我不是这个国家的国王"，约翰逊强调，"对你和你的总理无能为力，我所能做的就是……我知道你的血液和生命处在危险之中。我们的血液和生命在许多地方也处在危险之中（指越南），也许在其他地方……在联合国反复讨论解决这件事之前我不会表决,也没有一美元用于采取行动。"实际上,像埃班一样,约翰逊对联合国几乎没有信心,但是,出于政治原因,他觉得他还得走过场。他认为联合国的这次讨论需要两个星期时间。他说:"我不是一个软弱的老鼠或懦夫,我们要去尝试,我们需要的是一些(海洋国家),5个或4个或更少,如果这事我们办不成,那么我们就靠自己。你可以告诉你的内阁,这个总统、国会和国家将支持使用任何可能的措施来打开海峡的计划。"人们或许会认为总统这样一个承诺会使埃班满意——"使用任何可能的措施"——但这位以色列外交官还是意识到了一个问题。

约翰逊害怕以色列先发动进攻。他告诉埃班,他的情报主管认为埃及并不打算攻击以色列,即使真的有这样的攻击,以色列也会将其击退并赢得胜利。"如果你的内阁决定那样做(先发动攻击),他们将不得不自己去做。我不是在躲避,也不是出尔反尔,我没有忘记我说过的话……我认为以色列不应该使自己成为美国和世界的眼中发动战争的罪魁祸首,这是必要的。以色列不会孤独,除非它决定单干。"为了强调自己的观点,约翰逊重复了三次。然后,他又重复了一次,但用的是另一种方式。他递给埃班国务卿迪安·腊斯克手写的便条。上面写着:"我必须强调以色列不让自己为发起战争承担责任的必要性。"约翰逊支持其内阁,他补充说:"我们无法想象,以色列会采取那种立场。"但这正是腊斯克所担心的:实际上,以色列将发起战争,美国将在阿拉伯世界面前显得无能为力。约翰逊强调:"我们知道你们的政策。他们想知道的就是你们采取行动的想法。"

对这个具体问题,埃班没有做答——他怎么能回答呢?他说时间具有极其重要的意义,他敦促约翰逊不要陷入联合国无休止的争论中。埃班起身要走时,问道:"我告诉总理,你们的想法是尽一切努力确保海峡和海湾仍然对自由和无害通过保持开放,我没搞错吧?"约翰逊做出肯定的回答之后,他们握了握手,埃班离开。约翰逊沮丧地总结到:"他们要打,我们无能为力[21]。"

在去纽约会见华盛顿驻联合国大使阿瑟·戈德堡的路上,埃班被约翰逊"没有用的修辞"弄得目瞪口呆。他认为约翰逊是一个"没有勇气的总统",用"失败主义的词语"说话,虽然很明显约翰逊做出的努力实际上超越了艾森豪威尔

第九章 | chapter IX
以色列模式——史无前例与不可预知

的1957年的承诺,通过组建一支海军特遣部队或称3方舰队的方式保持自由通行。但是,经过对国际外交的象征性语言和细微差别的精明判断,埃班认为约翰逊未能建议起草一份联合公报或者某种书面的东西,在这个关键时刻公开承诺美国对以色列的支持。尽管约翰逊想帮助以色列,他还有要求他立即关注的其他问题。戈德堡认为他的责任是确保埃班带着约翰逊准确立场的印象回到耶路撒冷。戈德堡强调,"你把总统的立场告诉你的政府,人命关天而且涉及安全问题,告诉你们的内阁,总统的声明意味着国会通过一份联合决议,由于越南战争的缘故,总统不能得到这样一个决议[22]"。

约翰逊认为他得不到1964年他得到的在越南作战的那种类型的决议,具有讽刺意味的是因为越南问题的鸽派反对,其中很多是犹太人。他讨厌美国犹太人的压力,他们反对他的越南政策,但在这个关键时刻他们支持美国对以色列履行更深的承诺。他怀疑他们不理解他在尽力帮助以色列。约翰逊的两名白宫工作人员,拉里·莱文森和本·瓦滕伯格敦促总统向在拉斐特公园举行的"美国犹太人群众大会"发一份支持的信息,认为这样他可以"大大扭转反越战、反约翰逊的情绪。"约翰逊对这两个人大发雷霆。有一天他在白宫走廊里举起拳头喊道:"他们是犹太复国主义的傀儡……为什么你们看不到我在为以色列尽我所能。这就是当人们要求总统为他们的集会发信息时,你们应该告诉他们的[23]。"

埃班离开了美国,知道他没能从约翰逊那里得到他的总理希望的答案——一旦战争爆发美国将是以色列的盟友。相反,他得到了一个冷酷的警告,不要发动先发制人的攻击。他以前曾听说过来自于法国总统戴高乐的同样警告,戴高乐对以色列的政策一直是言语多于行动。埃班在巴黎做了暂短的停留,希望法国领导人,处于其自己的原因或许尽力说服苏联用其对纳赛尔的影响力阻止战争。埃班还没有提及这件事情,戴高乐就说:"不要发动战争,不要开第一枪。"作为回应,埃班说纳赛尔已经迈出了第一步;纳赛尔封锁了海峡,知道以色列会认为这样的行为是一种战争行为。此外,埃班继续说:"法国在10年前的苏伊士运河危机中支持开放和自由通过海峡。"戴高乐突然插嘴:"那是1957年,这是1967年。"1957年法国曾是以色列军事装备的主要提供者,主要外交支持者之一。往事不再。很明显，在 1967 年，法国不打算履行其更早的承诺。现在，法国已经与约翰逊进行了磋商，埃班担心美国也在找一个可接受的借口退出 1957 年的承诺。

当埃班回到耶路撒冷，向总理报告时，埃斯科尔惊呆了。后来美国驻以色列大使塞缪尔·刘易斯回忆说整个内阁沉浸在"深深的苦恼中"，部长们突然被"背叛的感觉"压垮了[24]。"以色列军方领导人，在国防部长摩西·达扬和参谋长伊扎克·拉宾领导下，已经在准备先发制人的打击，他们认为他们很小的机会之窗正在被关闭，他们不得不行动了。但埃斯科尔拒绝亮绿灯。他一直希望埃班返回耶路撒冷带回好消息，美国将和以色列一起与埃及作战。当他听说美国总统的一些打算——参与联合国的新一轮挽救和平谈判、同时试图建立一个海军特遣部队、得到类似于 1964 年《北部湾决议》的国会决议、与反对美国军事介入中东的越战批评者争辩、推迟威胁要对他珍爱的伟大社会计划资金的消减——时，他曾对美国总统寄予非常大的希望。他想象到了，数周时间无谓的争论之后——他的国防部官员却认为几天时间最多也就两三天——他们认为他们还得用行动打击埃及。

经过一夜痛苦的深思，埃斯科尔得出结论：推迟战争是不可能的。以色列不能依赖美国，他们在其他方面关注着自身的问题。以色列，面临自认为是生存的威胁，不能被美国抛弃和背叛的情感所扼杀。埃斯科尔问一位总统对以色列做出的承诺，另一个总统不管出于什么原因，怎能就违背呢？他问，总统承诺不也是国家承诺吗？埃斯科尔曾天真地以为是的。现在他再一次意识到，在紧要关头，以色列只能依靠以色列。现在战争是不可避免的，以色列将单打独斗。

1967 年 6 月 5 日战争开始，五天后结束。记者称之为"六日战争"。这是以色列的一个军事胜利。第一天以色列有效消灭了埃及空军，接下来的五天，以色列包围了埃及在西奈半岛的军队，从叙利亚手中夺取了戈兰高地，进入了整个耶路撒冷和约旦河西岸。华盛顿的官员们如释重负同时想知道以色列将走多远。在战争期间的一天晚上，我在白宫草坪上做一个电视报道，我看到约翰逊总统从一个门走到另一个门。当他停顿了一会儿时，我问他认为以色列做的

第九章 | chapter IX
以色列模式——史无前例与不可预知

如何。他不想做一个正式的采访，但他的确稳定有力地点点头说："争强好胜。一个非常争强好胜的国家！"在我的印象中，他的"争强好胜"的意思是赞叹。他似乎很高兴，以色列赢得了这场战争，而且我猜测他会震惊地发现以色列人使用"背叛"这个词来形容他对他们的立场缺乏支持。

3 / 1967年以后的背叛

自从1967年的战争以来，美—以关系上方一直迷漫可能背叛的味道。在许多与以色列领导人的对话中，包括拉宾和梅纳赫姆·贝京，我听见他们对美国支持以色列表达了一种基本的不确定性，1967年他们感到的深深失望一直滞留在他们的脑海里。当我提醒他们美国给予以色列的慷慨支持——军事、经济和外交，特别是在1979年埃—以和平条约后——他们表示了最深的谢意，但话里经常有"但是"，即使不明说，也有隐含。当两国之间在以色列人认为对他们的国家安全具有重要意义的问题上出现分歧时，以色列人总想知道他们是否很快就要面临另一个1967年的背叛。无论美国总统强调多少次对以色列安全的"铁甲承诺"，以色列的总理和将军都无法挡住一种令人不安的怀疑感，一种到头来以色列还得靠自己的感觉。以色列一直寻求并需要美国的支持，但如果它不会马上到来，如果不满足以色列认为的需要，那么以色列总会自行其是，不容包括美国在内的任何人干扰。

甚至在约翰逊"背叛"之前也是如此。1961年1月，肯尼迪总统就任时，即将卸任的美国国务卿克里斯蒂安·赫脱告诉他，有两个国家很明显地在生产核武器。他说，一个是印度，另一个是以色列[25]。这令新总统担忧，因为在其竞选中其主要政治纲领条目之一就是核不扩散。

1961年5月，在给本-古里安的一封私人信件中，肯尼迪问及以色列在迪莫纳——内盖夫沙漠一个容易错过的小镇——的核项目，但以色列领导人回避了直接回答。美国希望定期检查迪莫纳的核设施。以色列，用一个又一个的借口，一直予以拒绝。1963年5月18日，被激怒的肯尼迪要求进入迪莫纳，他警告说，如果以色列继续拒绝，美国对以色列的承诺"将受到严重危及"。担任本-古里安顾问的物理学家尤瓦尔·尼曼称，肯尼迪的"信件写的就像一个恶霸，一点都不讲理。"实际上，肯尼迪在要求无条件的进入。

一个月后，本-古里安辞职，部分原因是肯尼迪总统的压力。7月5日，肯尼迪给新总理列维·埃斯科尔又发了一纸严厉的警告，重申"本届政府对以色列的承诺和支持可能遭到严重危及"，除非立即被同意进入迪莫纳。埃斯科尔如同其他许多以色列领导人一样，认为以色列必须发展核武器作为其国防最后诉诸的手段。如果不是肯尼迪1963年11月遇刺，美－以关系很可能已经因此问题而破裂。尽管华盛顿不断威胁，但以色列决心发展核武器。

约翰逊有其他的要优先考虑的事项，所以这一问题慢慢从视野中消失。直到1969年9月26日，尼克松总统和以色列总理果尔达·梅厄达成一项秘密协议（至今还在）——以色列将保持其核能力隐藏在类似"不透明体"和"核歧义"等代码字后面，美国不会强迫以色列签署核不扩散协议。这个1969年的协议可能于2013年重现，然而，这要看伊朗是否要求以色列结束其核项目，以换取伊朗放弃自己的核项目[26]。

阿里尔·沙龙，曾经一位恃强凌弱的将军，后来成为一位保守的总理，与美国中东特使莫里斯·德雷伯就1982年9月16日至18日发生的贝鲁特难民营大屠杀事件发生了一场激烈的争论。以色列军队控制了有许多巴勒斯坦人居住的贝鲁特郊区，当黎巴嫩右翼基督教民兵在那里杀害数百名巴勒斯坦和黎巴嫩平民时，他们却袖手旁观。德雷伯表示了强烈的反对，他提醒时任以色列国防部长的沙龙，美国刚刚促成巴勒斯坦解放组织撤离黎巴嫩并以此作为对以色列的一种支持。沙龙却不这样看。他喊道，谁也别想阻止以色列杀死"国际恐怖分子"。当这个问题对以色列的安全构成了以色列人所认为的"生存威胁"，那么他们将做他们觉得他们必须做的事。"当谈到我们的安全问题"，沙龙愤怒地告诉这位美国外交官，"我们从来没有寻求（别人的许可）。我们永远不会那样做。关于存在和安全问题，这是我们自己的责任，我们永远不会把它交给任何人去决定[27]。"

1975年，福特在给拉宾的信中承诺美国支持以色列在戈兰高地问题上的谈判立场，当贝京看这封信时好战的态度已经盛行。1990年代末，当美国一再向

第九章 | chapter IX
以色列模式——史无前例与不可预知

以色列领导人——其中包括埃胡德·巴拉克将军,他很快就成为总理——保证美国将"阻止巴基斯坦跨过核门槛"时,那种态度再度盛行。当巴基斯坦在1998年第一次试验其核装置时,美国谴责了这次试验,然后迅速、悄悄地适应了南亚的新现实。记者丹·以弗仑称"巴拉克吸收的教训"是"即使是美国的铁甲保证也绝不是牢不可破。"事情是会改变的[28]。现在以色列暗地里开玩笑说,奥巴马总统也将调整自己以适应一个核伊朗,尽管他们知道奥巴马一再承诺他将不会允许伊朗走向核国家。

4/ 一个美—以共同防御条约吗?

在比尔·克林顿政府的晚些时候,美国和以色列曾实际考虑过跨越总统承诺起草两国间的共同防御条约,尽管以色列历来认为,它不想要书面协议。以色列认为条约将限制其"行动自由"。然而,在2000年7月11日至24日的戴维营峰会期间,时任以色列总理的埃胡德·巴拉克提出要与克林顿总统谈这个问题,这使所有人感到惊讶。他解释说,如果他谈判成功一项巴—以和平协议,他需要一个美国防务条约的支持以便使以色列人接受巴勒斯坦的协议。此外,巴拉克和以色列的将军们得出这样的结论:对于以色列的安全来说,一个由国会批准的防御条约会比一个总统承诺有更可靠的保证,承诺虽然重要,但由于政府的更换不一定会生存下去。

这不是一个乌托邦式的主意,是从中东的一块梦幻绿洲中提炼出来的。回到1970年炎热的夏天,参议员威廉·J.富布赖特(阿肯色州民主党)——通常被视为对以色列毫不妥协的批评家——8月24日站在参议院的议员席上发表了一篇有争议的演讲。题目为"古老的神话和新的现实-II,美—以之间的中东双边条约",讲话提出,为了换取以色列从约旦河西岸和加沙地带被占领的阿拉伯领土上撤军,美国以防御条约形式向以色列提供坚定的安全保障[29]。他解释说,在1975年的晚些时候,只有"通过明确且有约束力的美国条约来保证以色列的安全",以色列才会感到足够的真正安全感,才能撤回来[30]。

富布赖特的1970年提议成了《纽约时报》的头版,但在美国国务院或在耶

战争谎言
——美国总统的承诺与背叛

路撒冷的外交部产生的只有内心的兴奋。很显然,这两个国家都觉得这样的条约从一次参议院演讲就能走到批准条约是不可能的。然而,在1990年代中期,美国大使马丁·因迪克微妙地与以色列总理伊扎克·拉宾谈及了这个想法。中东谈判的新手因迪克正在"开阔视野"。他不是在提出一个正式的提案。然而,在以色列,甚至秘密的谈话迅速成为公开,他的"开阔视野"先出现在新闻界,然后上了美国的报纸。国家安全顾问塞缪尔·R.伯杰,看到消息后爆发了官僚主义的愤怒,他在凌晨3点的电话里训斥了因迪克。美—以防御条约的想法又沉静了下来,直到巴拉克在戴维营提出了它。

克林顿认为这是个好主意,但不幸的是,巴勒斯坦解放组织主席阿拉法特拒绝接受巴—以协议中提出的条件,这是美—以共同防御条约不可缺少的第一步。乍一看来巴拉克的想法引人注目并具有创造性,但还是在藤上凋谢了。在几个月内,巴勒斯坦人在阿拉法特的鼓励下发动了血腥的暴动,被称为第二次巴勒斯坦大起义,这次起义至少在那个时候结束了巴—以和谈协议的可能性。没有了巴—以协议,美—以共同防御条约也就成了泡影——一个事物总是依赖于另一个而存在。

但是,在2000年夏天里,在山谷凉爽微风吹拂下的戴维营峰会上,巴拉克的美—以共同防御条约的想法产生了富有前景的外交活动高潮。美方是几个中东谈判的老手,其中,有第二次担任美国驻以色列大使的马丁·因迪克和负责美国国家安全委员会近东和南亚事务的总统特别助理布鲁斯·里德尔。他们知道,总统想帮助巴拉克"向以色列公众宣称一系列有争议和令人不快的妥协[31]。"以方是巴拉克的参谋长丹尼·雅通和外交政策顾问兹维·斯陶贝尔。以色列终于准备行动了。他们已经有了一个条约草案,里面填满了美国捍卫以色列的"承诺"。他们设想了一个北约样式的条约,其中,包括里德尔所谓的"美国核保护伞的承诺,即美国承诺用美国的核力量回应对以色列实施的核攻击[32]。"

以色列不仅写进了有争议的美国核保护的元素,还包括一个新的财政承诺。预计在未来几年内将有总计约350亿美元的援助,来帮助以色列和巴勒斯坦应对和平条约的昂贵挑战。从理论上说,这笔钱将不仅来自美国,还有欧洲和日

第九章 | chapter IX
以色列模式——史无前例与不可预知

本。此外，以色列要求采购时髦的战斧巡航导弹和先进的 F-22 战斗机。多年来，美国的谈判代表一直认为与以色列的国防协议将是昂贵的，事实正是如此当他们在戴维营更进一步地谈判时，潜在的成本确实令他们感到震惊。

此外，克林顿的谈判者知道关于条约草案的某些元素（尤其是对技术转让和核承诺），各方可能会有相当大的异议。国会也会回避与以色列共同防御条约这个不一般的概念，认为它可能将美国拖入以色列与阿拉伯邻国的每次对抗之中。这样的形势还会附带影响到石油运送到美国。同样重要的是，以色列议会——已分裂成了多个争斗的政党和派系——可能反对丧失以色列自诩的（暗指在共同防御条约中）"行动自由"并拒绝该条约。

不过，戴维营再次成为一个非凡的外交努力的场所。在一个层面上，美国和以色列探索共同防御条约的轮廓。他们显然取得了进展，因为草案在美国政府内部进行了传阅，律师也被召来对每一个美国承诺的语言进行审阅。在另一个层面上，谈判集中在巴—以和平协议上，这个协议谈判在峰会一级，包括克林顿、巴拉克和阿拉法特。令人惊奇的是，他们也取得了进展；但克林顿和巴拉克很快感觉到阿拉法特并没有为协议的谈判做好准备。巴勒斯坦领导人扮演格格不入的角色，什么建议也不提，也很少提出问题。他出席峰会更多是代表他的人民而不是作为他们的谈判代表。只有在巴勒斯坦难民有权返回他们原来的故乡——现在的以色列——这个问题上，阿拉法特提出几个问题，但他从不纠缠这些问题。

细节的透露被严格控制在一定范围内，记者一直保持距离。这个地点，以 1978 年埃—以和平条约谈判成功而知名，克林顿希望这里可能会激发一个积极的结果。他知道他可能会失败，不过，他认为他能说服任何人做任何事。在成功避免因莫妮卡·莱温斯基丑闻中所扮演的角色遭弹劾之后，在那些日子里他因凡事都能按照自己的节奏进行而显得极为幸福。历史在示意，他认为自己是一个支配命运的人。但是中东地区常常是自我和雄心的墓地，而且还不止于此。经过两个星期的异常努力，克林顿意识到他不可能战胜两个现实：巴勒斯坦的反对和以色列安全的需要。

此外，美—以防御条约总是取决于巴—以和平协议的成功。没有和平协议，就不可能有条约；可悲的是阿拉法特不会也不能接受这个协议，或许因为这个协议将结束他为成立一个巴勒斯坦国家所做的一生奋斗。这个国家要自己站起来，占据古代巴勒斯坦的所有土地，不与以色列邻居分享其中的任何一块土地。显然，阿拉法特重视斗争的程度超过与以色列的和解。克林顿没有时间去追求这一具有前途的可能性了，部分原因是他第二个任期的太多时间浪费在了莱温斯基丑闻上。巴拉克随后也在竞选中败给了他的政治对手阿里尔·沙龙。到2001年1月底，戴维营的梦想已经逝去。

阿拉法特在离开戴维营时应该对克林顿说了句"你是一个伟大的人"，据说克林顿的回答是："我不是一个伟大的人。我是一个失败者，而且是你使我成为一个失败者。"

5/ 总统承诺的瞬态性质

对中东任何学者来说，总统承诺的瞬态性质最有趣的一个例子是，美国总统巴拉克·奥巴马就职后不久对2004年4月以色列总理沙龙和总统乔治·W.布什之间吸引人的书信往来的回复。

随着美—以之间的防御条约草案成为一种逐渐淡去的记忆，两国又回到了经过检验了的方式上以寻求和平。如果在断断续续的巴—以谈判中出现任何进展的话，这将是他们领导人之间高级别会谈的结果，美国始终发挥着调解人的重要作用。

2004年的春天，沙龙陷入了政治困境。以色列媒体充斥着贪污和腐败的报道，所以他需要一位美国总统公开的支持，这位总统以坚定支持以色列而著名。布什在这方面是完美的总统。他亲切地邀请沙龙访问华盛顿，两位领导人会面并讨论了所谓的"和平路线图"，这是美国为开始和维持一个可行的以色列人和巴勒斯坦人之间的和平进程所做出的一长串努力中的最新举措。这个路线图开辟了新天地。以色列给予路线图不情愿的支持，巴勒斯坦也很谨慎地接受了它的基本前提。2002年6月24日的演讲奠定了"路线图"概念的基础，在演讲中，布什承诺美国支持"两个国家的愿景，一个安全的以色列国，一个可行的、

第九章 | chapter IX
以色列模式——史无前例与不可预知

和平、民主的巴勒斯坦。"这是一个美国总统公开支持建立一个新的巴勒斯坦国，致力于和以色列和平相处。沙龙信任布什，没有提出异议。一个由美国、俄罗斯、欧盟和联合国组成的"四方"机构将帮助将这一愿景转化为现实。他们认为这一切会在 3 年后发生，但这完全是不现实的。以色列人和巴勒斯坦人提出的条件使"四方机构"的任务变得非常复杂。这些条件并不令人感到吃惊：以色列人要求结束恐怖主义，巴勒斯坦人要求取消以色列在约旦河西岸和东耶路撒冷的定居点。

2004 年 4 月 14 日，布什和沙龙按照预先的安排在他们被重点报道的白宫峰会期间交换了信件。沙龙的信对布什的赞扬溢于言表，称他的 2002 年 6 月 24 日的演讲是"对确保中东光明未来最重要的贡献之一。"他说，以色列支持路线图（"一个实用、公正的公式"），但是，因为"没有巴勒斯坦伙伴在场"对可能的协议进行谈判，以色列将自行启动一系列旨在"减少以色列人和巴勒斯坦人之间的摩擦"的行动。首先，以色列将开始"搬迁在加沙地带的军事设施"，另一种说法是退出；第二，将在以色列的隆起地带前前后后建一道"安全栅栏"，保护以色列人不受巴勒斯坦恐怖分子的袭击。这将是"临时"性质的，唯一的目的是安全。沙龙承诺"限制"定居点的增长和奉行与巴勒斯坦和平相处。最后，沙龙再次赞扬了布什的"勇敢领导""重要倡议""个人友谊和对以色列国家的深厚支持。"

布什在信中重申了他在 2002 年 6 月 24 日提出的"两个国家和平和安全相处"的"愿景"并"欢迎"沙龙撤出加沙的计划。然后，他向沙龙再次保证了 3 个要点：第一，美国将"防止任何人试图强加任何其他计划"，意思是：不允许外部势力强加解决方案；第二，美国将保持其"对以色列的安全的坚定承诺，包括安全、防御性的边界并保持和加强以色列自己阻止任何威胁或威胁组合以及自卫的能力，意思是：增加美国对以色列的"质量军事优势"于其阿拉伯邻国的支持；第三，甚至在以色列撤出加沙和约旦河西岸的部分地区，美国将继续支持以色列控制这些真空区域的"领空、领海和陆地的通行。"巴勒斯坦人立即谴责美国作为中间人所起的作用，说布什的信证明美国已经失去了信誉，他们得出的这样结论已经不是第一次。

然后，布什用了几个富有含蓄意义的句子表示了为什么他被认为是以色列最好的朋友之一。他开始谈到双方之间棘手的悬而未决的问题，而且多次毫不客气地抨击了以色列一方。总统强调美国对"以色列作为一个犹太国的安全和福祉"的坚强"承诺"。他特别提到的"犹太国"是沙龙和其政治伙伴的悦耳音乐。他们坚信与巴勒斯坦人的最终和解必须包括他们承认以色列是一个"犹太国家"，不是一个大量涌入巴勒斯坦难民就招架不住的国家。多年来，巴勒斯坦人一直在坚持巴勒斯坦人有权回到从前自己居住现在成为以色列国的地方，以色列人反驳说，这些巴勒斯坦人应该更适合返回将来创建起来的新巴勒斯坦国。布什在他的信中明确支持以色列的立场，他说："得到巴勒斯坦难民问题的解决方案……需要通过建立一个巴勒斯坦国家，把巴勒斯坦难民安置在那里，而不是在以色列"。

布什还谈及了同样敏感问题：以色列在约旦河西岸土地的定居点问题，这里曾经由巴勒斯坦人所有或控制。在这方面，他也完全支持沙龙并激怒了巴勒斯坦人。布什写到，在未来的任何协议中以色列必须有"安全和得到承认的边界。"以色列一直寻求通过确立"实际情况下的事实"来构建未来，这将成为任何国际协议谈判的起点。布什使用了稍有不同的单词，但意味着同样的事情。他用谨慎地措辞写到："鉴于实际情况下的新现实，包括以色列已经存在的主要的人口中心，期待完全彻底恢复到1949年的停战线是不切实际的，先前所有协商两国问题解决方案的努力已经得出了同样的结论。"

布什在总结时警示沙龙要认识到一道"安全栅栏"只是一道"安全栅栏"（换句话说它不是一个边境），不需要的时候它就应该被拆除。但是，布什将沙龙的提议说成是"大胆的和具有历史意义的"，他的决定是"勇敢的"，他在结尾说，美国是以色列的"亲密朋友和盟友⑱。"

布什的信立即被奉为在以色列历史上一位总统承诺对以色列在定居点和巴勒斯坦"回归权利"问题上所持立场支持的难忘例子，——一个与以色列政策平行的承诺，必定在未来美—以打交道中被提及。沙龙和更早的那些以色列总理都领教过1957年艾森豪威尔对以色列保证的那段历史。他们不仅知道这些情况，还知道1967年林登·约翰逊"背叛"以色列的情况，他全神贯注于其他问题和更迫切的要求,所以不能履行其前任的承诺。他们知道总统承诺的难以捉摸且瞬态的性质———一天有效,第二天可能被抛弃了。进入白宫椭圆形办公室的新总统具有支持之前承诺的继承权或根据变化的情况搁置承诺的权力。

奥巴马的新国务卿希拉里·罗德海姆·克林顿一口否定了布什—沙龙来往信件的效力,立即明确宣布奥巴马政府与这些信件没有关系,她宣称这些信件"不代表美国官方立场。"事实就是如此[34]。

第十章 | chapter X

他们现在何处？

> "他们想逃离阿富汗就像他们掉头跑出越南一样。当美国在越南面临彻底毁灭时，他们想出了'宣布胜利然后就跑'的这个公式，他们想把'转移安全然后就跑'这个公式用到阿富汗这里。"
>
> ——塔利班声明，2013年1月2日

二战结束以来，美国已经做出许多"承诺"来保卫他们认为对其国家安全利益至关重要的国家。20世纪50年代初与韩国签署的共同防御条约就是一种这样的承诺。如同所有的条约，它是由参议院批准的，迅速发展成了一个主要的军事义务，包括在韩国驻扎成千上万的美国军队。另一种承诺，付出极端昂贵的生命、财富和国家声誉的代价，是20世纪50、60年代对南越做出的承诺。它源于一种冷战强迫性的担心：如果南越倒向共产党，如同多米诺骨牌，所有东南亚国家，甚至日本也会倒向那边，这将危及到无处不在的美国利益。这种承诺不是源于防御条约但国会确实通过了一项支持的决议。最后，引用美国总统巴拉克·奥巴马的话说，美国对以色列的承诺是"装甲的"，然而它没有条约基础或包罗一切的国会决议。承诺源于总统给以色列总理的一系列的信件：美国要对以色列的安全需求提供军事支持。美国对以色列的承诺是独一无二的。在不同情况下，不论有关韩国、南越还是以色列，美国的承诺都不尽相同，每种情况的发生都源于当时的局势（美国总统认为对美国国家安全利益有直接的影响）。在无数的承诺中，总统的作用是至关重要的，比任何文件里，官方或非官方的词语都更具有无限的效力。如果总统认为承诺对美国来说具有价值和重要性，那么通过他的言论和行动，它会被认为是那样的。如果他认为承诺已过时，对美国不再有意义了，那么通过他的沉默和不作为，也会被轻易地从官方词典中删掉,以这种方式摆脱其往日的所有关联。它总是取决于一个男人或女人的判断,那个人就是美国总统,几乎近几十年来,美国总统在国家安全领域里积累了几乎是空前的权力。在这方面,总统是主人。这是好事还是坏事呢?

1/ 韩国:条约承诺

美国曾被称为条约狂。在 20 世纪 50 年代初,美国疯狂地到处结盟,把成立于 1949 年的北约作为其模型。在几年的时间里,美国与一连串的亚洲和太平洋国家谈成了双边防务协议,从北面的韩国和日本到南面南海附近的菲律宾、然后再往南的澳大利亚和新西兰。1955 年,美国还推动创建了东南亚条约组织,把背景和地点差异很大的国家联合了起来——如泰国、巴基斯坦和英国——但他们有一个共同的承诺就是或多或少在美国的指导下对抗共产党的扩张。他们是这个联盟的资浅伙伴,这些国家担心被共产党接管(在许多地方,有明显的可能性)所以需要美国——世界上最强大的国家——的支持和保护。对待每个条约,美国都采取"承诺"的方式捍卫另一个国家,但措辞经常故意写得不精确,怎么解释都可以,所有的承诺归根到底取决于执政的总统在做决定的时刻的需要。

"这与总统在想什么有关系",前副国务卿和国家情报局局长,曾与许多总统紧密配合过的约翰·内格罗蓬特说:"再多的历史或科学都无法改变这种情况。这是面对事实时(他们)的感受[①]。"

由于朝鲜战争仍然悬而未决,美国于 1951 年 8 月 30 日与菲律宾签署了一个《共同防御条约》;几天后又与澳大利亚和新西兰签署了一个"安全条约",称为《澳新美条约》。后来,朝鲜停战协定签订之后,美国于 1953 年 10 月 1 日与韩国签订了一个《共同防御条约》,于 1954 年 3 月 8 日与日本签订了一个《共同防御援助协议》。在所有这些条约中,人们很难找到把美国束缚到最终捍卫其他国家的坚定承诺里去的语言。例如在与菲律宾的条约中,美国有义务"时常共同磋商"并"认识到在太平洋地区对双方中一方的武装攻击将会对自己的和平和安全造成危险。"条约继续说:双方"将依照其宪法流程采取行动应对共同的危险",这就很含糊,可能意味着双方将采取军事行动或不采取行动,也没有行动的时间范围被写进条约中②。

美国与澳大利亚、新西兰、日本和韩国的条约内容一样,例如,与澳大利亚和新西兰条约中的第四条写到:"在太平洋地区对双方中一方的武装攻击将会对自己的和平和安全造成危险,双方将依照其宪法流程采取行动应对共同的危险。"

与韩国的条约的第三条写到:"每一方认识到在太平洋地区对双方中一方的武装攻击……将会对自己的和平和安全造成危险,双方将依照其宪法流程采取行动应对共同的危险。"

比上述几个条约更复杂的与日本的《共同防御援助协议》条约反映了二战后两国之间的特殊关系。美国已经在日本投下了两枚原子弹,美国军队已经驻扎在了日本。因此,协议不仅关系到"集体自卫",还关系到驻扎的权力和特权,经济协议包括"工业产权"、免税和"国防技术信息的交换"和双方人员的外交保护。不过,底线是两国都承诺按照自己国家的传统和"宪法流程"互相帮助③。

从这个意义上说,条约的语言没有什么独特的,它的确包含了一句在外交上引起歧义的词语:美国将采取行动保护日本和"日本管理下的领土"。结果,"领土"包括尖阁列岛(钓鱼岛)——位于台湾以北,面积非常小,外貌也很不起眼。一位学者指出:"你甚至在大多数地图上无法找到(它们)。"尖阁群岛由5个小岛和3个露出海面的岩石,总面积为7平方公里或3平方英里,无法住人和发展经济。然而尖阁列岛主权将验证大约 7.1 万平方公里大陆架的领土要求问题,据测算,可以得到近 1000 亿桶石油和丰富的渔场④。因此,两个相邻的大国日本和中国,自然很快宣称对尖阁群岛拥有主权,双方都痴迷于令人激动的经济回报的愿景。

1945 年日本投降后,美国决定管理尖阁群岛(中国称为钓鱼岛),作为避免日本和中国之间在拥有这些岛屿的问题上发生冲突的权宜之计;但是,在一言一行上,华盛顿似乎偏袒日本的说法,美国接受了对这一岛屿的管理责任,直到能够达成一个更加正式的协议。1960 年,美国的立场发生了变化。在美—日安全条约的措辞中,美国承担了法律义务帮助日本保卫尖阁群岛,即使它对

战争谎言
——美国总统的承诺与背叛

尖阁群岛的主权保持"中立"的态度。1971年，美国向前迈出了至关重要的一步，声称，就目前的情况而言，尖阁群岛属于日本。当然，这满足了日本人，却激怒了中国人⑤。这意味着如果尖阁群岛受到可能是中国人的威胁或攻击，美国将有义务按照条约来援助日本。有必要进行军事上的援助并捍卫日本对尖阁群岛的领土要求吗？这些问题被问及但却从来没有得到答复。

2012年的夏天，日本和中国又一次对令人烦恼的尖阁群岛管理问题产生激烈争论，美国则夹在了一场危险争议的中间。中国警告美国远离这场争论，而一些更为保守的日本政客似乎急于使用条约的语言来测试美国对日本防卫的承诺。当然，美国试图冷却中日两国的民族主义情感，几乎每天都说没有充分的理由在尖阁群岛问题上对抗。华盛顿的建议是谈判而不是打仗。

但是日中两国似乎都不理睬美国的建议。2013年1月下旬就要下台的国务卿希拉里·罗德海姆·克林顿说，奥巴马政府将反对"任何企图危害日本对尖阁群岛管理的单边行动"。这似乎只是重复美国的立场，但中国愤怒地指责希拉里·克林顿，声称她"不顾事实，混淆是非⑥。"近几个月来，中—日双方派民用海事船只到尖阁群岛使争论持续升级。1月10日，中国下令监视飞机前往这一地区，引发日本紧急起飞了F-15战斗机，然后促使中国派遣了歼-10战斗机。紧张局势上升，但没有擦枪走火。

在这种环境下，东京和华盛顿的专家发现中国人民解放军日报一篇头版文章令人特别关注。文章中写到，中国必须清除其军事的蜘蛛网。文章指出，"长时间没有战争助长了一些军人头脑中的和平麻痹思想，导致准备打仗的意识迟钝⑦。"同一报纸报道，最近军队在北京地区进行了演习。在中国，这种文章不是新闻界报道的结果，这份报纸是中国军队的官方报纸，它引用"迟钝"和"准备打仗"和军事"演练"意在向日本和美国传达一个严厉的信息。

在1996年早期的争吵期间，国务院发言人格林·戴维斯，试着抚慰东京和北京的愤怒激情。他敦促说："我们敦促所有的领土要求者克制，我们不打算去预测可能会发生什么。我们只是去把自己限制在呼吁双方不要互相激怒和加剧紧张局势……这种问题不值得升级到论战范围之外⑧。"《时代》杂志将这种困境勾勒出一个似乎有明确答案的问题："下一场亚洲战争将为争夺几个小岛而起

第十章 | chapter X
他们现在何处？

吗？"

在尖阁群岛问题上，如果两国日益高涨的民族主义得不到控制，那么就像现在，日一中之间的另一个危险对抗会进一步发展。但是外交家们想知道，如果日本引用防御条约要求美国帮助的话，美国将做什么呢？美国将为日本人声称主权的几乎没有人也不适合人居住的岛屿而战吗？不太可能，但考虑到美—日安全条约的内容，那又是美国承诺去做的事情。

布鲁金斯学会学者理查德·C.布什称，条约狂起草这些条约时，常常有一种"抛弃"和"陷阱"之间可怕的紧张：资历浅的一方有一种被"抛弃"的感觉——无论条约的语言多么有约束力，总有一天资历深的一方会找到一种方法逃避其条约义务；资历深的一方有一种"陷阱"的担忧——资历浅的一方利用条约找到一种方法将他吸入他并不真正想要的战争或危机之中⑩。或者引用另一位布鲁金斯学会学者迈克尔·奥汉伦的话，那将是一件"你可能对盟友的行为方式不太有兴趣的事⑩。"换句话说，防御条约规定一个国家将在危机时刻帮助另一个国家。但是，正如许多观察人士警告说的，时代变了，条约的当事人可能不会一直享有相同的利益。保证的承诺可能在第一天得到履行，第二天遭到背叛，这取决于美国执政总统认为这个承诺对美国利益的至关重要性。

就拿美国—韩国条约为例，从逻辑上讲，它应该使韩国不必忧虑朝鲜发动另一次袭击。毕竟，它把世界上最强大的核武器国家与韩国的防御绑在了一起。此外，自 1953 年停战协议以来，数万美军一直驻扎在韩国，就在 38 线以南，构成一种前哨试探性防线承诺：一旦朝鲜发动进攻，美军将捍卫韩国。不仅如此，即使前哨试探性防线承诺还不足以缓解韩国的长期担忧，美国还在 1958 年到 1991 年在韩国部署了战术核武器——以防中国再次考虑派遣数万的部队跨过鸭绿江、以防朝鲜渴望并策划另一次跨越分界线的攻击。大多数人会以为美国通过这些行动证明了其对韩国防御承诺的认真性。但是，韩国领导人继续担心"后天的不确定性"。那时美国可能做什么呢？

对于韩国人来说，衡量美国决心的一种方式是驻扎在韩国的美军数量，甚至在一场非常昂贵的战争之后：5.4 万美国人阵亡，10 万多人受伤，750 多亿美元花掉，约占 1950 年和 1953 年之间美国国民生产总值合计的 5.6%⑪。作者唐·奥伯道夫说这个国家是"满目疮痍"："大约有300万人……丧失、受伤或失踪……另有500万人成为难民。"财产损失估计为20亿美元。似乎朝鲜和韩国之间留下的只有仇恨和不信任[12]。

在20世纪50年代末，韩国驻有6万美军，一个相当可观的前哨防御力量。10年后，尼克松总统决定撤出一个2万人的陆军师，这一决定表明其消减亚洲美军力量，越来越依赖当地盟友日益增长的力量，如韩国等。五角大楼称韩国仍有4万美国士兵，这些兵力对于美国给予任何共产党的攻击以主要回应绰绰有余。然而，韩国人处于心灰意冷的焦虑状态，担心美国正准备放弃他们。结果是韩国开始发展自己的核武器项目，这与美国的战略和计划背道而驰，白宫对此非常愤怒。卡特总统威胁要撤出所有美军并削减军事和经济援助，除非韩国放弃核计划，它最终做到了。1992年，在美国的重压下，韩朝两国签署了一份《朝鲜半岛无核化联合声明》。从那以后，韩国履行了承诺，而朝鲜却没有[13]。

现在在韩国有2.85万美军，由美国的核保护伞和强大的第七舰队保护以及两国间签署的共同防御条约支持。此外，1987年美国指定韩国为"一个重要的非北约盟国"——另一种表明美国支持韩国的方式。尽管如此，在与韩国高级官员和军官的一次次的谈话中，我已经感觉到持续担心的程度与美国承诺的强度完全不成比例。很明显，一个原因是，朝鲜尽管是一个贫穷的国家，但已经发展了核武器和远程导弹，而且其新领导人金正恩，已经开始努力发展"更多的工作卫星"和"更大能力的运载火箭[14]。"

最近，我问一位韩国将军，他将如何定义两个国家之间的这个《共同防御条约》。他说，这是"联盟最基本的真正的支柱。"当问这位将军：美国也是这样认为的吗？他回答："绝对是"，好像他是在说服自己而不是我。"如果有任何威胁，美国将捍卫韩国。毫无疑问，我们有条约。"今天的威胁与1953年签署该条约时的威胁是一样的吗？他重复道："绝对是"。"现在的朝鲜仍然是当时的朝鲜。"将军说，韩国靠自己的力量就能够"威慑住"朝鲜，但要"摧毁"朝鲜，就需要美国了。"我们是一个非常亲密的联盟"，这位将军反复地强调。"当你们在越南需要我们的帮助时，我们派出了32万军队，5千人阵亡。当你在伊拉克和阿富汗需要我们的帮助时，我们也派了军队。美国走到哪，我们就走到哪。"

第十章 | chapter X
他们现在何处?

他想让我明白他的主要观点:韩国是美国坚实、可靠的盟友,他期望美国是韩国同样类型的盟友。他似乎在说(并希望)共同利益将他们绑在了一起,而且将保持下去。

韩国基本的担忧是可以理解的。它不仅反映了当前军事现实和条约义务;它也反映出全球政治和美国力量的变化。1953年,美国是全球反共联盟无可争议的领导者。在2013年,美国仍然是一个全球大国,但显然有意在减少其全球的义务。美国总统巴拉克·奥巴马结束了美国在伊拉克的军事介入、限制了其在利比亚的军事作用、没有卷入叙利亚的血腥、残酷的内战,而且显然是在走向从阿富汗退出的路。布鲁金斯学会观察学者亨利·亚伦称:"我们现在怕枪炮声,因为伊拉克和阿富汗的辉煌不会再现,而且还有政治极化和经济困难——所有这些相互作用⑮。"尽管如此,虽然美国很显然对其全球各地的承诺风声鹤唳,但专家和权威人士相当普遍的认为,如果朝鲜对韩国发动攻击,美国必将捍卫韩国。但持续多久,到什么程度呢?这将再次取决于一个人的决定:美国总统。这将是他的号令,而且是他独自的。

2/ 越南:一个迅速成长、死亡,现在又重生的承诺

到撰写本文时,美国结束在越南的军事介入已38年。两个国家,被征服者和胜利者,目前卷入了一场令人惊讶的和认真的求爱期:这一求爱期已经被美国一方称为一个"承诺"。从战争时期的仇敌,现在在和平时期已经成为联合公报所说的"坚强的合作伙伴"。他们对中国经济和军事实力崛起的共同担忧创造了他们扩大双边合作计划的新的推动力。他们还没有把自己称为"盟友"——直到越南摆脱其严格的共产党政体和改善其人权纪录,这又是不可能的——但他们显然是朝着这个方向迈进。奥巴马总统任命前参议员约翰·克里和查克·哈格尔——两个受过伤的越战老兵,担任国务卿和国防部长。这就表明,越南战争的教训(通常被称为越南综合症),现在要在审议美国在全球的进一步的军事承诺时摆在中心的位置。克里和哈格尔并不怕在合适的时间和地点使用美国的力量,但他们都认为,战争必须是最后一招,永远不是第一选择。这是他们在

越南那里得到的一个教训。

　　1995年，战争结束20年后，美国和越南翻开了新的一页，建立了正式的外交关系。2000年，克林顿总统访问了越南，他收到了温暖热情的接待。这是他作为总统的最后一次出国访问。那时经济和政治关系发展显著。2007年，美国和越南签署了贸易和投资协议，华盛顿还帮助越南加入了世界贸易组织。2008年，两国签署了《开放天空协议》⑯。双边贸易已超过150亿美元，并继续赫然地增长⑰。甚至星巴克集团已经在胡志明市开设了商店。

　　两国都向北注视着不安宁的中国，也在加强他们的军事关系，或许他们一直记着拿破仑的一句名言：中国，一个"沉睡的巨人。让她睡；当她醒来时，她将撼动世界。"

　　目前，中国还不可能震撼世界，但它似乎将动摇南海航道，促使华盛顿许多政治家和专家认为这位觉醒的巨人很快会成为一个对全球的威胁堪比冷战期间的苏联。因为五角大楼战略家的职责就是为每种应急情况作准备的，所以他们现在也在为与中国的战争作准备，划出了"第一岛链"防御中国可能的侵略。即使是受欢迎的小说家，如汤姆·克兰西，也让自己的想象力去包围中国，他们把中国视为美国的死敌。克兰西的最新畅销书《入侵载体》，讲述了一位中国将军的故事，他使用网络战的新技术，全力策划一个荒唐的阴谋以袭击美国在某些地区和台湾的资产。

　　冷战期间，美国用防御联盟包围苏联。现在似乎对中国做同样的事情：设置或加强一个环形的与日本、韩国、台湾、菲律宾和越南的防御联盟。美国否认有任何恶意的企图；在伊拉克和阿富汗战争以及伊朗成为另一个不断增长的危险以后，美国可以受益于一段国内的国家建设时期，如同奥巴马多次提醒我们的那样。因此，美国经常谈论与中国的和平关系，但其在亚洲和太平洋地区的新的强硬政策一清二楚。美国已经与几个亚洲国家（如菲律宾、日本和韩国）签有共同防御条约；它正在迅速与其他国家（如越南）建立一种"共同防御伙伴关系。"一种奇怪的讽刺立即变得明显。美国欠中国大笔债务，然而华盛顿在亚洲已经开始采取行动，好像中国是一个战略对手和对美国利益的一个威胁。

　　中国反复警告华盛顿管好自己的事，坚称美国要"尊重中国的主权和领土完整。"美国方面认为，在南海有重要的"国家利益"，在那里，中国宣称对离自己海岸一千多英里的一些地区拥有专有权。随着美国外交和军事上的转移以保护该地区的"稳定"和维护自由通行的"海洋权益"⑱，在不太遥远的地平线上，模糊和不确定，就像中国画卷上的一个刻印，美国和中国利益的碰撞似乎正在形成。中国不能对美国的"新国防战略"置若罔闻，根据这个战略，美国将在未来几年内将其50%以上的空军和海军力量从欧洲和中东转移到亚洲和太平洋地区。他们也不会对美国国防部长帕内塔2012年6月访问越南置若罔闻。这位国防部长十分刻意地在金兰湾深水海军基地做了停留（该基地由美国于1965年建造，当时林登·约翰逊总统开始向越南派遣成千上万的美国军队），站在炎热的太阳下美国军舰的甲板上，帕内塔提到"我们"与越南的"双边防御关系"是一个不争的事实——好像美国政府对此事早已深思熟虑，好像国会和公众对此事早已得到了通报，好像媒体早已做了采访等外围工作。当时站在他身边的越南战争老兵、现任越南国防部长冯光清将军谨慎地点头表示赞成。帕内塔使用这个词，按美国官方行话来说，承载着沉重历史重担，特别是在越南的背景下。帕内塔说，美国"对这一重要的防御关系有持久的承诺"和"承诺推进我们的国防合作⑲。"承诺"——同一个词，多年来，一个又一个总统一遍又一遍地说，有时候带着良苦用心，经常作为对脆弱盟友的一种鼓励或对敌人的一种警告，无论是真实的还是想象的，听起来总是带有毫不动摇和坚定不移地去选择有利于美国利益的政策这一目的。帕内塔是在读撰写人的演讲稿吗？他是即兴演讲吗？他是在阐明新的政策还是仅仅在表达他所知道的总统要对越南实施的政策呢？他是在做这样的一个承诺，即美国有义务在对越南有帮助但可能对美国有害的时间和地点采取军事行动吗？换句话说，帕内塔对越南的"持久的承诺"事前被审查过吗？

当美国开始扫描亚洲地平线寻找对抗中国的潜在盟友时，越南显然成为了关注的焦点。这是一个显而易见的候选人，由于猜疑、战争和边界冲突，越南与中国的关系是长期受折磨的——一种不稳定的关系，在20世纪50—60年代期间，每个越南学生都心知肚明而美国政策制定者则明显不知所云。

2012年8月17日，美国驻越南大使施大伟罕见的访问了他被软禁的寺院，他对美国大使说:"如果你住在一个非常强大的欺骗你的邻居旁边,知道你的朋友是谁这点很重要。"这位创始人是 2012 年诺贝尔和平奖提名者,他说美国是越南的朋友,言下之意是中国是一个"欺骗人"的敌人。他的担忧是,如果越南应付不当,"可能像以前一样成为中国的一个诸侯㉑。"具有讽刺意义的是,被政府下令一直软禁在他自己的寺院里的释广度竟和其监狱看守一起关注"中国入侵越南水域和土地"的热点问题。在他们对南海宣称主权的冲突问题上,越南和中国似乎要走向冲突,而美国显然已经站在了越南这边。

20 世纪美国外交的悲剧之一是美国被冷战深深催眠,未能看出越南文化和历史的微妙之处,也没有觉察到使越南脱离共产党世界的可能性。在欧洲,这种情况发生在了南斯拉夫;在亚洲,它可能发生在越南。鉴于战争的成本,这无疑是一个值得试验的政策选择。

在写此文时,美国和越南已经大力加强了他们军事关系这一点是众所周知的。美国最近解除了向越南出售"非致命性武器"禁令,现在马上就要解除出售"致命武器"的禁令,其中包括任何东西,从步枪到坦克或军用飞机——按冯将军的话说,"购买某些种类的武器使我们的军事实现可能的现代化㉑。"此外,美国希望其军舰进入金兰湾和越南的所有其他海军基地畅通无阻,越南想购买美国技术来"修复"和"彻底更新……战争遗留的武器"。这标志着越南战略的一种颠倒的变化。越南战争期间,其用来反对美国的战争武器完全依赖于共产党盟友:俄罗斯和中国。现在它却越来越依赖美国得到这些武器。但是,现在用来反对谁?显然,如果有必要,他们将被用来反对越南一千多年来的传统敌人中国。在他们变动、不稳定的边界,已经发生了许多次战争。现代历史的一个奇怪的转折是:越南——曾是美国的敌人,现在是其初露头角的伙伴——突然成长为"亚太地区""新国防战略"的一个关键人物。这就好像越南战争是越南历史自然流动中的一个多余的干扰物。

3/ 以色列:承诺通过通信就够了吗?

巴拉克·奥巴马在 2008 年选举后对以色列的政策发生了巨大的变化,虽然

第十章 | chapter X
他们现在何处？

没有令人完全意想不到但还是令人感到不安：乔治·W.布什的政策是毫无疑问地支持以色列；奥巴马的政策似乎对两国关系表示怀疑并强调两国之间的差异。

许多以色列人认为奥巴马在他成为总统之前就带有怀疑。在2008年大选前对以色列的访问期间，从以色列的角度来看，奥巴马访问了所有正确的地方，说了所有正确的事情，但东道主仍然对这个年轻的中间名字是侯赛因的非裔美国总统候选人感到不舒服。奥巴马似乎钦佩以色列的勇气、进步和决心，他在担任总统期间，将美—以安全合作的水平提高到了新的高度。但他的心里从未有以色列的位置。对他来说，这是他后天养成的嗜好。他似乎缺少了许多其他民主党政客们随时可用的———种对犹太的敏感性和痛苦随时给予的同情。他用脑不是用心去理解以色列，至今他与以色列的关系一直存在问题。

2009年1月就职后不久，奥巴马毫不客气地颠覆了布什在2004年对以色列定居点以及他的听起来道德、正义和公平的"既成事实"所做的承诺，他漠视布什关于巴勒斯坦"返回权利"的政策，也没有提出替代政策。布什具体说明的地方，奥巴马就说的含糊其辞。紧接着，以色列人对这位总统产生了怀疑。在他第一次执政的春天，奥巴马遵守竞选承诺，前往了开罗，在那里他向穆斯林听众发表了温暖、友好的演讲，承诺这是美国—阿拉伯国家关系新的一天。尽管耶路撒冷就在附近，他决定绕过那里，这个疏忽立即引起以色列担心美国对待他们的新方式。就在那时，人们回忆起了1975年杰拉尔德·福特总统的有争议的并迅速放弃了的美—以关系的"重新评估"。奥巴马要推出另一个重新评估吗？即使奥巴马宣布他将在2013年3月底访问以色列，许多以色列人不是准备铺红地毯，而是想知道他为什么"干预以色列的政治"，他是否有能力处理好"阿拉伯之春"给中东造成的微妙混乱[②]。但是，尽管有这些异议，奥巴马还是将受到美国总统应得的崇高荣誉的接待。

事情还在进一步复杂化。从一开始，奥巴马很显然不喜欢以色列总理本雅明·内塔尼亚胡，内塔尼亚胡也不喜欢、不信任奥巴马。关于奥巴马的中间名字——侯赛因的恶作剧玩笑就来自总理办公室。几年后，当以色列边界的问题上升到了外交审议的地步时，奥巴马明确援引1967年6月以前的边界作为巴—以谈判的起点，而不是1949年的停战线，这是布什曾在2004年他给沙龙信件里所承诺的。"奥巴马在干什么？"是许多以色列人问的问题。

从本质上说，奥巴马也许无意中传达了他故意在与以色列之间设置一定距离的印象，一种个人的冷静被以色列人解读为向可能的放弃迈进的一步。这是奥巴马的本质，以色列人放心。仅此而已。以色列人仍持怀疑态度。尽管他们常常想起奥巴马对以色列的慷慨：他对以色列的"装甲承诺"、他在联合国给予的外交支持、最后他保证美国不会允许伊朗成为核国家，但他们还是从未对奥巴马感到舒服。他们总是毫不犹豫的来表达他们对美国的感谢和对美国人民的钦佩，但是，在他们的集体灵魂的黑暗角落，他们对奥巴马的支持以色列的真实程度感到有一种令人不安的担忧——在一天结束的时候，他们还是有一种感觉：当以色列面临它认为的生死存亡的威胁时，它只有依赖自己。鉴于犹太历史冷酷的教训，这点可以而且应该被理解。

美国中东问题专家和前中东谈判代表丹尼斯·罗斯告诉我，"以色列欣赏（总统）这个词，如果他们有需要，将用这个词来呼吁美国，但是他们不认为这是美国对以色列安全的保证——约翰逊事件就是一个例子"。这是指1967年，约翰逊总统因一些充分的理由拒绝兑现1957年艾森豪威尔总统的保证：美国支持以色列的"自由和无害通过"蒂朗海峡权[20]。

伊朗问题或许超过了任何其他的问题——包括以色列定居点的棘手问题——已经成为美—以不安关系中政策分歧的标记。奥巴马一次又一次地承诺，美国不会允许伊朗发展核武器，而且他已经与以色列国防官员充分共享美国情报的秘密。然而，2012年9月12日内塔尼亚胡公开质疑奥巴马对伊朗的政策，用"道德"方面的说法将他们之间的分歧表达了出来——他从未这样做过。评论的前一天，美国国务卿希拉里·克林顿可能是他的愤怒爆发的原因。希拉里·克林顿告诉记者，美国不会为伊朗遵守联合国和美国的要求，停止其核项目的发展，设定一个"最后期限"。以色列想要一个最后期限，不仅如此，他们想动用军事行动，最好是由美国发起，打击伊朗的核项目，而且当时就想要这样的行动，而不是以后。因为内塔尼亚胡确信伊朗坚持要生产核武器，他已经受够了这种没有截止日期的做法。他带着嘲笑的讽刺口吻说："世界告诉以色列，'等等，还有时间'。我说，'等什么呢？等到什么时候？'"然后，他尖锐地补充道：

第十章 | chapter X
他们现在何处？

"在国际社会中那些拒绝在伊朗面前划红线的人没有道德权利在以色列面前亮红灯[24]。"

当内塔尼亚胡正式通知奥巴马他将前往纽约参加2012年9月下旬召开的联合国年会时（这是他请求私人会见总统的方式），白宫明确表示，奥巴马总统不希望会见内塔尼亚胡，因为他作为总理访问美国期间通常会见面的，奥巴马—内塔尼亚胡关系上面的盖子似乎被吹掉。双方都敏锐的意识到这种恶化的情绪是由于奥巴马总统正处于竞争激烈的连任大选中，他不需要公开表示出与以色列总理的争执，这可能会严重损害他在佛罗里达和俄亥俄等州战场的犹太选民的前景，奥巴马希望遏制刚刚露头的危机，他致电在耶路撒冷的内塔尼亚胡。他们谈了一个多小时。奥巴马提醒内塔尼亚胡他在2012年3月12日对亲以色列游说团体，美国以色列公共事务委员会的承诺，"美国力量的所有元素将用于停止"伊朗的核项目，包括美国"为任何应急所做的军事行动准备[25]。"然后，两国领导人发布了一份类似精神食粮的声明，说他们谈得很高兴，内塔尼亚胡事先没有要求见面，也就没有不想见这一说，一切都好[26]。

尽管如此，内塔尼亚胡在2012年9月16日与媒体见面的采访中，还是重申了他早些时候对奥巴马的"红线问题"的挑战，也说出了他渴望会见奥巴马一事；但他说话的语气更柔和，显然不希望进一步激化他与总统之间已经紧张的关系[27]。几天后的2012年9月28日，当他在联合国大会发表讲话时似乎谈到两点：第一，伊朗仍在扩大其核计划，这必须被制止；但是，第二，2013年春天以前不会对伊朗采取任何军事行动。内塔尼亚胡说："到下一个春天，最迟下一个夏天，伊朗将完成中浓缩阶段转入最后阶段。从那时起，只有几个月，可能几周时间，他们就可以得到第一枚核弹足够的浓缩铀[28]。"内塔尼亚胡将军事行动推迟到2013年的春季或夏季，似乎想要缓解华盛顿（和世界其他地区）的担忧：以色列将在美国总统选举之前单独攻击伊朗。原因之一，也许是内塔尼亚胡计划在2013年1月下旬进行自己的全国大选，每个人都希望他获胜。他的竞选策略，在某种程度上，基于他坚持认为他足够强硬地勇敢面对美国的压力。一次，他提出了一些基本的问题，然后尖锐地回答。他问："当戴维·本-古里安宣布成立以色列这个国家时，得到美国批准了吗？当列维·埃希科尔在1967

年之前被迫采取行动以缓解围攻时,得到美国支持了吗?"他指的是以色列遭到背叛的感觉,当时约翰逊总统不能也不愿帮助以色列打破埃及在沙姆沙伊赫的"围攻"。"如果有谁作为以色列总理坐在这里,不能对这个国家的生存、未来和安全问题(指伊朗核计划)采取行动,而完全依赖于得到别人的批准(指奥巴马),那么他不配当领导。"然后,听起来像是尼克松在进行他的越南冒险,内塔尼亚胡补充道:"我可以做出这些决定[28]。"

或许美—以复杂的关系已经变得非常亲密,更像家庭拌嘴而不是外交分裂。几十年来英国享有与美国的无与伦比的"特殊关系",一些考量国际舞台的美国大使告诉我,在他们看来现在以色列已经取代了英国成为美国最铁的盟友。但不管以色列和英国谁被认为是与美国关系最紧密的国家,以色列实际上已经享有与美国的特殊关系,这是基于互相欣赏的共同价值观和总统的承诺而不是共同防御条约或结盟。虽然有一些美国人(甚至包括奥巴马)觉得为了自己在中东更广泛的利益美国应该放松与以色列的关系,但大多数美国人仍然压倒性地支持以色列,而且可能持续很长一段时间。

2012年10月18日,《华盛顿邮报》发表社论说,现在是"启动美国急需的'重置'美—以关系的时候了",主要是因为总统和总理的"个人关系搞得一团糟。"邮报没有说对。可能需要"重置",但不是因为两国领导人没有处好,尽管那样对解决问题不利。真正的问题是,这两个亲密盟国把他们的关系基于私人的总统承诺的时间太久了。现在他们需要将其关系通过参议院批准生效的共同防御条约来制度化。如果威廉·富布赖特还是参议院里的一位特立独行的明星,他可能会认为是时候了。通过这种方式,他们将不再需要依靠总统的话,因为如果总统更换,可能会迅速产生遭遗弃或背叛的感觉。有了防御条约,双方会预先知道会发生什么和该做什么,误解的可能性会更少。

毫无疑问,提出与以色列签订防御条约的总统会遇到政治上的议论声,接受条约的总理将不得不与议会中反对以色列丧失"行动自由"的那些人打嘴仗。但如果像埃胡德·巴拉克那样的以色列总理能把防御条约看作是向以色列人民宣扬巴勒斯坦协议的最好办法,那么美国总统也可以把这样的条约看作是保护以色列,愿意冒险与巴勒斯坦达成和平协议的最佳方式。防御条约能够创建交通规则，这就可能会限制两国的行动自由，特别是以色列，但它仍然是一个值得最认真考虑的建议。

让我们暂时做个假设，奥巴马决定在他必须竞选的第二个任期里，能够推动达成巴—以和平协议，一个前几任政府未能实现的工作。毫无疑问，以色列将被要求做出自己反感的重大让步。分歧将出现在两国报纸的头版上。中东谈判往往导致僵局和暴力，但这一次奥巴马将无视他的批评者，像艾森豪威尔在1957年那样，用切断援助和更糟的事情来对以色列施压。许多国会议员会反对这样的压力，政治风暴会在整个宾夕法尼亚大街爆发。但是这次政府决心推动达成一项协议，将继续向以色列施压并向巴勒斯坦承诺和平，结束他们为建立国家而进行的长期斗争，现在是时候达成拖延已久令人极其痛苦的和解了。以色列在边界、巴勒斯坦难民和最后的耶路撒冷问题上必须做出让步。因为从一开始，这样一个谈判在其本质上就是不对称的，以色列给予而巴勒斯坦得到，以色列可能公然阻止和抗争这种可能性并抵制压力，对美国人发起的协议说不行，认为阿拉伯世界的新动荡使以色列做出重大让步是不可能和不负责任的。但是，此时，如果以色列有了与美国签订的防务条约，可以保证其实力和安全并缓解其对可能困难重重的未来的担忧，以色列或许同意孤注一掷，接受协议。这对美国和以色列来说将是共同防御条约的最重要的一个范例。

在2012年10月22日的总统竞选最后一次辩论中，两位候选人——奥巴马总统和前麻萨诸塞州州长罗姆尼——把总统对以色列的承诺带到了前所未有的新高度。主持人鲍勃·席弗尔问两位候选人他们是否"愿意宣布对以色列的攻击就是对美国的攻击。"这是一个很有意义的问题，值得在深思后做出谨慎回复。但由于犹太人和福音派选民在他们眼前跳跃，由于选举只差3周时间，两位候选人都争相发言，认为攻击一方（以色列）将被视为攻击另一方（美国）——按北约条约的说法。

奥巴马说："以色列是真正的朋友，是我们在这一地区最大的盟友。如果以色列遭到袭击，美国将与以色列站在一起。我已经明确表示，在我的总统任期……如果他们遭到袭击，我将与以色列站在一起。"

罗姆尼说："我想强调总统谈到的同一问题，那就是如果我是美国总统，我们将与以色列站在一起。如果以色列遭到袭击，我们将支持他们，不仅在外交上，不仅在文化上，而且还在军事上。这就是最好的关系㉚。"

他们都继续承诺，他们不会允许伊朗成为一个核国家。如果以色列遭到袭击，他们承诺美国保护以色列，另一方面不允许伊朗拥有制造核武器的能力。承诺很可能将美国卷入中东地区的另一场战争。这样，总统的承诺——即使是在总统竞选的压力锅环境下做出的，也将成为美国的政策，以色列、伊朗和中东地区的其他国家都这样认为。美国和以色列把总统这些承诺整合到一个正式的共同防御条约里面不就有意义了吗？

冷战期间，美国认为与一个盟友的防御条约的最终承诺是支持全球反共斗争。在苏联和中国边缘的国家根据其与美国签署的防御条约享受着美国力量的舒适保护。如果他们受到共产党的扩张威胁，他们觉得他们可以依靠美国。

总统过去经常去国会得到支持的决议，一些决议的范围非常广泛以致其效力就是（如果不是正式）战争宣言。1964年8月的东京湾协议就是一个，约翰逊用它来提高在越南的赌注直到美国卷入了一场大规模战争。现在，总统可以将美国军队投放到一个遥远的战场上和一种非传统的、不对称的斗争环境中作战，不需要任何国会和美国人民的正式批准。当然，按照《战争权力决议案》，总统在把军队投入战斗后的48小时内必须通知国会。他们也有权保持军队在前线60或90天，但要保持更长时间应该获得国会的同意。总统通常要保持国会知道战时的部署情况，但国会从未真正敦促总统遵守所有的法律条文。在国家安全问题上，总统几乎每次都是胜过国会。

现在，总统有一支全志愿的军事力量，越来越只对他负责，他在所有的战争与和平的问题上行使着特殊的权力。职业外交家内格罗蓬特认为，"总统权力"已经变得"超乎寻常"——"现在比以往任何时候更合法了"，他补充说。3个其他官员，国务卿、国防部长和国家安全顾问，虽然能起到协助作用，但"每个人都是配角㉛。"白宫情况室通过现代科技能把总统和战场的将军联系到一起，使他能跟上，甚至必要时，预测实时的作战行动，他把情况室作为指挥中心，把其所有令人敬畏的权力集中在了一个房间里并置于在他的指挥下。在美国历史上还从未有过一个总统能够在外交政策和国家安全方面行驶如此之多不受制衡的权力。

这种权力，取决于一位民选的官员，一直是从未稳定的美-以关系中的必不可少的要素。总统发号施令。一切都取决于他：他会履行过去对以色列的承诺，因为他相信它们符合美国的利益，那么他会由于某种原因放弃那些承诺吗？迄今为止，美国和以色列之间的这种非正式的以总统为中心旋转的安排，已经使双方得到了益处，但是明天呢？

使美—以关系制度化的时机已经到来，这样一切事情不再取决于一个人的决定。有了防御条约，以色列能够依靠由美国人民的国会代表正式批准的协议。如果以色列在将来的某个时候与巴勒斯坦达成了和平协议，以色列会提前知道是他拥有的美国的条约义务帮助其实现了这个目标。没有防御条约，很可能不时地出现误判和误解，那只会导致混乱和冲突。

美国和以色列是时候采取下一个步骤了：签订一个具有历史意义的两个亲密盟友之间的防务条约协议。

注 释

引言
①杰克·金,"朝鲜领导人很少在讲话中寻求结束与韩国的对抗",2012年12月31日。

第一章
①温斯顿·丘吉尔,"和平砥柱",1946年3月5日。
②哈里·杜鲁门,致国会联席会议的讲话,1947年3月12日。
③乔治·C.马歇尔,"在哈佛大学马歇尔计划演讲",1947年6月5日。
④哈里·杜鲁门,"总统记者招待会",美国总统计划,1950年11月30日。

第二章
①《科德尔·赫尔回忆录》(第二卷),麦克米兰出版社1948年版,第1597页。
②罗伯特·J.麦克马洪编:《越南战争历史的主要问题》年份?希斯公司1995年版,第36页。
③大卫·L.安德森编:《笼罩白宫的阴影》,堪萨斯大学出版社1993年版,第24页。
④罗伯特·J.麦克马洪编:《越南战争历史的主要问题》,第38页。
⑤"1946年2月胡志明致杜鲁门总统的信"。
⑥安德森:《笼罩白宫的阴影》,第25页。
⑦麦克马洪:《越南战争历史的主要问题》,第80页。
⑧安德森:《笼罩白宫的阴影》,第26~27页。
⑨安德森:《笼罩白宫的阴影》,第27页。

⑩罗伯特·J.麦克马洪编：《越南战争历史的主要问题》，第74页。

⑪"美国国务院关于中南半岛的政策声明，1948年9月27日"，加雷斯·波特编：《越南：一个文件中的历史》，（纽约：新美国图书馆，1981年版）。

⑫斯坦利·卡诺：《越南：一个历史》，维京出版社1983年版，第146~147页。

⑬斯坦利·卡诺：《越南：一个历史》，维京出版社1983年版，第172页。

⑭斯坦利·卡诺：《越南：一个历史》，维京出版社1983年版，第147页。

⑮詹姆斯·蔡斯：《艾奇逊：创造了美国世界发国务卿》，西蒙舒斯特出版社1998年版，第167页。

⑯詹姆斯·蔡斯：《艾奇逊：创造了美国世界发国务卿》，西蒙舒斯特出版社1998年版，第167页。

⑰麦克马洪：《越南战争历史的主要问题》，第78~82页。

⑱詹姆斯·蔡斯：《艾奇逊：创造了美国世界发国务卿》，西蒙舒斯特出版社1998年版，第84页。

⑲詹姆斯·蔡斯：《艾奇逊：创造了美国世界发国务卿》，西蒙舒斯特出版社1998年版，第83页。

⑳安德森：《笼罩白宫的阴影》，第34页。

㉑《国务院，美国的外交关系，1952~1954年》，第12卷，第一部分：东亚和太平洋（两部分），第25号文件》，"艾奇逊、艾登和其他人之间的讨论备忘录，1952年5月25日"，第96~97页。

㉒《国务院，美国的外交关系，1952~1954年》，第12卷，第一部分：东亚和太平洋（两部分），第15号文件》，"星期三召开的第113次国家安全委员会会议总统讨论备忘录"，1952年3月5日，第69~75页。

第三章

①艾森豪威尔国家历史遗址，"谁一直在算计我的鱼，德怀特·D.艾森豪威尔的至理名言"，致北约司令艾尔·格伦瑟的信，1954年4月26日。

②斯蒂芬·E.安布罗斯：《不干涉的智慧》，收录于罗伯特·J.麦克马洪编的

《越南战争历史的主要问题》中，第135页。

③哈里·杜鲁门：《回忆录：艰难和希望的岁月》，霍德斯托顿出版社1956年版，第519页。

④斯蒂芬·E.安布罗斯：《不干涉的智慧》，收录于罗伯特·J.麦克马洪编的《越南战争历史的主要问题》中，第137页。

⑤马文·卡尔布、埃利·亚伯：《参与的根源：1784~1971年美国在亚洲》，诺顿出版社1971年版，第74页。

⑥斯蒂芬·E.安布罗斯：《不干涉的智慧》，收录于罗伯特·J.麦克马洪编的《越南战争历史的主要问题》中，第136~137页。

⑦斯蒂芬·E.安布罗斯：《不干涉的智慧》，收录于罗伯特·J.麦克马洪编的《越南战争历史的主要问题》中，第144页。

⑧马文·卡尔布、埃利·亚伯：《参与的根源：1784~1971年美国在亚洲》，诺顿出版社1971年版，第74页。

⑨斯蒂芬·E.安布罗斯：《不干涉的智慧》，收录于罗伯特·J.麦克马洪编的《越南战争历史的主要问题》中，第140页。

⑩斯坦利·卡诺：《越南：一个历史》，维京出版社1983年版，第197页。

⑪参议员约翰·肯尼迪，"中南半岛的真相"，1954年4月6日，《美国经历：总统：主要来源》，美国公共广播公司。

⑫《华盛顿邮报》，1954年4月22日，第2页。

⑬克里斯托弗·马修斯：《肯尼迪和尼克松》，西蒙舒斯特出版社1996年版，第94页。

⑭"总统记者招待会"，1954年4月29日，美国总统计划。

⑮鲁弗斯·菲利普斯：《为什么越南至关重要》，海军学院出版社2008年版，序言。

⑯"艾森豪威尔致吴庭艳的支持信，1954年10月23日"，越南的战争，瓦萨尔学院。

⑰斯蒂芬·E.安布罗斯：《不干涉的智慧》，收录于罗伯特·J.麦克马洪编的《越南战争历史的主要问题》中，第140页。

⑱德怀特·D.艾森豪威尔,"在葛底斯堡学院集会上的讲话:理解的重要性",1959年4月4日,美国总统计划。

⑲克里斯托弗·马修斯:《肯尼迪和尼克松》,西蒙舒斯特出版社1996年版,第94页。

⑳马文·卡尔布、埃利·亚伯:《参与的根源:1784~1971年美国在亚洲》,诺顿出版社1971年版,第144页。

㉑同上。

第四章

①阿瑟·M.小施莱辛格:《一千天:约翰·F.肯尼迪在白宫》,霍顿米夫林出版公司1965年版,第217页。

②马文·卡尔布、埃利·亚伯:《参与的根源:1784~1971年美国在亚洲》,诺顿出版社1971年版,第107页。

③德怀特·D.艾森豪威尔:《缔造和平:白宫岁月,1956~1961》,双日出版社1965年版,附录BB,第712~716页。

④马文·卡尔布、埃利·亚伯:《参与的根源:1784~1971年美国在亚洲》,诺顿出版社1971年版,第106~151页的详解。

⑤劳伦斯·J.巴塞特、史蒂芬·E.佩尔兹:《寻求胜利的失败》,收录于罗伯特·J.麦克马洪编的《越南战争历史的主要问题》,希斯公司1995年版,第180页。

⑥同上。

⑦劳伦斯·J.巴塞特、史蒂芬·E.佩尔兹:《寻求胜利的失败》,收录于罗伯特·J.麦克马洪编的《越南战争历史的主要问题》,希斯公司1995年版,第181页。

⑧同上。

⑨理查德·里夫斯:《肯尼迪总统:权力概述》,西蒙舒斯特出版社1994年版,第112页。

⑩戈登·M.戈尔茨坦:《灾难的教训:麦乔治·邦迪和越南战争的路径》,

时代图书 1998 年版，第 235 页。

⑪斯坦利·卡诺：《越南：一个历史》，维京出版社 1983 年版，第 252 页。

⑫戈登·M.戈尔茨坦：《灾难的教训：麦乔治·邦迪和越南战争的路径》，时代图书 1998 年版，第 232 页。

⑬斯坦利·卡诺：《越南：一个历史》，维京出版社 1983 年版，第 253 页。

⑭马文·卡尔布、埃利·亚伯：《参与的根源：1784~1971 年美国在亚洲》，诺顿出版社 1971 年版，第 118 页。

⑮迪安·腊斯克、罗伯特·麦克纳马拉：《替代方案》，1961 年 11 月 11 日，收录于罗伯特·J.麦克马洪编的《越南战争历史的主要问题》，第 162~165 页。

⑯约翰·肯尼斯·加尔布雷斯：《致肯尼迪的信》，哈佛大学出版社 1998 年版，第 90 页。

⑰加里·R.赫斯：《有可行的替代战略吗？》，罗伯特·J.麦克马洪编《越南战争历史的主要问题》，第 273 页。

⑱戈登·M.戈尔茨坦：《灾难的教训：麦乔治·邦迪和越南战争的路径》，时代图书 1998 年版，第 234 页。

⑲加里·R.赫斯：《有可行的替代战略吗？》，罗伯特·J.麦克马洪编《越南战争历史的主要问题》，第 271 页。

⑳科林·鲍威尔访谈，2008 年 11 月 13 日。

㉑约翰·肯尼斯·加尔布雷斯：《致肯尼迪的信》，哈佛大学出版社 1998 年版，第 90 页。

㉒《美国外交关系，1961~1963 年，第二卷，越南，1962 年，330 号文件》，"参议院多数党领袖（曼斯菲尔德）的报告"，1962 年 12 月 18 日。

㉓《美国外交关系，1961 至 1963 年，第三卷，越南，1963 年 1 月至 8 月，19 号文件》，"情报研究局局长希尔斯曼和总统安全委员会成员迈克尔·V.福利斯特尔的备忘录"，1963 年 1 月 25 日。

㉔斯坦利·卡诺：《越南：一个历史》，维京出版社 1983 年版，第 280 页。

㉕斯坦利·卡诺：《越南：一个历史》，维京出版社 1983 年版，第 281 页。

㉖斯坦利·卡诺：《越南：一个历史》，维京出版社 1983 年版，第 287 页。

㉗《美国外交关系，1961~1963年，第三卷，越南，1963年1月~8月，281号文件》，"国务院致驻越南使馆的电报"，1963年8月24日。

㉘《美国外交关系，1961~1963年，第四卷，越南，1963年8月~12月，12号文件》，"驻越南使馆致国务院的电报"，1963年8月29日。

㉙《美国外交关系，1961~1963年，第四卷，越南，1963年8月~12月，16号文件》，"国务院致驻越南使馆的电报"，1963年8月29日。

㉚"美国哥伦比亚广播公司电视新闻节目主持人沃尔特·克朗凯特广播稿"，1963年9月2日，美国总统计划。

㉛《美国外交关系，1961~1963年，第四卷，越南，1963年8月~12月，83号文件》，"谈话备忘录"，1963年9月10日。

㉜《美国外交关系，1961~1963年，第四卷，越南，1963年8月~12月，167号文件》，"国防部长（麦克纳马拉）和参谋长联席会议主席（泰勒）致总统的备忘录"，1963年10月2日。

㉝斯坦利·卡诺：《越南：一个历史》，维京出版社1983年版，第295页。

㉞邦迪致洛奇的电报，罗伯特·J.麦克马洪编《越南战争历史的主要问题》中，第173~175页。

㉟斯坦利·卡诺：《越南：一个历史》，维京出版社1983年版，第299至300页。

㊱《美国外交关系1961~1963年，第四卷，越南1963年8月~12月，249号文件》"总统国家安全事务特别助理（邦迪）致驻越南大使（洛奇）的电报"，1963年10月30日。

㊲斯坦利·卡诺：《越南：一个历史》，维京出版社1983年版，第307页。

㊳斯坦利·卡诺：《越南：一个历史》，维京出版社1983年版，第310页。

㊴阿瑟·M·小施莱辛格，《一千天》，第997页。

㊵备忘录录音稿，1963年11月4日，白宫磁带，总统录音计划，弗吉尼亚大学米勒公共事务中心。

㊶斯坦利·卡诺：《越南：一个历史》，维京出版社1983年版，第311页。

㊷《美国外交关系，1961~1963年，第四卷，越南，1963年8月~12月，

302号文件》，驻越南使馆致国务院的电报，1963年11月6日。

第五章

①汤姆·威克：《肯尼迪和约翰逊：性格对政治的影响》，威廉·莫洛出版社1968年版，第205页。

②罗伯特·达莱克：《有缺陷的巨人：林顿·约翰逊和他的时代，1963~1973年》，牛津大学出版社1998年版，第100页。

③罗尼·达格：《政治家：林顿·约翰逊的生活岁月，追逐权力——从边远地区到参议院大师》，W.W.诺顿出版公司1984年版，第220页。

④罗伯特·达莱克：《有缺陷的巨人：林顿·约翰逊和他的时代，1963~1973年》，第99页。

⑤大卫·L.安德森：《笼罩白宫的阴影》，堪萨斯大学出版社1993年版，第1页。

⑥"林顿·B.约翰逊解释美国人为什么在越南作战"，罗伯特·J.麦克马洪编《越南战争历史的主要问题》，第211页。

⑦肯尼斯·奥唐纳：《林顿·B.约翰逊和肯尼迪家族》，摘录于《生活》杂志，1970年8月7日。

⑧《美国外交关系，1961~1963年，第四卷，越南，1963年8月~12月，374号文件》，"国防部长（麦克纳马拉）致总统的备忘录"，1963年12月21日。

⑨多里斯·卡恩斯：《林顿·约翰逊和美国梦》，哈伯&罗出版公司1976年版，第251页。

⑩罗伯特·达莱克：《有缺陷的巨人：林顿·约翰逊和他的时代，1963~1973年》，第102页。

⑪同上。

⑫大卫·哈伯斯坦：《出类拔萃之辈》，兰登书屋1972年版，第641~646，694~697,716~718页。

⑬《美国外交关系，1964~1968年，第一卷，越南，1964年，84号文件》，"国防部长（麦克纳马拉）致总统的备忘录"，1964年3月16日。

⑭林顿·贝恩斯·约翰逊:《优势:对 1963~1969 总统任期的看法》,霍尔特—莱因哈特—温斯顿出版社 1971 年版,第 116 页。

⑮罗伯特·J.多诺万:《冲突与危机:哈里·S.杜鲁门总统任期 1945~1948 年》,W.W.诺顿公司 1977 年版,第 57 页。

⑯作者为 1985 年 4 月 27 日播出的其主持的国家广播公司新闻纪录片"越南——一场失败战争的教训"的节目,对斯托克代尔、赫里克和其他人的采访。

⑰林顿·贝恩斯·约翰逊:《优势:对 1963~1969 总统任期的看法》,第 113 页。

⑱约翰逊和赫里克使用同样的形容词描述北越舰艇的指挥官和美国雷达兵该多有趣!暴风骤雨的东京湾使水兵们那样"过分热切"是怎么回事呢?

⑲林顿·贝恩斯·约翰逊:《优势:对 1963~1969 总统任期的看法》,第 117 页。

⑳同上,第 118 页。

㉑马文·卡尔布和埃利·亚伯:《参与的根源:1784~1971 年美国在亚洲》,W.W.诺顿出版社 1971 年版,第 173 页。

㉒罗伯特·麦克纳马拉:《回顾:悲剧与越南的教训》,时代出版社 1995 年版,第 191 页。

㉓约瑟夫·A.小卡利法诺:《林顿·约翰逊的胜利与悲剧》,西蒙舒斯特出版社 1991 年版,第 172 页。

㉔林顿·贝恩斯·约翰逊:《优势:对 1963~1969 总统任期的看法》,第 147~152 页。

㉕《美国外交关系,1964~1968 年,第二卷,越南,1965 年 1~6 月,42 号文件》,"总统国家安全事务特别助理(邦迪)致约翰逊总统的备忘录",1965 年 1 月 27 日。

㉖戈登·M.戈尔茨坦:《灾难的教训:麦乔治·邦迪和越南战争的路径》,时代图书出版社 1998 年版,第 153~154 页。

㉗布莱恩·范德玛:《深陷泥潭:林顿·约翰逊和越南战争的升级》,牛津大学出版社 1991 年版,第 178 页。

㉘林顿·B.约翰逊,"对全国农村电力合作社协会的讲话",1965年7月14日,美国总统计划。

㉙《美国外交关系,1964~1968年,第三卷,越南,1965年6~12月,85号文件》,"会议记录",1965年7月25日。

㉚1965年7月1日备忘录,罗伯特·J.麦克马洪编《越南战争历史的主要问题》,第217页。观《美国外交关系,1964~1968年,第三卷,越南,1965年6~12月,40号文件》,"副国务卿(鲍尔)起草的文件",未标日期。

㉛迈克尔·R.贝思克劳斯,《追求荣耀:林顿·约翰逊的秘密白宫磁带,1964~1965年》(再版),西蒙舒斯特出版社2002年版,第390页。

㉜同上,第213页。

㉝林顿·贝恩斯·约翰逊:《优势:对1963~1969总统任期的看法》,第232页。

㉞张荣格和乔恩·哈利迪:《毛泽东:不为人知的故事》,阿尔佛雷德·A.克诺夫出版集团2005年版,第565页。

㉟林顿·贝恩斯·约翰逊:《优势:对1963~1969总统任期的看法》,第233页。

㊱《时代》周刊,1968年5月24日,第17页。

㊲R.W.小阿普尔,"上周美国的伤亡,这场战争之最",《纽约时报》,1968年1月20日,第1页。

㊳《美国外交关系,1964~1968年,第三卷,越南,1965年6~12月,189号文件》,"国防部长麦克纳玛拉致约翰逊总统的备忘录草稿",1965年11月3日。

㊴马文·卡尔布:《越南——一场失败战争的教训》。《美国外交关系,1964至1968年,第三卷,越南,1965年6~12月,235号文件》,"会议记录",1965年12月18日。

㊵罗伯特·麦克纳马拉:《回顾:悲剧与越南的教训》,时代出版社1995年版,第271页。

㊶马文·卡尔布:《越南——一场失败战争的教训》。《美国外交关系,1964

至1968年，第三卷，越南，1965年6~12月，235号文件》，"会议记录"，1965年12月18日。

㊷林顿·贝恩斯·约翰逊：《优势：对1963~1969总统任期的看法》，第262页。

㊸同上，第258页。

㊹约瑟夫·A.小卡利法诺：《林顿·约翰逊的胜利与悲剧》，西蒙舒斯特出版社1991年版，第247页。

㊺马文·卡尔布：《越南——一场失败战争的教训》。《美国外交关系，1964至1968年，第三卷，越南，1965年6~12月，235号文件》，"会议记录"，1965年12月18日。

㊻同上。

㊼约瑟夫·A.小卡利法诺：《林顿·约翰逊的胜利与悲剧》，西蒙舒斯特出版社1991年版，第248页。

㊽林顿·贝恩斯·约翰逊：《优势：对1963~1969总统任期的看法》，第291页。

㊾马文·卡尔布和埃利·亚伯：《参与的根源：1784~1971年美国在亚洲》，W.W.诺顿出版社1971年版，第198页。

㊿《新闻周刊》，2007年11月19日。

⁵¹马文·卡尔布和埃利·亚伯：《参与的根源：1784~1971年美国在亚洲》，W.W.诺顿出版社1971年版，第199~200页。

⁵²马文·卡尔布：《越南——一场失败战争的教训》。《美国外交关系，1964至1968年，第三卷，越南，1965年6~12月，235号文件》，"会议记录"，1965年12月18日。

⁵³斯坦利·卡诺：《越南：一个历史》，维京出版社1983年版，第523页。

⁵⁴多诺万：《冲突与危机》，第135页。

⁵⁵马文·卡尔布和埃利·亚伯：《参与的根源：1784~1971年美国在亚洲》，W.W.诺顿出版社1971年版，第205页。

⁵⁶"总统新闻发布会"，1968年2月2日，美国总统计划。

(57)哈里·萨默斯，“教训：一个士兵的观点”，《威尔逊季刊》，1983 年夏，第 99 页。

(58)我是一名记者，我记录下了腊斯科的评论。

(59)马文·卡尔布和埃利·亚伯:《参与的根源：1784~1971 年美国在亚洲》，W.W.诺顿出版社 1971 年版，第 211 页。

(60)同上，第 222 页。

(61)斯坦利·卡诺:《越南：一个历史》，维京出版社 1983 年版，第 497 页。

(62)乔治·C.赫林:《不情愿的勇士，林顿·约翰逊任总司令》，安德森《笼罩白宫的阴影》，第 95 页。

(63)同上，第 107 页。

(64)哈里·C.麦克弗森:《一场政治教育：华盛顿回忆录》，德克萨斯大学出版社 1994 年版。

(65)“沃纳克论文，克利福德先生的备忘录”，1968 年 5 月 3 日，林顿·B.约翰逊总统图书馆，96 号文件，第 9 盒。

(66)约翰逊总统图书馆录音带。

第六章

①罗伯特·麦克纳马拉:《回顾：悲剧与越南的教训》，时代出版社 1995 年版，第 321 页。

②罗伯特·达莱克:《尼克松和基辛格：权力的合作伙伴》，哈伯·科林斯出版社 2007 年版，第 126 页。

③亨利·基辛格:《外交》，西蒙舒斯特出版社 1994 年版，第 676 页。

④罗伯特·达莱克:《尼克松和基辛格：权力的合作伙伴》，哈伯·科林斯出版社 2007 年版，第 126 页。

⑤沃尔特·艾萨克森:《基辛格：传记》，西蒙舒斯特出版社 1992 年版，第 159~160 页。

⑤同上，第 160 页。

⑦同上，第 165 页。

⑧亨利·基辛格：《白宫岁月》，利特尔—布朗出版公司 1979 年版，第 262 页。

⑨理查德·里夫斯：《尼克松总统：独自在白宫》，西蒙舒斯特出版社 2001 年版，第 36 页。

⑩威廉·萨菲尔：《萨菲尔的政治词典》，牛津大学出版社 2008 年版，第 646~647 页。

⑪理查德·里夫斯：《尼克松总统：独自在白宫》，西蒙舒斯特出版社 2001 年版，第 34 页。

⑫罗伯特·达莱克：《尼克松和基辛格：权力的合作伙伴》，哈伯·科林斯出版社 2007 年版，第 106 页。

⑬理查德·里夫斯：《尼克松总统：独自在白宫》，西蒙舒斯特出版社 2001 年版，第 53 页。

⑭同上，第 54 页。

⑮理查德·尼克松，"关于越南问题致全国的讲话"，1969 年 5 月 14 日，美国总统计划。

⑯理查德·里夫斯：《尼克松总统：独自在白宫》，西蒙舒斯特出版社 2001 年版，第 80 页。

⑰梅尔文·莱尔德访谈，2008 年 10 月 21 日。

⑱沃尔特·艾萨克森：《越南与尼克松—基辛格的世界次序》，罗伯特·J. 麦克马洪编《越南战争历史的主要问题》，希斯公司 1995 年版，第 462 页。

⑲沃尔特·艾萨克森：《越南与尼克松—基辛格的世界次序》，罗伯特·J. 麦克马洪编《越南战争历史的主要问题》，希斯公司 1995 年版，第 238 页。

⑳理查德·里夫斯：《尼克松总统：独自在白宫》，西蒙舒斯特出版社 2001 年版，第 141 页。

㉑麦克马洪：《越南战争历史的主要问题》，第 432 至 437 页，理查德·尼克松，"关于越南战争致全国的讲话"，1969 年 11 月 3 日，美国总统计划。

㉒理查德·里夫斯：《尼克松总统：独自在白宫》，西蒙舒斯特出版社 2001 年版，第 196 页。

㉓理查德·尼克松,"关于东南亚形势致全国的讲话",1970年4月30日,美国总统计划。

㉔理查德·里夫斯:《尼克松总统:独自在白宫》,西蒙舒斯特出版社2001年版,第202~203页。

㉕同上,第200~201页。

㉖罗伯特·达莱克:《尼克松和基辛格:权力的合作伙伴》,哈伯·科林斯出版社2007年版,第202页。

㉗亨利·基辛格:《白宫岁月》,利特尔—布朗出版公司1979年版,第511页。

㉘同上,第513页。

㉙同上,第275~276页。

㉚莱尔德访谈,2008年10月21日。

㉛戴维·弗尔翰和其他人:《南越在经受考验:1970年中期至1972年》,波士顿出版社1984年版,第72页。

㉜亨利·基辛格:《白宫岁月》,利特尔—布朗出版公司1979年版,第1008页。

㉝伯纳德·纳尔蒂:《卡车战争:老挝南部的空中封锁,1968~1972年》,空军历史和博物馆计划(2005年),第271页。

㉞厄尔·H.蒂尔福德:《机构:空军在越南作什么了,为什么》,麦斯威尔空军基地,空军大学出版社1991年版,第203页。

㉟理查德·尼克松,"关于东南亚形势致全国的讲话",1971年4月7日,美国总统计划。

㊱菲利普·戴维森:《战争中的越南,1946~1975年》,要塞出版社1987年版,第699页。

第七章

①沃尔特·艾萨克森：《基辛格：传记》，西蒙舒斯特出版社1992年版，第336页。

②罗伯特·达莱克：《尼克松和基辛格：权力的合作伙伴》，哈伯·科林斯出版社2007年版，第289页。

③同上，第293页。

④同上，第292页。

⑤理查德·斯迈泽访谈，2008年10月29日。

⑤罗伯特·达莱克：《尼克松和基辛格：权力的合作伙伴》，哈伯·科林斯出版社2007年版，第303页。

⑦亨利·基辛格：《白宫岁月》，利特尔—布朗出版公司1979年版，第1017页。

⑧同上，第977页。

⑨理查德·里夫斯：《尼克松总统：独自在白宫》，西蒙舒斯特出版社2001年版，第333页。

⑩亨利·基辛格：《白宫岁月》，利特尔—布朗出版公司1979年版，第1028页。

⑪同上，第1036页。

⑫亨利·基辛格：《白宫岁月》，利特尔—布朗出版公司1979年版，第439至440页。

⑬同上，第1098页。

⑭罗伯特·达莱克：《尼克松和基辛格：权力的合作伙伴》，哈伯·科林斯出版社2007年版，第372页。

⑮理查德·里夫斯：《尼克松总统：独自在白宫》，西蒙舒斯特出版社2001年版，第469页。

⑯科特·谢尼，"基辛格电话原稿索引库完成"，《纽约时报》，2008年12月24日，第A14页。

⑰亨利·基辛格：《白宫岁月》，利特尔—布朗出版公司1979年版，第1161页。

⑱弗雷德里克·Z.布朗谈访，2008年10月28日。

⑲理查德·M.尼克松：《理查德·尼克松：理查德·尼克松的回忆录》，西蒙舒斯特出版社1990年版，第593~594页。

⑳罗伯特·达莱克：《尼克松和基辛格：权力的合作伙伴》，哈伯·科林斯出版社2007年版，第384页。

㉑理查德·尼克松，"关于东南亚形势致全国的讲话"，1972年5月8日，美国总统计划。

㉒《美国外交关系，1969~1976年，第八卷，越南，1972年1至10月，139号文件》，"尼克松总统致总统国家安全事务助理（基辛格）的备忘录"，1972年5月9日。

㉓理查德·M.尼克松：《理查德·尼克松：理查德·尼克松的回忆录》，西蒙舒斯特出版社1990年版，第609页。

㉔罗伯特·达莱克：《尼克松和基辛格：权力的合作伙伴》，哈伯·科林斯出版社2007年版，第389~390页。

㉕《美国外交关系，1969~1976年，第十四卷，苏联，1971至1972年5月，271号文件》，"谈话备忘录"，1972年5月24日。

㉖马文·卡尔布和伯纳德·卡尔布：《基辛格》，利特尔—布朗出版公司1974年版，第327~328页。

㉗理查德·尼克松，"从奥地利、苏联、伊朗和波兰回来后致国会联席会议的讲话"，1972年6月1日，美国总统计划。

㉘《美国外交关系，1969~1976年，第十五卷，苏联，1972年6月至1974年8月，16号文件》，"谈话备忘录"，1972年7月20日。

㉙理查德·里夫斯：《尼克松总统：独自在白宫》，西蒙舒斯特出版社2001年版，第522页。

㉚基辛格向尼克松的报告谈判情况，《美国外交关系，1969~1976年，第八卷，越南，1972年1月~10月，263号文件》，"总统国家安全事务助理（基辛

格)致总统的备忘录",1972年9月19日。

㉛《美国外交关系,1969~1976年,第九卷,越南,1972年10月~1973年1月,9号文件》,1972年10月12日尼克松总统和亨利·基辛格谈话的编者按。

㉜"尼克松总统致阮文绍总统的信",1972年10月16日,尼克松图书馆。

㉝亨利·基辛格:《白宫岁月》,利特尔—布朗出版公司1979年版,第1379页。

㉞同上,第1375页。

㉟德博什格拉夫在2008年12月22日下午5时30分发给我的一封长电子邮件里解释了他的作用。

㊱邦克大使在秘密信息中向亚历山大·黑格叙述了这次会面,《美国外交关系1969至1976年,第九卷,越南,1972年10月~1973年1月,42号文件》,"驻越南的大使(邦克)致总统国家安全事务副助理(黑格)的秘密渠道信息",1972年10月22日。

㊲邦克大使在秘密渠道信息里向亚历山大·黑格叙述了这次会面,《美国外交关系1969~1976年,第九卷,越南,1972年10月至1973年1月,49号文件》,"驻越南的大使(邦克)致总统国家安全事务副助理(黑格)的 秘密渠道信息",1972年10月22日。

㊳马文·卡尔布和伯纳德·卡尔布:《基辛格》,利特尔—布朗出版公司1974年版,第374页。

㊴"河内称巴黎协会后美国在往后退",《纽约时报》,1972年10月26日,第1页。

㊵亨利·基辛格:《白宫岁月》,利特尔—布朗出版公司1979年版,第1398页。

㊶《美国外交关系,1969~1976年,第九卷,越南,1972年10月~1973年1月,73号文件》,(未标日期),编者按。

㊷《美国外交关系,1969~1976年,第九卷,越南,1972年10月~1973年1月,79号文件》,"尼克松总统致南越总统阮文绍的信",1972年10月29日。

第八章

① 亨利·基辛格:《白宫岁月》，利特尔—布朗出版公司1979年版，第1417页。

② "亨利·A.基辛格致总统的备忘录（用电报）"，1972年11月23日，尼克松图书馆。

④ 亨利·基辛格:《白宫岁月》，利特尔—布朗出版公司1979年版，第1419页。

④ "备忘录：尼克松总统会见阮文绍特别顾问阮福德"，1972年11月29日，尼克松图书馆。

⑤ "电报：亨利·A.基辛格致尼克松总统"，1972年12月4日，尼克松图书馆。

⑥ "电报：亨利·A.基辛格致尼克松总统"，1972年12月6日，尼克松图书馆。

⑦ 同上，第1343页。

⑧ "电报：亨利·A.基辛格致尼克松总统"，1972年12月7日，尼克松图书馆。

⑨ 《美国外交关系，1969~1976年，第九卷，越南，1972年10月~1973年1月，156号文件》，"总统国家安全事务助理（基辛格）致尼克松总统的信息"，1972年12月8日。

⑩ 《美国外交关系，1969~1976年，第九卷，越南，1972年10月~1973年1月，151号文件》，"总统国家安全事务助理（基辛格）致总统国家安全事务副助理的信息"，1972年12月11日。

⑪ 罗伯特·达莱克:《尼克松和基辛格：权力的合作伙伴》，哈伯·科林斯出版社2007年版，第443页。

⑫ 亨利·基辛格:《白宫岁月》，利特尔—布朗出版公司1979年版，第1445页。

⑬ 理查德·里夫斯:《尼克松总统：独自在白宫》，西蒙舒斯特出版社2001

年版，第552页。

⑭亨利·基辛格：《白宫岁月》，利特尔—布朗出版公司1979年版，第1449页。

⑮《美国外交关系，1969~1976年，第九卷，越南，1972年10月~1973年1月，187号文件》，"尼克松总统和总统国家安全事务助理（基辛格）的电话谈话原稿"，1972年12月17日。

⑯同上。

⑰《美国外交关系，1969~1976年，第九卷，越南，1972年10月~1973年1月，189号文件》，"尼克松总统致南越总统阮文绍的信"，1972年12月17日。

⑱《美国外交关系，1969~1976年，第九卷，越南，1972年10月~1973年1月，206号文件》，"总统国家安全事务副助理（黑格）致总统国家安全事务助理（基辛格）的秘密渠道信息"，1972年12月20日。

⑲国家情报委员会：《可估计的越南情报：1948~1975年》，政府印刷局2005年版，第34页。

⑳亨利·基辛格：《白宫岁月》，利特尔—布朗出版公司1979年版，第1462页。

㉑"电报：亨利·A.基辛格致尼克松总统"，1973年1月9日，尼克松图书馆。

㉒亨利·基辛格：《白宫岁月》，利特尔—布朗出版公司1979年版，第1469页。

㉓《美国外交关系，1969~1976年，第九卷，越南，1972年10月~1973年1月，278号文件》，"尼克松总统致南越总统阮文绍的信"，1973年1月14日。

㉔"信：尼克松总统致南越总统阮文绍"，1973年1月17日，尼克松图书馆。

㉕阮文绍致尼克松总统的信，《美国外交关系，1969~1976年，第九卷，越南，1972年10月~1973年1月，310号文件》，"陆军副参谋长（黑格），致总统国家安全事务助理（基辛格）的 秘密渠道信息"，1973年1月20日。

㉖里夫斯，《尼克松总统》，第562~563页。

㉗《纽约时报,完整头版:1851~2008 年》,黑犬和利文撒尔出版商 2008 年版,第 336 页。

㉘世界历史中心,"越南战争的统计数据"。

㉙亨利·基辛格,《动荡岁月》,利特尔—布朗出版公司 1982 年版,第 302 页。

㉚同上,第 318 页。

㉛同上,第 986 页。

㉜国家情报委员会:《可估计的越南情报》,第 598~599 页,第 622 页~623 页。

第九章

①彼特·格罗斯:《美国心中的以色列》,克诺夫出版社 1984 年版,第 316 页。

②"福特总统致拉宾总理的信",1975 年 9 月 1 日,犹太虚拟图书馆。

③耶胡达·阿夫纳:《总理:以色列领导的亲密故事》,新米尔福德:托比出版社 2010 年版,第 298 页。阿夫纳,以色列外交官,连续为几位以色列总理工作,包括拉宾和贝京。此书主要根据他在许多重要会见中的记录。

④同上,第 299 页。

⑤丹尼斯·罗斯访谈,2012 年 6 月 11 日。

⑥罗伯特·沙特罗:"监测者,梅里马克号和中东",外交政策网站,2012 年 1 月 31 日。

⑦马丁·因迪克访谈,2012 年 7 月 6 日。

⑧"西奈战役:本古里安总理致以色列国会的陈述,1957 年 3 月 5 日",以色列外交部。

⑨迈克尔·B.奥伦:《六天战争:1967 年和现代中东的形成》,兰登书屋 2002 年版,第 86 页。

⑩迈克尔·B.奥伦采访,2012 年 7 月 23 日。

⑪大卫·伊格内修斯:"振兴艾森豪威尔主义",《华盛顿邮报》,2013 年 1 月 27 日,第 A15 页。

⑫彼得·哈恩:《中东的迷惑:美国对阿-以冲突的政策,1945~1961 年》,北卡罗来纳大学出版社 2006 年版,第 212 页。

⑬同上，第214页。

⑭德怀特·D.艾森豪威尔，"关于中东形势致美国人民的广播电视讲话"，1957年2月28日，美国总统计划。

⑮彼得·哈恩：《中东的迷惑：美国对阿-以冲突的政策，1945~1961年》，北卡罗来纳大学出版社2006年版，第214页。

⑯同上，第215页。

⑰《美国外交关系，1955至1957年，第三十七卷，阿-以争端，1957年，204号文件》，"驻以色列大使馆致美国务院的电报"，1957年3月8日。

⑱奥伦，《六天战争》，第77页。

⑲迈克尔·B.奥伦采访。

⑳迈克尔·B.奥伦：《六天战争：1967年和现代中东的形成》，兰登书屋2002年版，第102页。

㉑同上，第114~115页。

㉒同上，第115~116页。

㉓约瑟夫·A.小卡利法诺：《林顿·约翰逊的胜利与悲剧》，西蒙舒斯特出版社1991年版，第205页。

㉔塞缪尔·刘易斯访谈，2012年6月15日。

㉕理查德·里夫斯，《肯尼迪总统：权力概述》，西蒙舒斯特出版社1994年版，第32~33页。

㉖见马丁·克拉默，"民主总统绝不会用暴力对付以色列的"，沙箱（博客），2012年10月30日。

㉗赛斯·安泽斯卡，"一场可以阻止的大屠杀"，《纽约时报》，2012年9月17日。

㉘丹·以弗伦，"盒子里的比比：内塔尼亚胡失去了对伊朗轰炸的支持"，《新闻周刊》，2012年9月24日。

㉙参议员J.威廉·富布莱特，"旧的神话和新的现实"，1970年8月24日，阿肯色大学图书馆数字馆藏。

㉚J.威廉·富布莱特，"对以色列越来越强硬"，《华盛顿月刊》，1975年2

月，第 24 页。

㉛布鲁斯·里德尔，"戴维营：美—以交易"，《最好的苦涩柠檬》，第 240 页，约西·阿尔法，甘赞·哈提卜和夏尔曼·塞茨编辑（2007 年）。

㉜同上。

㉝"沙龙总理和布什总统的往来信件"，2004 年 4 月 14 日，以色列外交部。

㉞布莱特·史蒂芬斯，"加沙的真相"，《华尔街日报》，2012 年 11 月 30 日。

第十章

①约翰·内格罗蓬特访谈，2012 年 6 月 28 日。

②"美国和菲律宾共同防御条约"，1951 年 8 月 30 日，耶鲁大学法学院。

③日本外交部，"美—日共同合作和防御条约"，1960 年 1 月。

④让马克·F.布兰卡德，"美国在中—日钓鱼岛（日称尖阁列岛）纠纷中的角色，1945~1971 年"，《中国季刊 161 期》（2000 年 3 月）：第 95 页。

⑤同上，第 96~97 页。

⑥简·裴诺思，"中国批评克林顿有关中—日岛屿纠纷的讲话"，《纽约时报》，2013 年 1 月 20 日。

⑦同上。

⑧美国国务院，每日新闻发布会，1996 年 9 月 23 日，伊利诺伊大学芝加哥分校，大学图书馆。

⑨理查德·C.布什访谈，2012 年 6 月 25 日。

⑩迈克尔·B.奥伦采访，2012 年 6 月 29 日。

⑪巴顿·伯恩斯坦，"冒险的投机"，《询问》，1982 年 6 月，第 44 页。

⑫唐奥伯道夫：《两个朝鲜》，艾迪生—韦斯利出版社 1997 年版，第 10 页。

⑬理查德·C.布什，"美国在东亚扩张威慑的政策：历史，现在的观点和影响"，布鲁金斯学会军备控制系列论文 5（2011 年 2 月），第 4 页。

⑭"朝鲜领导人需要更强有力的火箭"，美国之音新闻，2012 年 12 月 22 日。

⑮亨利·阿伦采访，2012 年 6 月 29 日。

注 释

⑯ "美国和越南：扩展关系的情况说明书"，美国大使馆，河内，越南。

⑰ 杰伊·所罗门，"克林顿就人权事宜向越南施压"，《华尔街日报》，2010年7月22日，第1页。

⑱ "美国质问中国对南中国海的领土要求是对的"，编辑部的观点，《华盛顿邮报》，2012年8月16日，第A12页。

⑲ "美国防部长帕内塔和越南国防部长冯光青在越南河内的联合新闻发布会"，美国防部，国防部长助理办公室（公共事务），2012年6月4日。

⑳ "美国大使戴维·希尔访问被拘留的佛教主持释广度——岘港警方殴打越南佛教联合会的僧侣和追随者"，越南民主行动，2012年8月20日。

㉑ "美国国防部长帕内塔和越南国防部长冯光青的联合新闻发布会"，2012年6月4日。

㉒ 尤里·德洛米，"以色列沸沸扬扬：你猜谁要来访问？"《迈阿密先驱报》，2013年2月7日。

㉓ 丹尼斯·罗斯访谈，2912年6月7日。

㉔ 杰弗里·海勒，"没有权利阻挡以色列干涉伊朗——内塔尼亚胡"，《芝加哥论坛报》，2012年9月11日。

㉕ 巴拉克·奥巴马，"在美国—以色列公共事务委员会政策会议上总统的讲话"，2012年3月12日，白宫。

㉖ "总统与以色列总理内塔尼亚胡电话记录"，2012年9月11日，白宫。

㉗ "内塔尼亚胡总理接受美国全国广播公司的采访"，总理办公室，2012年9月15日。

㉘ "内塔尼亚胡总理致纽约联合国大会的讲话"，总理办公室，2012年9月27日。

㉙ 乔迪·鲁多伦，"内塔尼亚胡称他要独自攻打伊朗"，《纽约时报》，2012年11月5日。

㉚ "辩论记录，2012年10月22日"，总统辩论委员会。

㉛ 内格罗蓬特访谈，2012年6月28日。

/ 245 /

后　记

这本书是我在布鲁金斯学会期间写的。我在那里的所有同仁一直慷慨地给予我时间、支持和鼓励，如果将他们的名字一一列出略显鲁莽。他们理解我的意思。

不过，我必须提到瓦西里斯·考蒂法里斯，他杰出的技术才能总是令我折服；还有梅丽莎·韦尔，她的优雅和智慧使我解决了采访录音文本问题。我感谢他们两位。

我还感谢斯特罗布·塔尔博特和马丁·迪克，他们为我打开了布鲁金斯学会这扇门，使我有幸得到如此丰富多彩和富有成就的体验。布鲁金斯学会确实是一个非凡的地方。

布鲁金斯学会出版社，极好的出版商，我感谢罗伯特·法赫蒂、克里斯·凯拉赫、梅丽莎·麦康奈尔和珍妮特·沃克所提供的专业支持，感谢约翰·费尔顿所做的出色编辑工作。我同样很感激罗伯特·萨特洛夫经营的华盛顿近东政策研究所的帮助，尤其是在美国—以色列关系问题上。我还想表示深深谢意的是：迈克尔·弗里德曼、希瑟·戴特和林赛·安德伍德、从事《卡尔布报导》工作的我的同事，那是我在全国新闻俱乐部从事了19年的一个项目。他们总是在恰当的时间说恰当的事情。

最后，没有我家庭的温暖、爱和鼓励，绝不会有我的项目成功：我的妻子，玛迪，55年中一直陪伴在我身边，用美德、慷慨、聪慧和永不暗淡的爱

后 记

支撑着整个家庭；我的两个女儿，黛博拉和朱迪思，我的宝贝外孙亚伦和埃洛伊斯的母亲，我的生命之光——感谢他们所有人的喜悦、爱和一直的支持；我的女婿，戴维和亚历克斯，我爱慕的两个人，总是在我最需要帮助时出现；戴维的儿子杰里米、我的继孙和小伙伴，和我一样都热爱体育；我的兄弟，伯纳德和他的妻子菲利斯，他们对越南激情很有感染力；最后是我的妹妹，埃斯特尔，这本书是献给她的。